中國學術思想研究輯刊

十　編

林　慶　彰 主編

第35冊

從神不滅論到佛性論
——六朝佛教主體思想研究（上）

謝如柏 著

花木蘭文化出版社

國家圖書館出版品預行編目資料

從神不滅論到佛性論——六朝佛教主體思想研究（上）／謝如柏 著－初版－台北縣永和市：花木蘭文化出版社，2010〔民99〕

目 6+254 面；19×26 公分

（中國學術思想研究輯刊 十編；第 35 冊）

ISBN：978-986-254-259-0（精裝）

1. 佛教哲學 2. 魏晉南北朝

220.13 99014043

中國學術思想研究輯刊

十 編 第三五冊 ISBN：978-986-254-259-0

從神不滅論到佛性論——六朝佛教主體思想研究（上）

作 者 謝如柏

主 編 林慶彰

總編輯 杜潔祥

出 版 花木蘭文化出版社

發行所 花木蘭文化出版社

發行人 高小娟

聯絡地址 台北縣永和市中正路五九五號七樓之三

電話：02-2923-1455／傳真：02-2923-1452

網 址 http://www.huamulan.tw 信箱 sut81518@ms59.hinet.net

印 刷 普羅文化出版廣告事業

封面設計 劉開工作室

初 版 2010 年 9 月

定 價 十編 40 冊（精裝）新台幣 62,000 元

從神不滅論到佛性論
——六朝佛教主體思想研究（上）

謝如柏　著

作者簡介

謝如柏，1973 年生，台灣大學中國文學系博士，現為暨南大學中國語文學系助理教授。主要研究領域為六朝佛教思想、魏晉玄學、道家思想。著作有《從神不滅論到佛性論——六朝佛教主體思想研究》、《《列子》「命」概念及其相關問題研究》，以及〈梁武帝「立神明成佛義記」——形神之爭的終結與向佛性思想的轉向〉、〈從涅槃經、眾生正因說到沈約的神不滅思想——南朝佛性學說與形神理論關係之考察〉、〈目的與工具之辨——楊朱思想的論證基礎與根本關懷〉等論文。

提　要

本書旨在探討神不滅思想的發展演變與思想史意義，企圖說明從漢末直至齊梁，中國佛教「神不滅」思想的發展表現出向「佛性」理論轉化的趨勢，並且說明此一發展，本質上乃是中國佛教「主體」思想的發展歷程。此一思想轉折的歷史進程，取決於各時期學者對「主體」問題的主流思想模式。初期的「神不滅」理論顯示出將染、淨皆收攝於「心」、「神」主體的特質，此正與當時佛教思想家如康僧會、支謙、謝敷、郗超、道安、支遁等人的佛學思想型態合轍；其具體表現便是慧遠、宗炳的神不滅思想。至般若學以及涅槃學發展初期，僧肇與涅槃師僧亮、僧宗、僧柔、智藏等學者普遍以「相續不斷」之「心」、「神」來解釋主體輪迴問題與正因佛性概念，表現在「神不滅」思想上便有沈約新型態之理論成果。從梁代寶亮開始，「心」、「神」作為佛性思想的核心概念，又再走向實體化的方向，其結果便是梁武帝神明成佛義之唯心一元論的思想體系。「神不滅」理論的發展歷程背後其實有相當重要的思想史背景，絕對不只是論爭層次的問題而已。而「神不滅」與「佛性」思想之間的交涉現象更非無意義的混雜，而是思想史或佛教史演變的重要轉折。

本書是作者 2006 年完成之博士論文，由林麗真教授指導。

目次

上　冊

第一章　緒　論

第一節　問題的意義

佛教自漢末傳入中國，便對本土的思想文化產生重大的衝擊與影響。對於習慣傳統思維方式的中國人而言，佛教教義中的「輪迴轉世」之說無疑是相當新奇、震撼而令人難以信受的。如東晉・袁宏（328-376）在其《後漢紀》中，論及佛法的影響時便云：

> 然歸於玄微深遠，難得而測，故王公大人觀死生報應之際，莫不矍然自失。〔註1〕

劉宋・范曄（397-445）的《後漢書》亦云：

> 又精靈起滅，因報相尋，若曉而昧者，故通人多惑焉。〔註2〕

可知輪迴轉生、因果報應之說對中國人士而言，確實是佛教教義中最突出而具有吸引力、卻也最具爭議而不容易被接受的思想。因此，牽涉「輪迴轉生」之說的「神滅」、「神不滅」問題及其所引發的爭辯，在魏晉南北朝期間興盛一時，成為此一時期思想史與佛教史的重要課題。

關於「神滅神不滅問題」，或簡稱「形神問題」的研究，早已是學者們關注探討的問題，並且也已經取得相當豐碩的研究成果。本文的寫作目的，不在於重複進行已然完成的研究工作，而在於對「神不滅」問題的討論提出新

〔註1〕東晉・袁宏：《後漢紀》（臺北，商務印書館四部叢刊初編縮本006，1965年）卷10，頁84-85。

〔註2〕劉宋・范曄：《後漢書》（臺北，鼎文書局，1983年）卷88〈西域傳〉，頁2932。

的觀點與思考方向。

過去論及「形神問題」的研究，大體上說，重點皆在「形神論爭」雙方主張「神滅」或「神不滅」的論證之分析，主要討論其論證的方法、有效性，並分析論爭雙方的勝負得失。至於研究材料，則大致是以梁·僧祐（444-581）《弘明集》所收之雙方論爭文字爲主，間或輔之以唐·道宣（596-667）《廣弘明集》等資料。然而，這樣的研究取向卻可能有二個限制：

第一、材料之限制。僧祐《弘明集》所收的「神滅」、「神不滅」雙方陣營的論爭文字，確實是討論「形神之爭」時不可忽略的重要材料。此書蒐集了「神滅」陣營之孫盛、何承天（370-447）、范縝（約450-510）等人的作品，亦蒐羅了「神不滅」陣營之羅含、慧遠（334-416）、鄭鮮之（363-427）、宗炳（375-443）、顏延之（384-456）、曹思文、蕭琛（478-530）、梁武帝蕭衍（464-549）等人的文章，〔註3〕可說「形神之爭」的主要材料已見於此。但是，我們知道，僧祐編輯《弘明集》的本意是「爲法禦侮」，〔註4〕蒐集這些文章材料本是爲了護法目的，而不是爲了客觀地保存當日的相關史料。在此情形下，《弘明集》的材料所呈現的「形神之爭」是否是魏晉南北朝「形神問題」的全部實情？顯然是可疑的。事實上，由《弘明集》多收「神不滅」論文而少收「神滅」論文，便可看出其偏袒佛教的立場。進一步說，我們也知道當時討論「形神」問題的文章亦絕對不止如此；參考《出三藏記集》卷12〈陸澄法論目錄〉及其他材料，可知至少以下作品很可能也涉及此一問題：王謐〈問涅槃有神否〉、〈問神識〉；支曇諦〈神本論〉；釋慧靜〈命源論〉；慧遠〈釋神名〉、〈問論神〉；竺法汰〈問釋道安神〉；庾闡〈神不更受形論〉；慧嚴〈無生滅論〉；道盛〈生死本無源論〉；竺僧敷〈神無形論〉。〔註5〕雖然這些作品多已亡佚，但由此可知《弘明集》所呈現的只是「形神之爭」的資料採樣，並不能被理解爲「形神問題」的全貌。

第二、順上所述，材料的限制也帶來了問題的限制。由於《弘明集》著意於「護法」目的，因此所選收的多是「護教辯論」性質的材料；無形中這

〔註3〕見：梁·僧祐：《弘明集》（臺北，新文豐出版公司影印金陵刻經處本，1986年）卷2-5，頁69-258；卷9-10，頁401-507。

〔註4〕梁·僧祐：〈弘明集後序〉，同注3，頁696。

〔註5〕梁·僧祐著，蘇晉仁、蘇鍊子點校：《出三藏記集》（北京，中華書局，1995年）卷12〈宋明帝勅中書侍郎陸澄撰法論目錄序〉，頁428-447。參見：湯用彤：《漢魏兩晉南北朝佛教史》（北京，中華書局，1997年），頁397-405。

將使研究者只注意「形神」的「論爭」而忽視「思想」問題。當然，「形神」之「論爭」是很重要的研究課題；觀察論爭雙方交鋒的細節，分析當時論爭雙方使用的論證方法與有效度，對於了解當時人的思辨程度是必要的。但是我們也知道，「形神問題」不全然只是「形神之爭」而已：一方面，對於「形神問題」有見解思想的學者未必會實際涉及「形神之爭」的論辯，因此「形神之爭」只是「形神問題」的部分現象，而非全貌；另一方面，「形神之爭」的論證細節，也未必能夠體現論辯雙方「形神思想」的全部面向。其實，了解當時人對「形神問題」有何思想主張，探討他們看待「形神問題」的思想基礎或理論背景，可能比探討「形神之爭」的論辯細節，更具有思想史或哲學史意義。事實上，學者們也已試圖在「形神問題」的研究上另闢蹊徑，而不願將研究方向侷限在論證分析層次：例如任繼愈主編的《中國哲學發展史》論及此一問題時，便致意於對照漢代以來中國思想史的相關意見，特別是科學思想與中醫思想；〔註6〕而林師麗眞更將研究面向延伸至六朝志怪小說的領域，藉此觀察當時社會一般形神觀念的普遍內涵。〔註7〕這些成果對於了解「形神問題」的思想史意義都有啓發性。

本文的寫作目的，也不在分析「形神之爭」的具體論證，而是在於探討「形神問題」背後的思想史發展與意義；希望能夠超脫材料與問題的限制，根據其他資料更爲廣泛地觀察「形神問題」。本文將焦點放在「神不滅」思想的發展歷程上，認爲：（1）從漢末直至齊梁時期，「神不滅」思想的發展表現出向「佛性」理論轉化的趨勢；（2）此一從「神不滅」到「佛性」理論的發展，本質上應該視爲初期中國佛教「主體」思想的發展歷程。

乍看之下，「神不滅」所論的是輪迴轉世之「神」的不滅，而「佛性」思想討論的則是眾生成佛根據的問題，二者似乎無關。當代學者的主流意見便認爲，根本上「神不滅」與「佛性」是二個性質完全不同的問題；〔註8〕雖然南朝時二者有被混同的現象，但學者普遍認爲，這是一種對涅槃佛性義的曲

〔註6〕任繼愈主編：《中國哲學發展史（魏晉南北朝）》（北京，人民出版社，1998年），頁758-835。

〔註7〕林師麗眞：〈從魏晉南北朝志怪小說看「形神生滅離合」問題〉，《第一屆魏晉南北朝文學與思想學術討論會論文集》（臺北，文史哲出版社，1991年），頁89-131。

〔註8〕如：古田和弘：〈中國佛教における佛性思想の一側面〉，《佛教學セミナー》30（1979），頁16-25；中西久味：〈六朝齊梁の「神不滅論」覺え書——佛性說との交流より〉，《中國思想史研究》第4號（1980年），頁105-130。

解，是中國傳統靈魂不滅思想的殘餘混雜。〔註 9〕但這些說法，其實未必切中問題的核心，也未必是思想史的實情。我們知道，對於佛教而言，眾生的流轉輪迴與還滅解脫，本來就不是二個截然懸隔的問題；說明「輪迴」的原理，本與說明「解脫」的原理不二。對於魏晉南北朝時期的中國人士而言，這一點也是十分清楚的；不妨看袁宏對於佛教教義的描述：

> 又以爲人死精神不滅，隨復受形，生時所行善惡，皆有報應，故所貴行善修道，以鍊精神而不已，以至無爲而得爲佛也。〔註 10〕

劉宋・劉義慶（403-444）的《世說新語・文學》裡亦提及：

> 佛經以爲祛練神明，則聖人可致。劉孝標注：釋氏經曰：「一切眾生，皆有佛性。但能修智慧，斷煩惱，萬行具足，便成佛也。」簡文云：「不知便可登峰造極不？然陶練之功，尚不可誣。」〔註 11〕

再看北齊・魏收（506-572）《魏書・釋老志》所言：

> 凡其經旨，大抵言生生之類，皆因行業而起。有過去、當今、未來，歷三世，識神常不滅。凡爲善惡，必有報應。漸積勝業，陶冶粗鄙，經無數形，澡練神明，乃致無生而得佛道。〔註 12〕

此諸語足可代表當時一般士人對佛教的認識水準。此處說「精神不滅」、「識神常不滅」，此即是「神不滅」之意；但値得注意的是，他們也都指出因爲有此一不滅的「精神」或「神明」，使人能據此「鍊精神」、「祛練神明」、「澡練神明」，最後「以至無爲而得爲佛」、「乃致無生而得佛道」。這也就是說，當時的佛教徒主張「神不滅」，並不只是因爲「精神」是輪迴報應的「主體」，故須加以申說而已；或許更重要的是，此一「精神」或「神明」也是人得以成佛的依據，也是成佛之「主體」。因此，魏晉時期「神不滅」的主張，一開始除了作爲輪迴報應說的理論基礎之外，本來就具有作爲「人之所以能夠成佛的根據」的意義。而成佛根據問題，豈不也正是後來「佛性思想」關注的焦點？

可知，「神不滅」思想在本質上不只是一個論證「神」之「不滅」的論辯層次的問題而已，事實它涉及的是佛教所說眾生輪迴與解脫「主體」的問題。既

〔註 9〕湯用彤：同注 5，頁 506-507；賴永海：《中國佛性論》（北京，中國青年出版社，1999 年），頁 33-55。

〔註 10〕《後漢紀》，同注 1，頁 84。

〔註 11〕劉宋・劉義慶編撰，余嘉錫箋疏：《世說新語箋疏》（臺北，華正書局，1989 年），頁 229。

〔註 12〕北齊・魏收：《魏書》（臺北，鼎文書局，1980 年）卷 114〈釋老志〉，頁 3026。

然如此，只關切「神不滅」的「論爭」論辯問題，顯然窄化了「神不滅」問題作爲「主體」思想的意義。既然「神不滅」思想本來便涉及「輪迴」根據問題以及「解脫」根據問題二個面向，只探討前者顯然失之偏頗；若只在神如何不滅的論證分析上著力，更是不得「神不滅」之「思想」的全蘊。既然「神不滅」思想亦是「解脫」問題的基礎，而與「佛性」問題相關，如此便不難理解「神不滅」思想的發展何以最終會向「佛性」理論的方向轉化。而從「神不滅」思想到「佛性」理論，其間的思想發展過程，即是本文所要探討的問題。

而「神不滅」與「佛性」思想，所要處理的其實都是眾生「主體」的問題。換言之，即是：「是什麼在輪迴生死？」「是什麼在解脫涅槃？」此一課題可以用「主體」問題來概括。故本文將從「神不滅」思想到「佛性」理論之間的思想發展，稱之爲「主體」思想的發展歷程。希望經由本文的討論，可以對中國佛教初期「主體」思想的演變發展，得到初步的認識。

第二節　佛教的無我說與主體問題

但是，佛教不是主張「無我」嗎？若說「神不滅」思想本質上是關於「主體」之理論，此一問題如何能在佛教思想系統中取得合法性？爲此，必須先略述佛教對於「無我」問題的主張，以及其中所涉的「主體」問題之意義。

就常識觀點來看，說有「我」似乎是天經地義之事。人們理所當然地認爲在生命的連續歷程中，「我」是固定不變的。在生、老、病、死的過程中，人的生理與心理結構是變化日新、時刻不停的，而「我」則被認爲是經歷這一變化過程，自身卻不變的存在。是「我」在維持變化中的「人格的同一性」（personal identity）；假如沒有這樣一個保持同一性的「我」，要如何建立生命經驗的前後連結？要如何說是同一個人生、老、病、死？因此設想有一個在變化之中不變的「我」，似是常識所默認的觀點。

但佛教主張「無我」。「一切行無常，一切法無我，涅槃寂滅」是佛教所謂的「三法印」，〔註 13〕其中「無我」尤爲佛教特有的教說與根本思想。對此，學者已有豐富的研究成果。本文旨趣不在探討此一問題。以下只根據學者的意見，略述佛教「無我說」的意涵，以爲全文討論的背景；並藉此對所謂「主體」、「實體」概念做一說明與界定，以爲本文討論的基礎。

〔註 13〕劉宋・求那跋陀羅譯：《雜阿含經》卷 10〈二六二經〉，《大正藏》卷 2，頁 66b。

一、實踐意義之無我

雖然「無我」是佛教思想的標誌，但如學者所言，佛陀本人並不是一個理論意義上的無我論者。就早期經典的記載來看，佛陀其實是對形上學的論爭不感興趣的。面對著名的「十四無記」問題：「世間無常、常無常、非常非無常，有邊、無邊、邊無邊、非有邊非無邊，是命是身、命異身異，如來有後死、無後死、有無後死、非有非無後死」，〔註 14〕佛陀即保持緘默而不予回答；其中「是命是身、命異身異」是關於離蘊之「我」是否存在的問題，佛陀即拒絕對此作正面說明。又如《中阿含經・箭喻經》所言之譬喻：假如有人被毒箭所傷，卻不急著拔箭治療，反而推究射傷他的人的姓名、身材、膚色、種姓、職業，並推究弓與箭的形式材質，甚至造箭工匠的姓名、身材、膚色、種姓，則此人恐怕還不及知道答案便一命嗚呼了。同樣地：

> 如是世無、有常，世有底、世無底，命即是身、爲命異身異，如來終、如來不終、如來終不終、如來亦非終亦非不終耶？若有愚癡人作如是念：若世尊不爲我一向說：此是眞諦，餘皆虛妄言者，我不從世尊學梵行。彼愚癡人竟不得知，於其中間而命終也。……以何等故，我不一向說此？此非義相應，非法相應，非梵行本；不趣智，不趣覺，不趣涅槃，是故我不一向說此也。〔註 15〕

他認爲，像「十四無記」所涉的形上學問題「非義相應，非法相應，非梵行本」，「不趣智，不趣覺，不趣涅槃」，對於解脫完全沒有幫助，因此沒有必要浪費心力去研究；否則沈溺在其中「彼愚癡人竟不得知，於其中間而命終也」。根本上，佛陀關心的是解脫實踐的問題，而不是形上學的理論知識。「命即是身、爲命異身異」，即離蘊之「我」是否存在的問題，佛陀也拒絕討論。這樣看來，佛陀似乎並未對「有我」、「無我」問題有確定的說法。因此學者認爲，佛陀並非徹底的、理論的無我論者。〔註 16〕

學者們因此認爲，原始佛教時期佛陀所說的「無我」，是作爲一個宗教實踐的倫理或道德命提而提出的，並不是一個否定自我存在的形上學命題。〔註 17〕

〔註 14〕同注 13，卷 34〈九六二經〉，頁 245c。

〔註 15〕東晉・僧伽提婆譯：《中阿含經》卷 60〈箭喻經〉，《大正藏》卷 1，頁 804c、805b-c。

〔註 16〕黃俊威：《無我與輪迴》（中壢，圓光出版社，1995 年），頁 66-70。

〔註 17〕霍韜晦：〈原始佛教無我觀念的探討〉，張曼濤主編：《原始佛教研究》（臺北，大乘文化出版社，1798 年），頁 139-141。黃俊威：同注 16，頁 70-71。也有

其根據在於南傳經典中被認爲最早出的部分；如《經集》云：

人間生命實短少，未至百歲死者多。

雖過百歲活存者，彼爲老病亦死去。

人爲我執物憂愁，遍取之常不可存。

存在之物常變滅，如斯見之莫住家。

人思此物本屬我，人死此物亦消失。

賢者知此非己物，弟子不可向我執。

譬如夢中之相會，人於醒後皆不見。

如斯所愛諸人等，亡滅命終不復見。

人人貪求我執物，愁悲慳貪執不捨。

故見安穩諸牟尼，捨諸遍取施諸行。

牟尼不著一切處，不爲愛者不愛者。

如水不著於荷葉，彼無悲泣與慳貪。

猶如水滴於荷葉，猶如蓮葉不著水。

如斯牟尼諸見聞，又對覺法無染著。〔註 18〕

此文指出俗人抱持著「此物本屬我」的想法而「爲我執物憂愁」，不知「遍取之常不可存。存在之物常變滅」的道理；此種「貪求我執物」的執著與不捨，實是「愁悲慳貪」等痛苦的根源。賢者洞見「人死此物亦消失」的實情而「知此非己物」，故能明瞭「不可向我執」之理；解脫的賢者猶如「水不著於荷葉」一般「不著一切處」，對存在之物「不爲愛者不愛者」，如此便再也沒有「悲泣與慳貪」。可以看出，此處所言的「我執」是指「此物本屬我」、「貪求我執物」的執著心態，包括對肉體與對身外之物之執著貪求；而此處所說的「不可向我執」只是要求捨離對一切擁有物的執著，而不是對自我存在的否定。又如：

草薪等世間，以智慧見時，無有彼我念，我無有此故，即無憂苦惱。

「此我子我財」，愚者常煩惱。我且非有我，何況子與財？

此身思我有，闇昧凡夫輩，擴展懼墓田，再再須受生。

我見世間顫動者，諸人對有生至愛。面對死神愚人泣，對諸有愛難

相反意見，如：楊郁文：〈以四部阿含經爲主綜論原始佛教之我與無我〉，《中華佛學學報》第 2 期（1988，1994 修訂），頁 43-45。

〔註 18〕《經集》4《義品》6，《老經》，《漢譯南傳大藏經》（高雄，元亨寺漢譯南傳大藏經編譯委員會編譯，1998 年）第 27 冊，頁 233-234，第 804-807、809、811-812。

> 超越。
> 請看動蕩人我執，彼若涸河少水魚。見此應行無我執，對有不被其繫著。
> 普對世間名與色，一切無有我執著。非有之故無愁者，彼實世間不老者。
> 此是我物或他物，何物亦無執著者。如斯我執不存在，無我之故無愁煩。〔註 19〕

此處亦指出「此身思我有」的執著是愚昧凡夫「再再須受生」的根源。無常的生滅變化中「我且非有我」；我尚不能擁有我，何況是「子與財」這些身外之物？但眾生深深陷溺在「人我執」之中，「對有生至愛」、「對諸有愛難超越」，因此「面對死神愚人泣」，有無窮的煩惱。但是「我無有此故，即無憂苦惱」，若知一切諸法皆非我所有而「無我執」，則「對有不被其繫著」，便不再有如此痛苦。解脫者對世間一切「無有我執著」，對「此是我物或他物」同樣「亦無執著者」，似此「我執不存在」，便至「無我之故無愁煩」之境界。同樣地，在這些經典中「我執」是指對「對有生至愛」、「對諸有愛難超越」的執著；相對於此，「無我執」亦是指不起「此是我物」之執著，經文亦稱此爲「無我」。顯然此處的「無我執」、「無我」都沒有否定「我」之存在的意涵。

因此學者認爲，「無我」原本只是一個「離我所」、「去我執」的實踐要求，並不是一個「否定自我」的存在上之命題。它所要表達的，只是教人不要把「非我」的東西看成是「我」而已，並沒有抹煞行爲主體、人格主體的意涵。〔註 20〕學者更指出，佛教所說「無我」之巴利原語 anattan，原有「非我」（not a soul）與「不持有我」（without a soul）二種意涵，漢譯佛典譯爲「非我」或「無我」。〔註 21〕假若將「無我」理解爲「不持有我」、「沒有我」，

〔註 19〕《長老偈經・二十偈集》，《漢譯南傳大藏經》第 28 冊，頁 180，第 717；《法句經》5〈愚品〉《漢譯南傳大藏經》第 26 冊，頁 19，第 62；《長老偈經・十偈集》，《漢譯南傳大藏經》第 28 冊，頁 162，第 575；《經集》4《義品》2，《窟八偈經》，《漢譯南傳大藏經》第 27 冊，頁 224-225，第 776、777；《經集》4《義品》15，《執杖經》，《漢譯南傳大藏經》第 27 冊，頁 265，第 950、951。

〔註 20〕中村元：〈佛陀的教義〉，玉城康四郎主編，李世傑譯：《佛教思想（一）在印度的開展》（臺北，幼獅文化事業公司，1995 年），頁 12-15；霍韜晦：同注 17，頁 139。黃俊威：同注 16，頁 71-77。

〔註 21〕中村元：〈インド思想一般から見た無我思想〉，氏編：《自我と無我——インド思想と佛教の根本問題》（京都，平樂寺書店，1974 年），頁 3-4。

此即有否定「我」之存在之意；但若理解爲「非我」，則只是說所指對象不是我，並不表示對「我」之否定。〔註 22〕學者認爲，原始佛教所說的「無我」只是「非我」，即「不要把非我的東西看成我」之意，其實並未否定「我」的存在。〔註 23〕相反地，原始經典中更多見對於「自我」的肯定之語：

> 自爲自依怙，他人何可依？自己善調御，獲得難依所。
>
> 惡是由己作，污法亦由己，自己不作惡，清淨亦由己，淨不淨由己，他無淨他事。
>
> 自爲自護己，自爲自依怙。故須自制御，如商調良馬。
>
> 震動如大海，生老伏縛汝，爲己作良舟，無爲他依處。〔註 24〕

既云「污法亦由己」、「清淨亦由己」、「淨不淨由己」，顯然必有一個能選擇作惡或清淨的「自我」；又說「自爲自依怙」、「自爲自護己」、「自己善調御」、「爲己作良舟」，則必有一個能調御自我、可作爲依怙良舟的「自我」。因此學者認爲，原始佛教的「無我說」不但不否定「自我」的存在，反而積極地肯定「自我」，要求「實現眞實的自我」；「無我」非但不是否定「我」，反而肯定此一能夠抉擇善惡染淨的「主體」意義之「我」。〔註 25〕此一立場可借用玉城康四郎之語表述如下：

> 在最初期的原始經典中，「無我」並不是表示「我的否定」，而是指離開「對於『我』的『執著』」的意思，故而積極主張「自己的主體性」(《法句經》)。到了新出的經典時，才建立了依於五蘊的無我說，即我們的存在，係由色、受、想、行、識五個集聚而成立，認爲任何處都沒有「我」的「實體」。在部派佛教時代，這個見解也被承襲。〔註 26〕

根據此一說法，可知原始佛教的「無我」思想只是一「離我所」、「去我執」

〔註 22〕平川彰：〈初期佛教的倫理〉，玉城康四郎：同注 20，頁 43。

〔註 23〕中村元：同注 21，頁 17-27；早島鏡正：〈初期佛教的無我思想〉，玉城康四郎：同注 20，頁 76-83、92；霍韜晦：同注 17，頁 141-142；黃俊威：同注 16，頁 9-12、80。

〔註 24〕《法句經》12〈自己品〉，《漢譯南傳大藏經》第 26 冊，頁 29-30，第 160、165；同前經 25〈比丘品〉，頁 51，第 380；《長老偈經・六偈集》，《漢譯南傳大藏經》第 28 冊，頁 143，第 412。

〔註 25〕中村元：同注 21，頁 28-60；早島鏡正：同注 23，頁 83-84；霍韜晦：同注 17，頁 128、148-149；黃俊威：同注 16，頁 71-79。

〔註 26〕玉城康四郎：《佛教思想（一）在印度的開展》〈序〉，同注 20，頁 12。

的實踐要求，並未否定作爲「主體」之「自我」；至於否定「實體」之「我」的無我說，則是後起的說法。

二、存在意義之無我

似此，原始佛教的「無我」之說原本只是宗教實踐上之要求。但隨著教理宣揚的需求，佛教不得不對「無我」進行理論層次上的說明；就在理論化的過程中，「無我」逐漸由實踐命題轉變成爲理論上的存有命題。〔註27〕以最初的「五蘊無我說」爲例：

> 色無常，無常即苦，苦即非我，非我者亦非我所。如是觀者，名眞實正觀。如是受、想、行、識無常，無常即苦，苦即非我，非我者亦非我所。如是觀者，名眞實觀。〔註28〕

此是《阿含經》中常見的「無我」定型論法。此說色、受、想、行、識「五蘊」「無常，無常即苦，苦即非我，非我者亦非我所」，若能如是觀者「名眞實觀」。此一論證可分三部分來看：（1）爲何說「五蘊無常」？「五蘊」是佛法對眾生存在結構的分析方式。佛教認爲「諸行無常」，一切法都在「緣起」中生滅變易而非恆常不變；眾生的身心結構「五蘊」自不例外地亦是「無常」。如佛陀所云：

> 色無常，若因、若緣生諸色者，彼亦無常；無常因、無常緣所生諸色，云何有常？如是受、想、行、識無常，若因、若緣生諸識者，彼亦無常；無常因、無常緣所生諸識，云何有常？如是，諸比丘，色無常，受、想、行、識無常。無常者則是苦，苦者則非我，非我者則非我所。〔註29〕

色、受、想、行、識五蘊皆是因、緣所生；因、緣本自無常，由因緣所生的五蘊當然也是無常的。（2）其次，爲何說「無常即苦」？如霍韜晦指出，這是就「壞滅」的觀念而說的：既然諸法無常生滅不定，存在事物的相續總是移向不存在，而不由自己決定，此即是苦。〔註30〕（3）再其次，爲何說「苦即非我，非我者亦非我所」？此即與婆羅門教對「我」的理解方式有關。婆

〔註27〕黃俊威：同注16，頁81-82、93-94。

〔註28〕同注13，卷1〈九經〉，頁2a。

〔註29〕同注13，卷1〈一一經〉，頁2a。

〔註30〕霍韜晦：同注17，頁145-146。

羅門教主張「梵我合一」，認爲「我」（ātman）與宇宙之魂、至高無上的眞神「梵」（brahman）具有同樣的本質；「梵」的特性包括：智慧、實有、無終、妙樂、唯一無二等等，因此「我」也同樣具有這些特性。佛陀說「苦即非我」即是針對此而說的：「我」既被定義爲妙樂的存在，由「五蘊無常」、「無常即苦」之事實便可證知無此妙樂之「我」。〔註31〕又如經云：

> 色非是我。若色是我者，不應於色病、苦生，亦不應於色欲令如是、不令如是。以色無我故，於色有病、有苦生，亦得於色欲令如是、不令如是。受、想、行、識亦復如是。〔註32〕

如果眾生的身心結構「五蘊」中有「我」，根據定義它應該是妙樂自在的。但是五蘊皆有「病、苦」產生的現象，眾生對五蘊也無法「欲令如是」即隨願如是，可知五蘊非「我」。此可說是對「苦即非我」的深入說明。佛陀認爲，得到此「無我」眞實正觀乃是趨向涅槃的關鍵。

似此，由眾生五蘊「無常」論證其「苦」，再論證「非我」、「非我所」，此是「五蘊無我說」的一般型態。此一論證，實是以「緣起」思想爲基礎，由「緣起」論證五蘊之「無常」，再依次推導出「苦」、「無我」之結論。除此之外，此說以眾生爲五蘊之積聚爲論證前提，也有從「和合」角度論證無我之意。如經文所說：

> 汝謂有眾生，此則惡魔見。唯有空陰聚，無是眾生者。如和合眾材，世名之爲車。諸陰因緣合，假名爲眾生。
>
> 諸賢！猶如因材木、因泥土、因水草，覆裹於空，便生屋名；諸賢！當知此身亦復如是，因筋骨、因皮膚、因肉血，纏裹於空，便生身名。……如是觀陰合會。〔註33〕

眾生只是五蘊的聚合，其實並無所謂眾生。猶如「和合眾材，世名之爲車」，「諸陰因緣合，假名爲眾生」，眾生只是五蘊在因緣條件下和合的「假名」而已。又如材木、泥土、水草假合而有房屋之名，眾生身也只是筋骨、皮膚、肉血和合的「假名」而已，根本上說只是「陰合會」、即五蘊合會的假稱。似此，分析眾生的身心結構，其中並無可稱爲「我」的眞實存在。此即後世所

〔註31〕楊惠南：《佛教思想發展史論》（臺北，東大圖書公司，2003年），頁76-77。參見：氏著：《印度哲學史》（臺北，東大圖書公司，1995年），頁58-77。

〔註32〕同注13，卷2〈三三經〉，頁7b。

〔註33〕同注13，卷45〈一二〇二經〉，頁327b；同注15，卷7〈象跡喻經〉，頁466c-467a。

說的「和合假」的觀念。又：

> 諸所有色，若過去、若未來、若現在，若內、若外，若麁、若細，若好、若醜，若遠、若近，彼一切非我、不異我、不相在。如是觀察，受、想、行、識亦復如是。比丘，多聞聖弟子於此五受陰非我、非我所，如實觀察。〔註 34〕

眾生只是五蘊總和，其中並無「我」之存在；因此：(1) 色、受、想、行、識五蘊「非我」，皆不是我；(2) 眾生只是五蘊和合，離此五蘊亦不可說別有我，故曰五蘊「不異我」；(3) 亦非有離蘊之我在五蘊中，或五蘊在我之中，故曰「不相在」。即蘊既然無我，離蘊亦非有我，如此便可遠離「命異身異」、身死不滅的常見與「命即是身」、身死斷滅的斷見；佛陀認爲，「無我」的教說「離此二邊，正向中道」，〔註 35〕乃是中道的正觀。〔註 36〕

綜上所述，可知五蘊無我說所要論證的是：眾生只是五蘊的聚合，其中並無可稱爲「我」的東西；五蘊在緣起作用中生滅無常，其中更沒有實存不變、妙樂而自在的「我」。似此，原來作爲實踐命題的「無我」之說，在此已經慢慢變成了一個理論意義的存在命題。而且，正如學者所指出的，經由「和合」之觀念來論證無我，此即已預設「我」是獨立、不可分割的個體；透過「緣起」、「無常」來論證無我，這便已預設了「我」是恆常不變之物。〔註 37〕雖然仍不明顯，此種「無我」論證隱然已有否定「我」爲「實體」的傾向，對後來佛教思想的發展產生了重大的影響。傳統上佛教將「我」解釋爲「常、一、主、宰」之義，〔註 38〕認爲「無我」所反對的正是這樣「常、一、主、宰」之「我」，此種解釋方式正萌芽於此。在此種意義上所說之「無我」，可說是對常存不變的之「我」的否定。

但如果眾生「無我」，是誰在受生輪迴？又是誰在修行解脫？佛陀認爲，此一問題並不需要依賴常存不變之我來解釋：

> 云何爲第一義空經？諸比丘！眼生時無有來處，滅時無有去處。如

〔註 34〕同注 13，卷 2〈三三經〉，頁 7c。

〔註 35〕同注 13，卷 12〈二九七經〉，頁 84c。

〔註 36〕參見：王開府：〈初期佛教之「我」論〉，《中華佛學學報》第 16 期（2003 年 7 月），頁 10-12。

〔註 37〕黃俊威：同注 16，頁 93-94。

〔註 38〕望月信亨主編：《望月佛教大辭典》第 1 冊（東京，世界聖典刊行協會，1969 年），頁 372；引《百法問答鈔》。

是，眼不實而生，生已盡滅。有業報，而無作者。此陰滅已，異陰相續，除俗數法。耳、鼻、舌、身、意，亦如是說，除俗數法。俗數法者，謂此有故彼有，此起故彼起；如無明緣行，行緣識，廣說乃至純大苦聚集起。又復此無故彼無，此滅故彼滅；無明滅故行滅，行滅故識滅，如是廣說，乃至純大苦聚滅。比丘！是名第一義空法經。〔註39〕

此是以六根五蘊的生滅相續，來說明無我。此云「有業報，而無作者」，業報輪迴並不需要預設常存的「我」或「作者」；它只是「此陰滅已，異陰相續」的過程而已。五蘊相續作用又稱為「俗數法」，也就是「此有故彼有，此起故彼起」、「此無故彼無，此滅故彼滅」的緣起法則。佛陀認為，並沒有實存不變的「我」在輪迴受生，只是在「此陰滅已，異陰相續」的作用中，由「無明緣行，行緣識」以至於「純大苦聚集起」；同樣地，亦沒有實存不變的「我」在修行解脫，只是在「此陰滅已，異陰相續」的作用中，由「無明滅故行滅，行滅故識滅」以至於「純大苦聚滅」。輪迴與解脫過程中，並無不變之「我」存在的位置。

由上所述，可以看出原始佛教的「無我說」如何由實踐命題轉變為存在命題之情形。「無我」從「離我所」、「去我執」的實踐要求，逐漸變為一個否定恆常不變之「自我」存在的理論。根源於此的否定自我「實體」的「無我說」，也被部派佛教的學者所承襲。

三、部派與大乘佛教的主體觀

如上所述，原始佛教的「無我說」其實並無否定自我「主體」的意味。但是，此一「無我」主張卻仍招致外道的批評；他們認為否定「我」，將面臨輪迴業報沒有主體、精神作用沒有主體、意識的統一作用不能成立、記憶的作用不能成立、行為責任歸屬不明等諸多困難。〔註40〕事實上，這些論難的內容，所觸及的還是「主體」所涵攝的功能；原始佛教既然未曾否定「我」在主體方面的意義，因此這些質疑可說本不相應。但這些批評所以產生，除了肇因於各派對「無我」思想的誤解之外，也可說是佛教內部對於「無我」所否定的對象究竟是「主體」或「實體」未能清楚界定的緣故。〔註41〕為了

〔註39〕同注13，卷13〈三三五經〉，頁92c。
〔註40〕霍韜晦：同注17，頁149-151；黃俊威：同注16，頁95-104。
〔註41〕同注40。

回應「無我」所帶來的這些爭議，部派佛教的學者們發展出形形色色的「假我」理論。

正如印順法師所說，當時「佛教思想發展與分化，與一個嚴重而急待解決，就是業果相續的輪迴問題有關」，「他們的意見，誠然是龐雜的、紛歧的，但把他們的思想歸納起來，依舊現出一致的傾向：……他們都是在相續的、潛在的、微細的、統一的、或常住、有我的理論上，建立前後不即不離，不斷不常而不違反諸行無常的東西，拿來克服這嚴重的困難」。〔註 42〕就此觀之，可以說部派佛教的種種「假我」之說，都是對於「主體」之「我」進行理論說明的嘗試。相關主張，包括犢子部的「補特伽羅」、說一切有部的「世俗補特伽羅」、經量部（說轉部）的「勝義補特伽羅」、化地部的「齊首補特伽羅」、經部譬喻師的「細心說」、上座部分別論者的「一心相續論」、南傳上座部（赤銅鍱部）的「有分識」（九心輪）、大眾部的「根本識」等等。本文無法在此詳敘各部派說法的內容，〔註 43〕以下只舉例說明這些理論對於「主體」問題的關切。

如前所述，經由五蘊無我說的發展，「無我」逐漸變爲一個理論上的存在命題。到了部派佛教時期，說一切有部承繼此一觀點，運用「和合假、假依實」的分析方法，論證蘊、界、處一切法中沒有實存之「我」存在。他們認爲：作爲眾生主體之「人我」是不存在的，它只是假合的施設假有而已；眞正實在的是假合所依的基本元素「法我」，也就是諸法的「法體」或「極微」（anu）。如《大毘婆沙論》所云：

> 我有二種：一者法我，二者補特伽羅我。善說法者，唯說實有法我。法性實有，如實見故，不名惡見。外道亦說實有補特伽羅我。補特伽羅非實有性，虛妄見故，名爲惡見。〔註 44〕

有部認爲，作爲諸法「實體」之「法我」是實有的，但作爲眾生「主體」之「補特伽羅我」（即「人我」）則是不存在的。有部更認爲，此一「人無我」的觀點，就是原始佛教的「無我、無我所」思想。

但否定了「人我」，輪迴業報的問題要如何說明？因此，犢子部反對有部

〔註 42〕印順：《唯識學探源》（新竹，正聞出版社，1992 年），頁 44-47。

〔註 43〕詳見：印順：同注 42，頁 48-124；黃俊威：同注 16，頁 115-232。

〔註 44〕五百羅漢造，唐・玄奘譯：《阿毘達磨大毘婆沙論》卷 9，《大正藏》卷 27，頁 41a。

的「人無我」思想，認爲人我或補特伽羅必須眞實地存在，否則，輪迴問題即無法得到說明。《俱舍論》提到犢子部成立「補特伽羅」的理由：

> 若定無有補特伽羅，爲說阿誰流轉生死？不應生死自流轉故。然薄伽梵於契經中說：諸有情無明所覆、貪愛所繫、馳流生死，故應定有補特伽羅。〔註 45〕

「補特伽羅」（pudgala），意譯爲人、眾生、數取趣、眾數者，意爲數度往返六道輪迴者，亦是「我」（ātman）的異稱。〔註 46〕事實上，犢子部率先使用「補特伽羅」，本是要在不觸及「我」這一敏感字詞的情形下，說明「我」的種種功能。由引文可知，「補特伽羅」概念之所以被提出，正是爲了解決「阿誰流轉生死？不應生死自流轉」的問題：如果沒有人我，是誰在流轉生死？總不能說只是生死自己流轉；因此，必定有輪迴的人我「主體」，「補特伽羅」即是「流轉生死」、「馳流生死」的主體。除了作爲輪迴主體之外，補特伽羅也具有記憶保持者、六識所依的背後主體、能使眼等諸根增長的「本住」等等功能；由此可知，犢子部所主張的「補特伽羅」，其意義正是眾生之「主體」。〔註 47〕至於「補特伽羅」之內涵，《異部宗輪論》云：

> 有犢子部本宗同義，謂補特伽羅非即蘊離蘊，依蘊處界假施設名。諸行有暫住，亦有刹那滅。諸法若離補特伽羅，無從前世轉至後世，依補特伽羅，可說有移轉。〔註 48〕

「補特伽羅」是「非即蘊離蘊，依蘊處界假施設名」的「不可說我」；〔註 49〕由於有此眞實的「補特伽羅」，前世至後世的移轉才得以說明。犢子部的「補特伽羅」之說雖然受到其他部派的非議，但從思想史的發展來看，各部派後來其實都暗中採納其說而發展出各種「假我」之說。〔註 50〕而且，圍繞著犢子部「補特伽羅」概念的爭議，其實都集中在「補特伽羅」是否實有的「實體」義方面；對於「補特伽羅」的「主體」意義，則是各派都採納而接受的。〔註 51〕

以說一切有部爲例：如前所見，有部本是否定「補特伽羅我」的。但依

〔註 45〕世親造，唐・玄奘譯：《阿毘達磨俱舍論》卷 30，《大正藏》卷 29，頁 156c。
〔註 46〕望月信亨：同注 38，第 5 冊，頁 4489。
〔註 47〕黃俊威：同注 16，頁 136-143。
〔註 48〕世友造，唐・玄奘譯：《異部宗輪論》，《大正藏》卷 49，頁 16c。
〔註 49〕黃俊威：同注 16，頁 144-149。
〔註 50〕呂澂：《印度佛學源流略講》（上海，上海人民出版社，2002 年），頁 78-79。
〔註 51〕黃俊威：同注 16，頁 150-152。

《異部宗輪論》所言，說一切有部亦承認「世俗補特伽羅」：

有情但依現有執受，相續假立。說一切行皆剎那滅，定無少法能從前世轉至後世。但有世俗補特伽羅，說有移轉。〔註 52〕

有部從有情眾生「現有執受，相續假立」的角度，說有「世俗補特伽羅」；由於「世俗補特伽羅」，前世後世之間才可「說有移轉」。顯然「世俗補特伽羅」的提出，是對輪迴「主體」問題的說明。有部雖然承認「世俗補特伽羅」的「主體」意義，但仍然認爲它只是「相續假立」的施設假有，而非「實體」意義的存在；「實體」性的補特伽羅雖然不存在，但從相續假立的角度，「世俗補特伽羅」的「主體」意義也能得到說明。〔註 53〕從否定「人我」到承認「世俗補特伽羅」，有部立場的轉變其實受犢子部影響甚大。〔註 54〕

經量部（說轉部）亦有「勝義補特伽羅」之說，《異部宗輪論》云：

其經量部本宗同義，謂說諸蘊有從前世轉至後世，立說轉名。非離聖道。有蘊永滅，有根邊蘊，有一味蘊。……執有勝義補特伽羅。〔註 55〕

經量部主張有「諸蘊」能從「前世轉至後世」，「說轉」之名即由此而來。「勝義補特伽羅」的安立，顯然也意在說明輪迴「主體」問題。關於「根邊蘊」「一味蘊」之說，依印順法師之研究，其意涵即《大毘婆沙論》所載：〔註 56〕

或復有執：蘊有二種，一根本蘊，二作用蘊。前蘊是常，後蘊非常。彼作是說：根本、作用二蘊雖別，而共和合成一有情，如是可能憶本所作。以作用蘊所作事，根本蘊能憶故。〔註 57〕

「根本蘊」即「一味蘊」，是相續的恆常存在，「作用蘊」即「根邊蘊」，則生滅無常；此二蘊「共和合成一有情」，即是「勝義補特伽羅」。由引文可知此「勝義補特伽羅」除了是輪迴「主體」之外，也具有記憶作用之「主體」的意義。「勝義補特伽羅」實是二蘊和合之眞實存在。〔註 58〕

依《異部宗輪論》所載，化地部也主張有「齊首補特伽羅」。〔註 59〕「齊

〔註 52〕同注 48。

〔註 53〕黃俊威：同注 16，頁 173-176。

〔註 54〕黃俊威：同注 16，頁 182。

〔註 55〕同注 48，頁 17b。

〔註 56〕印順：同注 42，頁 158-162。

〔註 57〕同注 44，卷 11，頁 55b。

〔註 58〕黃俊威：同注 16，頁 193。

〔註 59〕同注 48，頁 17a。

首」乃通達三界生死之際之意，因此「齊首補特伽羅」即是眾生生死流轉之「主體」。學者認爲，「齊首補特伽羅」也即是此部所說的「窮生死蘊」；〔註60〕無性《攝大乘論釋》云：

> 化地部等者，於彼部中有三種蘊：一者一念頃蘊，謂一刹那有生滅法；二者一期生蘊，謂乃至死恒隨轉法；三者窮生死蘊，謂乃至得金剛喻定恒隨轉法。〔註61〕

「一念頃蘊」是刹那生滅法，「一期生蘊」是前者在一期生命中連串發展之總稱，而「窮生死蘊」則連結無數「一期生蘊」之間的流轉關係，成爲生死輪迴之「主體」。〔註62〕

再如《大毘婆沙論》提及經部譬喻論者與上座部分別論者的「細心不滅」之說：

> 謂譬喻者、分別論師，執滅盡定細心不滅。彼説無有有情而無色者，亦無有定而無心者。若定無心，命根應斷，便名爲死，非謂在定。〔註63〕

「滅盡定」又稱「滅受想定」，乃是滅盡心、心所而住於無心位之定，是佛與阿羅漢所證之禪定。問題是：如果滅盡心、心所，則與死亡何異？又是誰得到此禪定？此處便有「解脫主體」之問題。譬喻者、分別論師認爲：在滅盡定中仍然有「細心不滅」，此即是解脫之「主體」。此雖未論及輪迴問題，但依然是關於「主體」之理論。如依《大乘成業論》所載，經部的一類經爲量者，便云：〔註64〕

> 一類經爲量者，所許細心彼位猶有。謂異熟果識，具一切種子，從初結生乃至終沒，展轉相續曾無間斷。彼彼生處，由異熟因，品類差別，相續流轉，乃至涅槃，方畢竟滅。即由此識無間斷故，於無心位亦說有心。餘六識身於此諸位皆不轉故，說爲無心。〔註65〕

他們也主張在「滅盡定」中尚有「細心」不斷。而且所謂「細心」，也是眾生「具一切種子」的異熟果識，它「從初結生乃至終沒，展轉相續曾無間斷」、

〔註60〕黃俊威：同注16，頁200。
〔註61〕無性造，唐・玄奘譯：《攝大乘論釋》卷2，《大正藏》卷31，頁386a。
〔註62〕黃俊威：同注16，頁205。
〔註63〕同注44，卷152，頁774a。
〔註64〕印順：同注42，頁80-84。
〔註65〕世親造，唐・玄奘譯：《大乘成業論》，《大正藏》卷31，頁784b-c。

「相續流轉，乃至涅槃，方畢竟滅」，然則「細心」也是眾生輪迴生死之「主體」。上座部分別論者的「一心相續說」亦然，如《成實論》云：〔註66〕

以心是一，能起諸業，還自受報。心死心生，心縛心解。本所更用，心能憶念，故知心一。又以心是一，故能修集，若念念滅，則無集力。又佛法無我，以心一故，名眾生相。〔註67〕

可知建立一心相續說的目的，在於說明眾生作業受報、繫縛解脫、記憶、修行之「主體」，以及「眾生」的自我概念。「心」即被認爲即是承擔這一切功能的「主體」。

南傳上座部（赤銅鍱部）以「有分識」爲輪迴「主體」。《成唯識論述記》記載：

分別論者，舊名分別說部，今說假部。說有分識，體恒不斷，周遍三界，爲三有因。其餘六識，時間斷故，有不遍故，故非有分。〔註68〕

「有分識」「體恒不斷，周遍三界」，乃是眾生輪迴三界的原因，即是輪迴之「主體」。南傳上座部還有「九心輪」之說，用以解說「有分識」在流轉過程中的階段變化。〔註69〕

大眾部則有以「根本識」爲本識。世親《攝大乘論釋》云：

大眾部中名根本識，如樹依根者：謂根本識爲一切識根本因故，譬如樹根，莖等總因，若離其根，莖等無有。阿賴耶識名根本識，當知亦爾。〔註70〕

「根本識」即是六識生起之所依，猶如樹莖依根而立。「根本識」之創立，目的在於說明眾生心識活動背後必須有一可以依止的「主體」；除此之外，「根本識」也是生死輪迴的根本「主體」。〔註71〕

似此，各部派多樣而歧異的「假我」之說，其實都企圖在不違反「無我」的大前提下，建立可以說明生死輪迴與修行解脫的「主體」理論。雖然各派之間意見不一，但爭議的焦點往往是在「主體」是否具有「實體」義方面，至於承認自我「主體」並試圖建立詳盡完整的理論說明，則是各部派思想一

〔註66〕印順：同注42，頁90-93。
〔註67〕訶梨跋摩造，後秦・鳩摩羅什譯：《成實論》卷5，《大正藏》卷32，頁278c。
〔註68〕唐・窺基：《成唯識論述記》卷4，《大正藏》卷43，頁354a。
〔註69〕參見：黃俊威：同注16，頁212-221。
〔註70〕世親造，唐・玄奘譯：《攝大乘論釋》卷2，《大正藏》卷31，頁327a。
〔註71〕黃俊威：同注16，頁206-211。

致的發展方向。

而輪迴解脫之「主體」問題，不只是部派佛教討論的焦點，大乘佛教的發展同樣表現出對此議題的關心。眾所周知，大乘般若思想係以「諸法性空」爲其學說之標誌；針對說一切有部主張無人我、有法我，中觀派進一步主張人我、法我皆空。〔註72〕但中觀確實也涉及「有我」思想；如玄奘譯《大般若經》：

> 舍利子，菩薩摩訶薩修行般若波羅蜜多時，應如是觀：實有菩薩。不見有菩薩，不見菩薩名；不見般若波羅蜜多，不見般若波羅蜜多名；不見行，不見不行。〔註73〕

《般若經》原主張一切法空，菩薩亦是性空、但有名字而已；玄奘譯所云「實有菩薩」，顯示的是較後期的思想發展。正如印順法師指出：「菩薩是菩提薩埵（bodhisattva）——覺有情，『實有菩薩』不等於『實有我』嗎？」、「《般若經》的『實有菩薩』，依唯識論師的解說，菩薩眞如空性，就是菩薩的『我』自性。『實有菩薩』，只是『眞我』的別名」、「西元150年後，《大般若經》引用了『不可說我』，『我』在大乘中漸漸被接受融會了！」〔註74〕由此看來，大乘般若性空思想的發展，最後也表現出對眾生「主體」問題的關切。

至於大乘唯識系統的核心概念「阿賴耶識」，則更是被學者認爲「靈魂」色彩濃厚。如《攝大乘論本》與《成唯識論》所云：

> 此識說名阿賴耶識。一切有生雜染品法，於此攝藏爲果性故，又即此識於彼攝藏爲因性故，是故說名阿賴耶識。或諸有情攝藏此識爲自我故，是故說名阿賴耶識。
>
> 初能變識，大、小乘教名阿賴耶，此識具有能藏、所藏、執藏義故，謂與雜染互爲緣故，有情執爲自內我故，此即顯示初能變識所有自相，攝持因果爲自相故，此識自相分位雖多，藏識過重，是故偏說。此是能引諸界、趣、生，善、不善業異熟果故，說名異熟。〔註75〕

〔註72〕東晉・慧遠問，後秦・鳩摩羅什答：《鳩摩羅什法師大義・問實法有并答》：「有二種論：一者大乘論，說二種空：眾生空、法空。二者小乘論，說眾生空。」《大正藏》卷45，頁136c。

〔註73〕唐・玄奘譯：《大般若波羅蜜多經》卷4，《大正藏》卷5，頁17b-c。

〔註74〕印順：《如來藏之研究》（新竹，正聞出版社，2003年），頁54-57。印順法師認爲《大般若經》受到犢子部「五種法藏」中「不可說我」概念的影響；但依學者研究，應是《般若經》影響了犢子部。見：黃俊威：同注16，頁149。

〔註75〕無著造，唐・玄奘譯：《攝大乘論本》卷1，《大正藏》卷31，頁133b；唐・玄奘譯，韓廷傑校釋：《成唯識論校釋》（北京，中華書局，1998年）卷2，頁101。

「諸有情攝藏此識爲自我」、「有情執爲自內我」，「阿賴耶識」（ālaya vijñāna）即是俗人所執的「自我」。此識含藏種子，具有「攝持因果」的能力，乃是眾生在輪迴過程中業報的執持者；同時「能引諸界、趣、生」，亦是引發生死、輪迴過程者。玄奘《八識規矩頌》云「浩浩三藏不可窮，淵深七浪境爲風，受熏持種根身器，去後來先作主公」，〔註 76〕既說阿賴耶識乃是「去後來先作主公」者，顯然正是眾生處在生死輪迴中之「主體」。可知「阿賴耶識」之建立，顯然有解說輪迴與解脫之主體問題的意圖。「阿賴耶識」之意涵與靈魂實體十分近似；勞思光認爲：「阿賴耶識即表示『個別自我』（individual self），由此而涵有印度傳統中之『靈魂』觀念」、「阿賴耶識持藏種子，即與『靈魂』或『個別自我』爲一事也」、「眾生各有一『阿賴耶識』，此義即與『靈魂』觀念甚爲近似」。〔註 77〕可知「阿賴耶識」作爲眾生「主體」，同時也是「實體」性之存在。

至於大乘眞常思想一系，是以「如來藏」、「佛性」學說爲其特色。但是如來藏、佛性亦被說爲是眾生生死輪迴與解脫之所依。如《勝鬘經》、《楞伽經》、《涅槃經》、《不增不減經》皆云：

> 生死者，依如來藏。以如來藏故，說本際不可知。世尊，有如來藏故說生死，是名善說。……死生者，此二法是如來藏。
>
> 如來之藏是善不善因，能遍興造一切趣生，譬如伎兒變現諸趣。
>
> 如來祕藏其味亦爾，爲諸煩惱叢林所覆，無明眾生不能得見。一味者喻如佛性，以煩惱故出種種味，所謂地獄、畜生、餓鬼、天、人。
>
> 眾生界者即是如來藏，如來藏者即是法身。……即此法身，過於恒沙無邊煩惱所纏，從無始世來，隨順世間，波浪漂流，往來生死，名爲眾生。〔註 78〕

「如來藏」即是眾生「隨順世間，波浪漂流，往來生死」的「主體」，它是眾生「生死」之所依，也是眾生造作「善不善因」，並流轉於六道輪迴的根源。正如印順法師所說：「如來法身流轉而成爲眾生，是如來藏法門的通義」、「這

〔註 76〕唐・玄奘著，明・普泰補註：《八識規矩補註》卷 2，《大正藏》卷 45，頁 475b-c。

〔註 77〕勞思光：《新編中國哲學史（二）》（臺北，三民書局，1993 年），頁 208-209、341。

〔註 78〕劉宋・求那跋陀羅譯：《勝鬘師子吼一乘大方便方廣經》，《大正藏》卷 12，頁 222b；《楞伽阿跋多羅寶經》，《大正藏》卷 16，頁 510b；北涼・曇無讖譯：《大般涅槃經》卷 7，《大正藏》卷 12，頁 408b；北魏・菩提流支譯：《佛說不增不減經》，《大正藏》卷 16，頁 467a-b。

是如來藏法門的根本論題，是生死與涅槃的主體；是迷成生死、悟成如來的迷悟所依；是證見的內容」。〔註 79〕而且「如來藏」作爲眾生生死輪迴根源與主體，被認爲是「神我」（ātman）意味十分濃厚的；印順法師即指出：「梵我——識入於名色，不就是『如來藏自性清淨，……入於一切眾生身中』嗎？如來藏我，是深受印度神學影響的。」「如來與我，神教所說的梵（brahman）與我，不是十分類似嗎？佛法漸漸地進入『佛梵同化』的時代」。〔註 80〕這樣看來，「如來藏」、「佛性」作爲眾生生死輪迴與解脫修行「主體」的意義，是很清楚的。

在印度佛教的眞常思想中，「如來藏」、「佛性」即已有作爲眾生「主體」的意義。此可說正是中國佛教初期對於輪迴解脫「主體」問題的思考由「神不滅論」轉向「佛性思想」的發展背景與原因之一。

如上所述，綜觀佛教的發展歷史，「主體」問題一直是佛教思想家們關注的課題。原始佛教的「無我說」並不是否定自我的存在命題，亦未曾否定自我「主體性」。稍後「無我」雖然成爲理論上的存在命題，但從部派到大乘佛教的發展，仍然展現出在「無我」前提下對眾生「主體」建立理論說明之思想趨勢。雖然各學派的「主體」理論並不相同，所建立的「主體」或許具有或不具「實體」意義，但承認自我「主體」的傾向則是相同的。此是佛教思想發展的重要課題，印度佛教如此，中國佛教的思想發展亦然。由此觀之，討論「主體」問題，在佛教思想的系統中應該是一個合法的問題。本文所要關注的，即是中國佛教初期「主體」問題的思想發展。

四、主體、實體意義的界定

在前文的敘述中，我們順從學者們的用語習慣不加界定地使用了「主體」、「實體」概念；爲便討論，此處宜先對此二概念作一釐清與界定。

雖然學者們沒有指出此二概念的定義，但歸納前文所述，可知就佛教思想的範圍而言，「主體」的功能包括：（1）精神、記憶、意識等功能的統一主宰者；（2）行爲的決定者與責任歸屬者，或作業受報者；（3）能夠抉擇善惡染淨方向的主宰者；（4）在生死輪迴中流轉者；（5）能修行得到解脫者。事實上，這幾種作用在內涵上是相關的：眾生精神、記憶、意識等功能的統一

〔註 79〕印順：同注 74，頁 134、136。
〔註 80〕印順：同注 74，頁 133、205。

者，才能選擇自身之善惡染淨方向並擔負行爲責任，或在生死輪迴中流轉受報，或選擇修行而得到解脫。至於「實體」，則是指獨立的、不可分割的、恆常不變之存在。如前所述，原始佛教並未否定自我之「主體性」；從部派到大乘佛教，建立眾生「主體」理論乃是思想發展的趨勢，只不過各派對於「主體」是否也是「實體」說法不一。事實上「主體」、「實體」概念正與說一切有部的「人我」、「法我」概念相當：有部亦說「人我」或世俗補特伽羅是生死輪迴的「主體」，但只有「極微」作爲「法我」是不可分割的恆常「實體」，「主體」之「人我」則是和合假有的；由此即可看出，「主體」與「實體」在意義上是可以被區分的。本文即擬以此處歸納之內容，來界定並區分「主體」、「實體」之意義。

但是，有學者認爲佛教並非追求「主體性」，這類說法並不符佛陀「一切法無我」的教義。〔註 81〕此一爭議，部分關鍵在於概念定義之問題。由於「主體」、「實體」本是西方哲學的概念用語，故有必要再由西方傳統之角度來檢視二者之定義。

「實體」（substance）是哲學史上被廣泛使用的語彙，往往在不同哲學家的思想體系中有不同的意義。通常「實體」係指能夠獨立存在、並作爲其各種性質之基礎之物。例如，亞里士多德（384-322B.C）認爲，「第一義的實體」（Primary substance）即是個別存在的事物；它擁有性質、爲其性質之存在所依賴，本身卻不依賴其他存在。只有「實體」才能經歷變化而保持同一性。〔註 82〕洛克（1632-1704）則認爲，「實體」就是支撐事物性質之「托子」（subsratum）。感官只能認識可感性質，「實體」則是不可知的；但若無此「實體」作爲支持性質之基礎將是不可想像的。存在事物的性質雖然變化卻仍保有同一性，即是因爲此「托子」不變之故。〔註 83〕大體而言，可說「實體」是獨立存在，並且自身能夠保持不變的存在。

如前所言，常識觀點認爲人身心變化過程中有一個不變的「我」，「我」

〔註 81〕王開府：同注 36，頁 14。

〔註 82〕Fredrick Copleston 著，傅佩榮譯：《西洋哲學史（第一卷）》（臺北，黎明文化事業公司，1991 年），頁 382-385。參見：亞里士多德：《形而上學》，VII.1，1028a-b，引自北京大學哲學系編譯：《西方哲學原著選讀（上卷）》（北京，商務印書館，1999 年），頁 124-125。

〔註 83〕Fredrick Copleston 著，朱建民、李瑞全譯：《西洋哲學史（第五卷）》（臺北，黎明文化事業公司，1993 年），頁 123-128。

是擁有變化但自身卻保持不變的存在，此可說即以「實體」之義來說「我」。如前所言，印度婆羅門教傳統將「我」（ātman）界定爲實有、無終、妙樂的存在，學者認爲此亦符合「實體」獨立自存、恆常不變的意涵。說一切有部所說的「法我」、「極微」，乃是不可分割、獨立恆存的存在，此亦符合「實體」的意涵。以此觀之，前文對於「實體」概念的界定是符合西方傳統慣例的。

「主體」（subject）的情況則稍複雜。「主體」亦是多義的概念，在形上學意義上，它與「實體」之意涵可說沒有分別。但另一方面，「主體」也與「自我」（ego）同義。〔註 84〕根據 The Oxford Companion To Philosophy 的解釋，則「主體」與「自我」（self）是同義詞，意指：

> 「自我」（self）被理解爲「意識的主體」（subject of consciousness），是能思考、經驗，並採取深思熟慮之行爲（deliberative action）者。更重要地，「自我」必須能夠擁有「自我意識」（self-consciousness）。〔註 85〕

就此觀之，「主體」即是統合意識作用，能夠思考、經驗、選擇並決定行爲方向者。而「主體」一語往往也與「客體」（object）相對成義；在此意義下，「主體」是指能採取認識或實踐活動的承擔者，而「客體」則是指主體認識或實踐活動的對象。認識或實踐活動之「主體」與引文所述之「主體」意涵是一致的。

可以發現，前文所說佛教認可的「主體」功能，其實與此處所說的「主體」定義相合：前文說「主體」是精神、記憶、意識等功能的統一主宰者，此即「意識的主體」之意；前文說「主體」是行爲的決定者與責任歸屬者、能夠抉擇善惡染淨方向的主宰者，此亦與「能思考、經驗，並採取深思熟慮之行爲者」之意，以及「認識或實踐活動的承擔者」意涵相通。以此觀之，前文對於「主體」概念的界定與使用也是符合西方慣例的。

而爭議的關鍵在於：「主體」是否也必然具有「實體」之意涵？主張佛教肯定「主體」的學者，將「主體」與「實體」區別爲不同的概念；反對「主體」之說的學者，則將「主體」一詞理解爲「實體」之同義詞。二者之關係正是問題的核心。前文指出，就「人我」、「法我」的區別來看，「主體」、「實

〔註 84〕Peter A. Angels 著，段德智等譯：《哲學辭典》（臺北，貓頭鷹出版社，1999 年），頁 432。

〔註 85〕Ted Honderich（ed.）The Oxford Companion To Philosophy.（Oxford and New York, Oxford University Press, 1995）pp. 816-817.

體」概念是可以區分的，西方傳統的使用慣例也是如此嗎？

如前所言，「主體」在形上學意義上與「實體」可說是同義詞，但二者意涵確實也有不同之處。就此而言，在概念的界定與運用上嚴格區分「主體」、「實體」也並無不可。事實上，作爲「主體」同義詞的「自我」本來也未必有「實體」之意；根據 The Oxford Companion To Philosophy 所言：

> 依傳統說法，可以區分出「自我」的「實存」（substantival）與「非實存」（non-substantival）理論。前者主張「自我」是「實體」（substance），不論是物理的或非物理的；後者則認爲「自我」只是實體的「樣態」（mode）。一些哲學家，如休謨（Hume），認爲「自我」「不是別的，只是一些不同的感官知覺的集束（a bundle of different perceptions）」。〔註 86〕

關於「自我」有「實存」、「非實存」或「實體」、「非實體」的理論。舉例而言，笛卡兒（1596-1650）是二元論者，主張自我包括心靈與物質二類「實體」。心靈實體的屬性是思維，物質實體之屬性則是廣延。〔註 87〕但休謨（1711-1176）則主張不僅沒有物質實體，也沒有心靈實體。他認爲：「自我」無非只是知覺的集束，離開知覺其實別無所謂「自我」；此一觀點等於是從心理學中驅逐了「實體」概念。〔註 88〕他根本不認爲有任何自我「實體」。

既然「主體」或「自我」的性質在哲學史上歷來有「實體」、「非實體」二說，可知「主體」在概念上本來就未必一定具有「實體」之意涵。既然如此，嚴格區別「主體」、「實體」之界限，將「主體」、「實體」各自的意涵限定在前文所述的意義之下，自無不可。就此觀之，前文對於「主體」、「實體」意義之界定以及區分，應是符合傳統用法而允當的。

第三節　本文的研究範圍

本文試圖觀察初期中國佛教對於輪迴與解脫「主體」問題的解釋方式及

〔註 86〕同注 85。

〔註 87〕Fredrick Copleston 著，鄺錦倫、陳明福譯：《西洋哲學史（第四卷）》（臺北，黎明文化事業公司，1993 年），頁 140-145。

〔註 88〕英・羅素著，馬元德譯：《西方哲學史》下卷（北京，商務印書館，1997 年），頁 199。就此而言，引文的作者可能誤解了休謨的思想，說他主張「自我只是實體的樣態」是不正確的。

其發展方向，指出其中有著從「神不滅」思想向「佛性」理論轉化的發展歷程。本文擬處理的課題與範圍如下：

（1）首先，考察初期翻譯佛經中所呈現的「主體」概念。「神不滅」思想的建立，實以當時佛教界對「主體」問題的思考爲根基；而初期佛教學者們對於「主體」問題的認識，又來自於初期譯籍對佛理的介紹。本文將先考察初期翻譯佛典中「神」、「心」、「意」等概念作爲「主體」之義的根源、用法與特色。

（2）其次，考察〈牟子〉、康僧會（？-280）、支謙、謝敷、郗超（約336-377之間）等漢、晉時期居士或僧侶學者，以及兩晉般若學盛行時期之般若學者，如道安（312-385）、支遁（314-366）等人關於眾生「主體」問題的主張。這些早期的佛教學者，雖然未必曾系統地建立「主體」或「神不滅」的理論，但他們的主張看法實與所謂「神不滅論」一脈相承，無疑是「神不滅」思想的眞正先驅。

（3）晉宋之際的「神不滅論」者，多只著力於神之「不滅」的論證或辯護，對於眾生「主體」之義則鮮有涉及。唯有慧遠（334-416）、宗炳（375-443）對於「心」、「神」作爲眾生「主體」之性質與作用有詳細的論述。作爲初期「神不滅」思想的理論代表，他們的成就標示了「神不滅」思想作爲「主體」理論的正式成立。本文將對此進行分析，以見初期「神不滅」理論中「主體」思想的特質。

（4）鳩摩羅什（344-413）對於中觀思想的傳介，是「主體」思想首次轉變的契機。僧肇（384-414）師承羅什，擺脫並超越了「六家七宗」玄學化的般若學風，是中土首位能理解般若奧義的學者；而他對於輪迴解脫之主體問題亦有不同於前人的見解。本文將對僧肇思想之「心」、「神明」等概念進行分析，說明他雖然繼承了羅什的中觀無我學說，但仍然深受中國傳統「主體」實有思想之影響。

（5）《大般涅槃經》的傳入，是六朝佛教發展史上的一重大轉折，被認爲是中國佛教「由空入有」的關鍵。在「主體」問題上，「佛性」思想的流傳也導致「神不滅」的轉向。爲了理解南朝涅槃師們的佛性學說，以及「神不滅」與「佛性」思想之間的交涉背景，本文將對《涅槃經》的佛性說進行探討，指出「正因」概念作爲「質料因」，是「佛性」思想被援引以說明「神不滅」問題的關鍵。

（6）竺道生（372？-434）是涅槃學說的代表人物。在佛性理論方面，他主張「佛性當有」之說。而道生雖然主張「無我」，但也認為生死解脫之中有一能作能受的主體，此即「受報之主」或「佛性我」。由他運用佛性理論來解釋輪迴主體問題的情形，可知在涅槃學說發展的初期，「佛性」理論已經被認為與輪迴解脫主體問題息息相關。

（7）南朝涅槃師的佛性學說，大致可分為三種類型：眾生正因、理或神明正因、心為正因。「眾生正因」的倡導者為僧亮（約 400-468）、僧旻（467-527）、智藏（458-522）。此說強調「眾生」在相續不斷的意義下作為「正因」；他們認為雖然沒有貫串三世同一不變的實體，但相續不斷的眾生或心，卻擔負著造業與受報「主體」的角色。此說「神不滅論」的特色是很強烈的，並且也同樣顯示神不滅思維的新方向。

（8）以「理」或「神明」為正因之說，情形亦類似。僧宗（438-496）之思想，反映出「神明」概念被引入「佛性」討論領域之情形。他認為：「神明」是眾生相續不斷的緣慮之心；此雖不是同一不斷的實體，但眾生「神明」貫串生死輪迴而相續不斷，即在生死輪迴中假名為我。此一主張，同樣也為神不滅之說的發展帶來了新的發展。

（9）「心為正因」之說的代表寶亮（444-509），不但是涅槃學說的集大成者，更在佛性思想的發展上有重要的地位。前人多只從「生滅相續」的角度來說明正因佛性，而寶亮「神明妙體」概念的提出，是造成佛性思想走向實體化的重要發展。就此而言，他絕不只是集大成者而已，更代表著佛性思想發展的關鍵轉變，值得重視。

（10）最後，本文將考察「神不滅」思想轉向「佛性」理論的二位代表人物：沈約（441-513）與梁武帝蕭衍（464-549）之思想。沈約的神不滅思想，以「眾生正因」之說為理論基礎。他主張眾生的「知性」、「受知之分」相續不斷，是輪迴生死或修行成佛的連續同一體。由其思想的型態，可顯示出「神不滅」轉向「佛性」思想的歷程。而梁武帝的「神明佛性」之說繼承自寶亮的思想，更進一步完成了以「心」或「神明」為主體的唯心思想型態；不但在理論思維上更勝范縝（約 450-510）一籌，在「體用」範疇的概念演進史上佔有關鍵性的地位，達到了「形神之爭」理論成就上的最高峰。由此可以看出「神不滅」思想最終轉向「佛性」理論的演變。其後中國佛教「主體」思想的發展原型，已於此建立。

如前所述，本文不擬處理「形神之爭」的細部論證問題，因此許多傳統上討論「形神問題」所涉及的課題，此處將不再討論。而涅槃師的佛性思想則是過去學者鮮少研究的領域，爲了顯示「主體」思想的演變情形，故不得已必須多用篇幅進行相關的基礎研究。因此，本文在篇幅上不免會有輕重不等的情形。又，本文以「六朝佛教主體思想」概稱以上研究範疇，「六朝」一詞在此並不嚴格地指稱東吳至陳的南方六朝，而是用以指稱漢末至齊梁時的中國；此種用法純粹只爲行文省便，不嚴謹之處尚請見諒。

當然，「主體」思想的研究是一個重大的課題，可以想見本文的研究必有不足之處。希望本文的嘗試工作，能夠描繪出中國佛教初期「主體」思想發展的輪廓。

第二章　早期譯經中的主體概念
——主體問題的原初理解

如前所言，若依《弘明集》所示，則所謂「神滅」、「神不滅」之「論爭」實起於東晉，而盛於南朝齊、梁之時。但是晉、宋之際涉入論辯交鋒的初期神不滅論者，大多專注就「論爭」的角度上力求論證「神不滅」，對於「神不滅」之「思想」——即「主體」理論之建構，則少有發明。唯有慧遠（334-416）的〈沙門不敬王者論〉與宗炳（375-443）的〈明佛論〉，體現了對於輪迴與解脫「主體」問題的思想成果，可視為初期「神不滅思想」的完成與定型。

論及「神不滅論」的思想背景，學者們多就中國先秦、兩漢時期的鬼神觀念或形神思想尋求解釋；此一研究進路並已取得相當的成果。〔註 1〕確實，從「論爭」的角度來看，神不滅論者多少都曾援引中國傳統的鬼神之說以為奧援，故由此討論「神不滅論」的思想背景是合理的。但是，若我們將眼光由「論爭」的層次擴大至「思想」的領域，則不得不說：初期「神不滅思想」其實根源於佛教初傳時期本土學者對於輪迴與解脫「主體」問題的理解與思考。從「神不滅思想」的角度來看，這些學者們的「主體」思想無疑地乃是「神不滅論」的眞正先驅。正如僧叡《毗摩羅詰堤經義疏序》所言：

> 此土先出諸經，於識神性空，明言處少，存神之文，其處甚多。中百二論，文未及此，又無通鑒，誰與正之？先匠所以輟章於遐慨，思決言於彌勒者，良在此也。〔註2〕

〔註 1〕參見：李幸玲：《六朝神滅不滅論與佛教輪迴主體之研究》，《國立臺灣師範大學國文研究所集刊》39（1995 年 6 月），頁 197-206；鄭基良：《魏晉南北朝形盡神滅或形盡神不滅的思想論證》（臺北，文史哲出版社，2002 年），頁 5-81。

〔註 2〕後秦・僧叡：〈毗摩羅詰提經義疏序〉，梁・僧祐著，蘇晉仁、蘇錬子點校：《出

正因「先出諸經，於識神性空，明言處少，存神之文，其處甚多」，故早期學者多不知佛教「無我」之義。建立在此基礎上的「主體」理解與思考，正是「神不滅論」思想的原型；此是下章將討論的課題。

進一步看，早期學者的「主體」思想，則根植於初期譯經所呈現的主體觀。如湯用彤所言，早期漢譯佛典多將「無我」譯爲「非身」，此乃「無我」教義自始即不爲華人了解的原因。〔註3〕舉例觀之：

> 非常爲常，苦爲樂，非身爲身，不淨爲淨，是爲一倒。
>
> 昔者菩薩，爲天帝釋，位尊榮高。其志恒存非常、苦、空、非身之想。坐則思惟，遊則教化。〔註4〕

「無我」譯作「非身」，確實不必然能表達「無我」的意涵。似此，在不能正確了解「無我」教義的情況下，早期中國佛徒對於輪迴與解脫「主體」作何想法？其理解的根據與背景何在？此須由漢譯佛典中尋求解釋。當然，要對漢、魏譯經進行全面檢視並非筆者能力所及。本章擬運用採樣的方式，觀察早期譯籍中「神」、「心」、「意」諸概念的使用狀況，由此略觀早期學者理解「主體」問題的背景。

第一節　神

一、諸譯經中的神概念

「神」之概念，在早期譯經的表達方式中，常有眾生「輪迴主體」之意。如吳・維祇難、竺將炎所譯的《法句經》即云：

> 有身不久，皆當歸土，形壞神去，寄住何貪！
>
> 身死神徒，如御棄車，肉消骨散，身何可怙！〔註5〕

三藏記集》(北京，中華書局，1995 年)卷 8，頁 312。僧叡所言「識神性空」是以其師鳩摩羅什所傳中觀派「法、我二空」思想爲基準。見：東晉・慧遠問，後秦・鳩摩羅什答：《鳩摩羅什法師大義・問實法有并答》，《大正藏》卷 45，頁 136c。

〔註3〕湯用彤：《漢魏兩晉南北朝佛教史》(北京，中華書局，1997 年)，頁 61。

〔註4〕東漢・安世高譯：《陰持入經》卷 1，《大正藏》卷 15，頁 175b；吳・康僧會譯：《六度集經》卷 6，《大正藏》卷 3，頁 37b。

〔註5〕吳・維祇難、竺將炎譯：《法句經》卷 1〈心意品〉，《大正藏》卷 4，頁 563a；〈老耗品〉，頁 565c。

「形壞神去」、「身死神徒」，看來「神」似乎是在人死之後離形而去，卻不斷滅而繼續存在之物。佛教既主張輪迴，就如此的表達法看來，「神」看來似乎即是眾生由前生至後世之間往來的輪迴「主體」。

但前引〈心意品〉的「有身不久，皆當歸土，形壞神去，寄住何貪」一偈，與南傳的《法句經》第 41 偈對應，原文作：

aciraṃ vatayaṃ kāyo, pathaviṃ adhisessati;

chuddho apetaviññāṇo, niratthaṃ va kaliṅgaraṃ.

此身實不久，當置於地上，被棄無意識，無用如木片。〔註 6〕

漢傳的「形壞神去」，南傳作「被棄無意識」。此處巴利原文作 apetaviññāno，即是指「沒有知覺」（devoid of consciousness）之意。此 apetaviññāno 一詞由字首 apeta-（gone away, freed of, deprived of）與 viññāna（consciousness）組成，後者在漢譯佛典中往往被譯爲「識」。由此可知，「神」一語其實所對譯的應是「識」概念。在此「形壞神去」本是指人死無知覺、失去「識」之功能，因此「形壞神去」之「去」應該理解爲「失去」，並無身死神不滅之意涵；但「去」字在漢語中亦可解作「離去」，故此種表現法極易使人認爲「神」是某種形體消亡後而持續存在的事物。

但是漢傳《法句經》另有不見於南傳部分的〈生與品〉，即以「神」之不滅爲主題；此品開頭之小引即云「生死品者，說諸人魂靈，〔身〕亡神在，隨行轉生」。〔註 7〕「神」在此作爲眾生不滅的輪迴「主體」之意義則至爲明顯。經文又云：

是身爲死物，精神無形法，假令死復生，罪福不敗亡。

終始非一世，從癡愛久長，自此受苦樂，身死神不喪。

神止凡九處，生死不斷滅，世間愚不聞，蔽闇無天眼。

識神造三界，善不善五處，陰行而默到，所往如響應。

神以身爲名，如火隨形字，著燭爲燭火，隨炭草糞薪。

識神走五道，無一處不更，捨身復受身，如輪轉著地。

〔註 6〕 John Rose Carter and Mahina Palihawadana（ed.）, The Dhammapada,（New York, Oxford University Press, 1987）pp.128-129.巴利《法句經》之解說，參考「佛教數位圖書館暨博物館」網站：http://ccbs.ntu.edu.tw/BDLM/index.htm/。中譯見：《法句經》3〈心品〉，《漢譯南傳大藏經》（高雄，元亨寺漢譯南傳大藏經編譯委員會編譯，1998 年）第 26 冊，頁 17，第 41。

〔註 7〕 同注 5，卷 2〈生死品〉，頁 574a。依元、明本，亡字前有「身」字。

如人一身居，去其故室中，神以形爲廬，形壞神不亡。

精神居形軀，猶雀藏器中，器破雀飛去，身壞神逝生。〔註8〕

由此文可知：(1)「神以身爲名」，「神」即是執持此身爲自我的主體。(2)「身死神不喪」、「形壞神不亡」、「身壞神逝生」，「神」在眾生死亡後仍然持續存在。(3)「精神無形法」，此無形之「神」或「精神」是使眾生一切「罪福不敗亡」的業報執持者。(3)「自此受苦樂，身死神不喪」，「神」是在輪迴過程中「受苦樂」的主體。(4)「識神造三界，善不善五處」、「識神走五道，無一處不更」，「神」或「識神」是眾生五趣輪迴的主體。(5)由「神以形爲廬」、「精神居形軀，猶雀藏器中」之喻可知，「神」居於「形」之中，二者是各自獨立的存在。由此看來，此文對「神」的主體意義與功能，其實已有相當清楚的解釋。而從「神」也稱爲「精神」、「識神」的情形看來，可能「神」的原語亦是「識」；只是此處很明顯地已有「形盡神不滅」的意涵。

當時所譯的本生經中，亦常見「神」作爲輪迴主體之意。如吳．康僧會所譯《六度集經》：

吾自絕命，神逝身腐。民後飢饉，將復相噉。吾不忍覩，心爲其感矣。

夫身，地水火風矣。強爲地、軟爲水、熱爲火、息爲風。命盡神去，四大各離，無能保全，故云非身矣。

識神無形，駕乘四蛇。無明寶養，以爲樂車。形無常主，神無常家。三界皆幻，豈有國耶！

小兒命終，魂神即轉，生長者家，第一夫人作子。

夫生有死，人物猶幻，會即有離，神逝體散。吾豈得止獨不如彼乎！

何謂爲死？命終神遷，形骸分散，長與親離，痛夫難處。〔註9〕

就此觀之，人死之後雖然「神逝身腐」、「命盡神去」、「神逝體散」，但「神」或「識神」、「魂神」仍既續常存，只是「命終神遷」轉變成爲新的生命而已。「神」顯然是眾生前生後世的輪轉過程中不斷滅的「主體」，大量的本生故事具體而形象化地說明了這一點。而此處「神」除了又稱「識神」之外亦被稱爲「魂神」，則已有「實體」性之「靈魂」的意味。而「神」不只是輪迴的主

〔註8〕同注7，頁574a-b。

〔註9〕吳．康僧會譯：《六度集經》，同注4，卷1，頁2a；卷3，頁16a；卷4，頁23a；卷6，頁35c；卷7，頁40a、41b。

體，也是解脫所依之主體，經云：

> 時世有佛，號嗟如來、無所著、正眞、尊、最正覺，將導三界還神本無。
>
> 昔者菩薩，身爲龜王，晝夜精進，思善方便，令眾生神，得還本無。
>
> 其當獲爲無上正眞道，將導眾生還神本無，天人鬼龍，靡不逸豫。
>
> 眾欲之有身，還神於本無。長存之寂，永與苦絕，斯無上之快矣。
>
> 令吾疾獲爲正覺，將導眾生滅生死神，還于本無。〔註10〕

「本無」一語，是魏晉玄學的核心概念之一；如學者所指出，此語在魏晉佛學中則作爲「眞如」或「如」（tathatā）之古譯。〔註11〕在此，康僧會的譯文以「還神本無」、「令眾生神，得還本無」爲解脫之境界，似是指眾生之「神」體證「本無」、回歸「本無」，亦即體悟「眞如」之意。但是，既云「將導眾生滅生死神，還于本無」，經文又有「吾尚欲絕恩愛之本，止生死之神」之語，〔註12〕則「本無」也可能只是停止生死流轉之「神」之功能後的一切空無境界。〔註13〕不論如何，既然眾生之解脫即是「眾生神」之「得還本無」，則「神」顯然也是眾生得到解脫的「主體」。

再看當時所譯的佛傳故事，如吳・支謙譯《太子瑞應本起經》：

> 佛言：吾自念宿命，無數劫時，本爲凡夫。初求佛道已來，精神受形，周遍五道。一身死壞，復受一身，生死無量。
>
> 太子又問：「此爲何人？」其僕曰：「死人也。」「何如爲死？」曰：「死者盡也。壽有長短，福盡命終，氣絕神逝，形骸消索，故謂之死。人物一統，無生不終。」太子曰：「夫死痛矣，精神劇矣。生當有此老病死苦，莫不熱中，迫而就之，不亦苦乎！吾見死者，形壞體化，而神不滅；隨行善惡，禍福自追。富貴無常，身爲危城，是故聖人常以身爲患。而愚者保之，至死無厭。吾不能復以死受生，往來五道，勞我精神。」

〔註10〕同注9，卷3，頁14c；卷6，頁33c、38c；卷7，頁42b；卷8，頁46a。

〔註11〕湯用彤：同注3，頁102-103。「本無」概念所牽涉的玄佛關係，參見：王曉毅：《儒釋道與魏晉玄學生成》（北京，中華書局，2003年），頁54-65。

〔註12〕同注9，卷1，頁5a。

〔註13〕中嶋隆藏：《六朝思想の研究——士大夫と佛教思想》（京都，平樂寺書店，1985年），頁169-171。

精神無形，躁濁不明，行致死生之厄，非直一受而已。但爲貪欲，蔽在癡網，沒生死河，莫之能覺。

是日初夜，得一術闍，自知宿命。無數劫來，精神所更，展轉受身，不可稱計，皆識知之。

見人魂神，各自隨行，生五道中。或墮地獄，或墮畜生，或作鬼神，或生天上，或入人形。

佛天眼淨，見人物死，神所出生，善惡殃福，隨行受報；九力也。佛漏已盡，無復縛著，神眞叡智，自知見證，究暢道行，可作能作，無餘生死，其智明審；是爲佛十神力也。〔註 14〕

同樣地，此云人死雖「氣絕神逝」，但「死者，形壞體化，而神不滅；隨行善惡，禍福自追」，「神」在身死後仍然存在，且繼續在輪迴中承受業果。爲何眾生會淪落生死輪迴？因爲「精神無形，躁濁不明」，因此「行致死生之厄，非直一受而已」而流轉無窮。在此過程中眾生「魂神，各自隨行，生五道中」、「精神受形，周遍五道」，在輪迴中「精神所更，展轉受身，不可稱計」；顯然不滅的「神」或「精神」即是輪迴之「主體」，「神」的「躁濁不明」更是生死循環的根本原因。另一方面，經文也表明「神」亦是解脫之「主體」：佛陀追求的是不再「以死受生，往來五道，勞我精神」，換言之，是「精神」不受輪迴之勞苦的境界；而經文說明佛陀所得的十力時，亦以「神眞叡智」來形容，佛的解脫境界既是「神」的叡智正覺，可知「神」是解脫主體。

「神」輪迴生死的原因，如前所見，《法句經》說是「終始非一世，從癡愛久長」，《太子瑞應本起經》說是因爲精神「躁濁不明，行致死生之厄」。其細節如何？各經所說，在理論上便不一致而略形混亂。康僧會《六度集經》卷 8〈察微王經〉云：

深覩人原始，自本無生。元氣強者爲地、軟者爲水、煖者爲火、動者爲風，四者和焉，識神生焉。上明能覺，止欲空心，還神本無。因誓曰：覺不寤之疇。神依四立，大仁爲天，小仁爲人；眾穢雜行，爲蜎飛蚑行蠕動之類。由行受身，厥形萬端。識與元氣，微妙難覩。形無系髮，孰能獲把？然其釋故稟新，終始無窮矣。

〔註 14〕吳・支謙譯：《太子瑞應本起經》卷 1，《大正藏》卷 3，頁 472c、474c-475a、476b；卷 2，頁 478a、b、c。

〔註 15〕

此文將地、水、火、風「四大」與元氣牽合，明顯地攙雜中國本土的「元氣論」思想，此點早為學者所指出。〔註 16〕從經文看，此云四大元氣「四者和焉」而後「識神生焉」，又說「神依四立」，則「神」或「識神」乃依於四大元氣而起，似乎「神」在性質上是屬於「元氣」、「四大」所構成之物或是其所引發的功能，而不是獨立的存在。〔註 17〕但此文下云：

> 於是群臣率土黎庶，始照魂靈與元氣相合，終而復始，輪轉無際，信有生死殃福所趣。〔註 18〕

對照來看，可知「魂靈」即是「識神」、「神」，其存在應獨立於四大元氣之外，只是與元氣「相合」而生起。這樣的表述方式，實將「神」視為獨立於身體而常存的「實體」性存在。下文又云「識與元氣，微妙難覩」，從文脈來看，可知此是分指「神」與「四大」而言；然則「神」、「識神」、「魂靈」其實即是「識」。由經文攙雜元氣思想的情形，可以想見其中當有譯者康僧會本人的思想成分。至於支謙譯《太子瑞應本起經》的解釋則是：

> 佛以神足，移坐石室。自念本願，欲度眾生，思惟生死本，從十二因緣法起：法起故，便有生死；若法滅者，生死乃盡。作是故，自得是；不作是，是便息。一切眾生，意為精神。窈窈冥冥，恍忽無形。自起識想，隨行受身。身無常主，神無常形。神心變化，躁濁難清。自生自滅，未曾休息。一念去、一念來，若水中泡，一滴滅、一復興。至于三界，欲、色、無色，九神所止，皆繫於識。不得免苦，昧昧然不自覺，故謂之癡，莫知要道。
>
> 我念世間，貪愛嗜欲，墮生死苦，少能自覺本從十二因緣起：癡，緣癡行，緣行識，緣識名像，緣名像六入，緣六入更樂，緣更樂痛，緣痛愛，緣愛受，緣受有，緣有生，緣生老死。憂悲苦悶心惱，大患其有。精神從愛，轉受生死。欲得道者，當斷貪愛，滅除情欲，無為無起，然則癡滅。癡滅則行滅，行滅則識滅，識滅則名像滅，名像滅則六入滅，六入滅則更樂滅，更樂滅則痛滅，痛滅則愛滅，

〔註 15〕同注 9，卷 8，頁 51b。
〔註 16〕湯用彤：同注 3，頁 98-99。
〔註 17〕中嶋隆藏：同注 13，頁 171-172。
〔註 18〕同注 9，卷 8，頁 51c。

愛滅則受滅，受滅則有滅，有滅則生滅，生滅則老死憂悲苦悶心惱大患皆盡。是謂得道。〔註19〕

此處實已經明白提示「十二因緣」的緣起法則，作爲說明眾生流轉生死、解脫還滅的理論基礎：「癡、行、識、名像、六入、更樂、痛、愛、受、有、生、老死」十二因緣的連鎖作用是眾生流轉的原因，若滅除此一連鎖作用則解脫得道。由此看來，讀者似可由此得知「我」只是緣起中的假有「主體」，而無「實體」義之我。但其實不然。如引文二雖然詳述十二因緣作用，但文中說「精神從愛，轉受生死」，此受生死輪迴之「精神」與緣起十二支的關係爲何？並沒有清楚的說明。下文續此說「欲得道者，當斷貪愛，滅除情欲，無爲無起，然則癡滅」，接著敘述滅盡十二因緣的順序；由此，讀者很容易將「精神」視爲某種更根源的存在，而將十二因緣的次序理解爲「精神」所經歷的生死過程。引文一情形亦類似：經文曰「一切眾生，意爲精神」，「精神」的本質似是「意」；而下文續云「自起識想，隨行受身」，則「識」似乎便是「精神」的某種迷惑狀態。下文又說「身無常主，神無常形。神心變化，躁濁難清。自生自滅，未曾休息」，「神」處在不斷輪迴受生中；但「九神所止，皆繫於識」，似乎「識」確是繫縛「神」的迷惑妄想。在這些表述中，「神」、「精神」容易被解釋爲更具根本性的、不斷滅的「實體」。

似此，在早期的漢譯佛典中，「神」或「識神」、「精神」、「魂神」，被描述爲爲身死不滅、在輪迴中不斷受生承受業報，並且能夠解脫成佛的眾生「主體」。在這樣的表現方式中，「神」不只是具有能思考、抉擇的「主體」之意義，還儼然是某種不變不滅的「實體」。而當時的譯經並未對眾生輪迴與解脫的根本原理有一致清楚的解釋，此一情形無疑助長了中國學者以「神」爲不滅「實體」的傾向。因此，初步接受佛法薰陶的中國人將其理解爲某種恆常不壞的存在，似乎是自然的結果。觀察當時知識份子對佛教的理解，可知即以此爲背景。如東晉・袁宏（328-376）在他的《後漢紀》中說：

又以爲人死精神不滅，隨復受形，生時所行善惡，皆有報應，故所貴行善修道，以鍊精神而不已，以至無爲而得爲佛也。〔註20〕

不難看出，此文不論在思想或文辭上都極類似前引經文之精神，尤其與支謙

〔註19〕同注14，卷2，頁479c、480b。

〔註20〕東晉・袁宏：《後漢紀》（臺北，商務印書館四部叢刊初編縮本006，1965年）卷10，頁84。

相似；袁宏對於佛教特質的理解，可能即由此而來。應該可以說，這些初期譯籍對於中國人理解佛教產生了不小的影響。僧叡所言「此土先出諸經，於識神性空，明言處少，存神之文，其處甚多」，〔註21〕當即指此而言。

二、識、神之對譯及其背景

根據呂澂所說：「作爲報應主體的，在原始佛學中是指十二因緣中的『識』。『行緣識』，是表示由業生識，『識緣名色』，是表示由識而五蘊結合成爲生命的個體。但是在翻譯時，作爲報應主體的『識』借用了類似的字眼『神』來表達。『識』與『神』這兩個概念，不論就內涵或外延方面都不是完全一致的。在中國運用起來，還將它們同魂、靈、精神等混同了」。〔註22〕此云「神」是「識」（vijñāna, viññāṇa）的對譯，如前所見，此點確實可由《法句經》、《六度集經》印證。至於「識」作爲報應主體之說，就佛教觀點而言，十二因緣中的「識支」確實有作爲「入胎識」的意味，如：

> 「阿難，緣識有名色，此爲何義？若識不入母胎者，有名色不？」答曰：「無也。」「若識入胎不出者，有名色不？」答曰：「無也。」「若識出胎，嬰孩壞敗，名色得增長不？」答曰：「無也。」「阿難，若無識者，有名色不？」答曰：「無也。」「阿難，我以是緣，知名色由識，緣識有名色。我所說者，義在於此。」
>
> 世尊告諸比丘：「有三因緣，識來受胎。云何爲三？……父母集在一處，父母無患，識神來趣，然復父母俱相有兒，此則成胎。是謂有此三因緣，而來受胎。」〔註23〕

「識」入母胎，是形成生命的開始。而此入胎之「識」即是十二因緣中的識支。如印順法師所言，「後來大乘唯識學的結生相續，執持根身，六識所依賴的本識，就根據這個思想，也就是這緣起支的具體說明」。〔註24〕可知以十二因緣之「識」作爲眾生輪迴報應「主體」之說自有其根據。而經文說「識來受胎」、「識神來趣」，可知「識」即是「識神」；根據《大正藏》校記，亦可

〔註21〕同注2。

〔註22〕呂澂：《中國佛學源流略講》（臺北，里仁書局，1998年），頁161。

〔註23〕後秦・佛陀耶舍、竺佛念譯：《長阿含經》卷10〈大緣方便經〉，《大正藏》卷1，頁61b；前秦・曇摩難提譯：《增壹阿含經》卷12，《大正藏》卷2，頁602c-603a。

〔註24〕印順：《唯識學探源》（新竹，正聞出版社，1992年），頁19-20。

知與經文「識神」相應之巴利原語是 viññāṇaṃ，亦即「識」。〔註 25〕此與前述早期譯經的慣例相合。由此看來，早期譯籍中「神」確實可能即是「識」之譯語。

但是，如水野弘元所說，十二緣起之「識」本是指心之認識作用。他認爲：「十二緣起說成立以前的階段，有《六六經》緣起說的成立。《六六經》是說明前述根、境、識等認識關係的心理過程，是指從六根、六境而生六識，三者和合而生六觸，之後再進展爲六受、六愛的心理狀態。六根乃至六愛等六種稱爲『六六』」，而「十二緣起可說是《六六經》的緣起說再加上無明、行二項」。〔註 26〕然則，十二因緣的「識」支，本來即是六識之「識」或五蘊之「識」。如水野氏的解說：「『識』」（vijñāna, viññāṇa）一語，是從動詞 vi-jñā（知道）而來的，『vijñāna』意指『知道』、『識別、認識』的認識『作用』」，因此「六識似乎本來只是指認識作用的心之『作用』而已」。〔註 27〕似此，作爲心之作用的「識」，雖然在十二支緣起中被說爲具有入胎識的意涵，但並不能說是固定不變、往來生死的「實體」。如《中阿含經・嗏帝經》提到嗏帝比丘主張「今此識，往生不更異」，佛陀糾正他：

> 我亦如是說：識因緣故起。我說識因緣故起，識有緣則生，無緣則滅。識隨所緣生，即彼緣，說緣眼、色生識，生識已說眼識。如是耳、鼻、舌、身，意、法生識，生識已說意識。猶若如火，隨所緣生，即彼緣，說緣木生火，說木火也，緣草糞聚火，說草糞聚火。……然此嗏帝比丘愚癡之人，顛倒受解義及文也。〔註 28〕

「識」即是六識，是「因緣故起」、「有緣則生，無緣則滅」的，不可執爲生死中不變的實體。這樣看來，雖然中國早期翻譯經典以「神」作爲「識」的對譯，用以說明入胎受生之「主體」，並非無據；但「識」非「實體」，此義在缺乏清楚解釋的情形下則不爲學者了解。此或許即是後來「神不滅思想」傾向「主體」兼「實體」二義的原因。

進一步來看，當時譯經以「神」對譯「識」其實自有理由。如前所述，「識」

〔註 25〕《增壹阿含經》，同注 23。

〔註 26〕水野弘元：〈心識論與唯識說的發展〉，氏著，釋惠敏譯：《佛教教理研究——水野弘元著作選集（二）》（臺北，法鼓文化事業公司，2000 年），頁 389-391。參見氏著：〈原始佛教的心〉，同前，頁 41-47。

〔註 27〕水野弘元：同注 26，頁 386。

〔註 28〕東晉・僧伽提婆譯：《中阿含經》卷 54，《大正藏》卷 1，頁 766c、767a-b。

是「知道、識別、認識」之「心之作用」，同時也是入胎受生之識；漢語中「神」正兼有此二義，實是對譯「識」概念的首選。

首先，根據佛教的說法，「心」（citta）、「意」（manas）、「識」（vijñāna）皆指心之功能，在使用上往往並無區別。〔註29〕而漢語的「神」一詞本有心靈、精神之義，與「心」本可相通。如《荀子》所說「天職既立，天功既成，形具而神生，好惡、喜怒、哀樂臧焉，夫是之謂天情」（〈天論〉），〔註30〕此「神」即指「好惡、喜怒、哀樂」的「心」之情緒。又如《莊子》所云：「其神凝，使物不疵癘而年穀熟」（〈逍遙遊〉）、「臣以神遇，而不以目視，官知止而神欲行」（〈養生主〉）、「澤雉十步一啄，百步一飲，不蘄畜乎樊中。神雖王，不善也」（同上）、「今子外乎子之神，勞乎子之精，倚樹而吟，據槁梧而瞑」（〈德充符〉）、「浸假而化予之尻以爲輪，以神爲馬，予因以乘之，豈更駕哉！」（〈大宗師〉）；〔註31〕在此「神」亦皆是心、精神之意。「神」指心、精神之意涵，在魏晉六朝時期更被廣泛運用在人物鑑識的領域，以《世說新語》爲例：

司馬太傅府多名士，一時儁異。庾文康云：「見子嵩在其中，常自神王。」（〈賞譽〉33）

王右軍道謝萬石「在林澤中，爲自遒上」。歎林公「器朗神儁」。道祖士少「風領毛骨，恐沒世不復見如此人」。道劉眞長「標雲柯而不扶疏」。（〈賞譽〉88）

支道林喪法虔之後，精神實喪，風味轉墜。常謂人曰：「昔匠石廢斤於郢人，牙生輟絃於鍾子，推己外求，良不虛也！冥契既逝，發言莫賞，中心蘊結，余其亡矣！」卻後一年，支遂殞。（〈傷逝〉11）

戴公見林法師墓，曰：「德音未遠，而拱木已積。冀神理綿綿，不與氣運俱盡耳！」（〈傷逝〉13）

顧長康畫人，或數年不點目精。人問其故？顧曰：「四體妍蚩，本無關於妙處；傳神寫照，正在阿堵中。」（〈巧藝〉13）〔註32〕

〔註29〕依學派不同亦有不同說法。若論其差異，一般認爲「集起故名心，思量故名意，了別故名識」（世親造，唐・玄奘譯：《阿毘達磨俱舍論》卷4，《大正藏》卷29，頁21c）。見：水野弘元：同注26，頁387-388。

〔註30〕清・王先謙：《荀子集解》（北京，中華書局，1997年），頁309。

〔註31〕清・郭慶藩編：《莊子集釋》（臺北，萬卷樓圖書有限公司，1993年），頁28、119、126、222、260。

〔註32〕劉宋・劉義慶編，余嘉錫箋疏：《世說新語箋疏》（臺北，華正書局，1989年），

庾子嵩之「神王」是指其精神特旺，此即用《莊子》典故。顧愷之（約 346-407）所追求的「傳神」，亦是指將對象之精神傳寫在畫上。〔註 33〕在此，「神」皆是指心靈、精神之意。再看支遁的例子：他被王羲之（321-379？）品目爲「器朗神俊」，喪法虔後則「精神實喪」，他死後戴逵（？-396）感嘆云「冀神理綿綿，不與氣運俱盡」；比對之下，可知「神」其實即是「精神」，即人之心靈、精神狀態。此皆與「心」相通。「神」與「心」甚至可以直接通用：

何平叔注《老子》，始成，詣王輔嗣。見王注精奇，迺神伏曰：「若斯人，可與論天人之際矣！」因以所注爲道德二論。（〈文學〉7）〔註 34〕

何晏對王弼之「神伏」即是「心伏」，由此更可見「神」、「心」意涵之關聯。似此，佛教中的「識」概念與中國本土的「神」概念既然在內涵上都與「心」相通，以「神」譯「識」自是合理的。

其次，「識」作爲入胎之識，是輪迴受生的主體。而「神」在漢語中亦有指人之靈魂之義。如《楚辭・國殤》云「身既死兮神以靈，子魂魄兮爲鬼雄」，〔註 35〕即是以「神」爲人死後尚存之「魂魄」。在魏晉六朝的志怪小說中，此種用例更是甚多，林師麗眞對此有詳盡的研究。〔註 36〕略舉數例如下：

漢武帝時，幸李夫人，夫人卒後，帝思念不已。方士齊人李少翁，言能致其神。乃夜施帷帳，明燈燭，而令帝居他帳，遙望之。見美女居帳中，如李夫人之狀，還幄坐而步，又不得就視。……。

鉅鹿有龐阿者，美容儀。同郡石氏有女，曾內睹阿，心悅之。未幾，阿見此女來詣阿。阿妻極妒，聞之，使婢縛之，送還石家，中路遂化爲煙氣而滅。……居一夜，方值女在齋中，乃自拘執以詣石氏，石氏父見之愕貽，曰：「我適從內來，見女與母共作，何得在此？」即令婢僕於內喚女出，向所縛者奄然滅焉。……石曰：「天下遂有如此奇事！夫精情所感，靈神爲之冥著，滅者蓋其魂神也。」……。〔註 37〕

頁 439、470、642、643、722。

〔註 33〕戴璉璋：〈玄學與形神思想〉，氏著：《玄理、玄智與文化發展》（臺北，中央研究院中國文哲研究所，2002 年），頁 236。

〔註 34〕同注 32，頁 198。

〔註 35〕宋・洪興祖：《楚詞補注》（北京，中華書局，2002 年），頁 83。

〔註 36〕林師麗眞：〈從魏晉南北朝志怪小說看「形神生滅離合」問題〉，《第一居魏晉南北朝文學與思想學術討論會論文集》（臺北，文史哲出版社，1991 年），頁 89-131。

〔註 37〕東晉・干寶撰，汪紹楹校注：《搜神記》（臺北，里仁書局，1982 年）卷 2，頁 25；劉宋・劉義慶：《幽明錄》，魯迅：《古小說鉤沉》（臺北，盤庚出版社，

李少翁自稱「能致其神」，此「神」即指死去的李夫人之靈魂。石氏女幻化出人形，乃是「精情所感，靈神爲之冥著」之故，故化爲煙氣而滅者「蓋其魂神也」；此「靈神」、「魂神」即是石氏女出竅的靈魂。在這些故事中，「神」、「魂神」、「靈神」是可以與形體分離的獨立體，在死後更能常存不朽。是故當時人以此意義之「神」來對譯佛教的入胎之「識」，是可以理解的。事實上，「魂神」一詞即也出現在前引譯經之中。

綜上所述，可知「神」在早期譯經中已經被描述爲眾生輪迴受生與解脫涅槃的「主體」，但因爲表達上的不清楚，使得「神」易被理解爲具「實體」意涵之恆常存在。「神」可能是「識」的譯語，它們都具有輪迴受生「主體」與「心」的二重意義。這一點對後來「神不滅思想」的發展有極重要的影響。

第二節　心

前章已提及《法句經》對於「自我」之爲「主體」的強調。但此經亦甚注重「心」的主體義，如〈雙要品〉云：

> 心爲法本，心尊心使。中心念惡，即言即行，罪苦自追，車轢于轍。
> 心爲法本，心尊心使。中心念善，即言即行，福樂自追，如影隨形。
> 〔註 38〕

「心爲法本，心尊心使」，是指眾生的一切行爲皆以「心」爲主導而完成，「心」的重要地位在此表露無遺。「心」即是眾生念惡、念善的選擇決定者，也是「罪苦自追」、「福樂自追」之業報根源，顯然「心」就是眾生作業受報之「主體」所在。考察與此對應的巴利《法句經》第 1、2 偈，「心爲法本，心尊心使」作：

> Manopubbaṅgammā dhammā, Manoseṭṭhā manomayā.
> 諸法意爲導，意主意造作。〔註 39〕

心爲前導 manopubbavgammā（preceded by mind），心爲主使，manoseṭṭhā（having mind as a master），由心所作成 manomayā（created by mind），都是由 manas 的變化型 mano 所構成的複合字；可知此處所謂「心」其實是指 manas，通常漢譯爲「意」。如前所言，「心」、「意」、「識」往往可以彼此通用，故此處譯作「心」

1978 年），頁 299。
〔註 38〕同注 5，卷 1〈雙要品〉，頁 562a。
〔註 39〕The Dhammapada，同注 6，頁 89、92。《法句經》1〈雙品〉，同注 6，頁 13，第 1、2。

自亦合理。不過，經文中亦有多處「心」並無對應的原語概念，如同品中「不吐毒態，欲心馳騁，未能自調，不應法衣。能吐毒態，戒意安靜，降心已調，此應法衣」、「造憂後憂，行惡兩憂，彼憂惟懼，見罪心懅。造喜後喜，行善兩喜，彼喜惟歡，見福心安」即是此種情形；〔註 40〕「心」字大概只是譯者爲求文意通順所加。但是，「欲心」、「降心」的表達方式蘊含著「心」可爲染淨之意，如此一來，顯然更強化了「心」的主體意義。又如〈生死品〉所云：

心法起則起，法滅而則滅，興衰如雨雹，轉轉不自識。

識神走五道，無一處不更，捨身復受身，如輪轉著地。〔註 41〕

「心」是「興衰如雨雹，轉轉不自識」而變化不居的，它即是一切法起法滅的根源。在此「心」作爲眾生行爲決定與承受「主體」之意義亦甚顯明。從此處上下偈關係來看，「心」應該即是「識神」。〈心意品〉品的小引即云「心意品者，說意、精神雖空無形，造作無竭」，〔註 42〕由此亦可知「心」確實與「意」或「神」、「精神」在意涵上相通。

〈心意品〉特別強調「心」作爲迷惑根源的意義：

心無住息，亦不知法，迷於世事，無有正智。

念無適止，不絕無邊，福能遏惡，覺者爲賢。

佛說心法，雖微非眞，當覺逸意，莫隨放心。

見法最安，所願得成，慧護微意，斷苦因緣（緣）。

心豫造處，往來無端，念多邪僻，自爲招惡。

是意自造，非父母爲，可勉向正，爲福勿回。

藏六如龜，防意如城，慧與魔戰，勝則無患。〔註 43〕

此處「心無住息」與「是意自造」二偈與巴利《法句經》第 38、43 偈相應：「心無住息」相當於 anavatthitacit̤t̤assa（unsteadiness of mind），是由「心」citta 構成之複合字；「是意自造」之「意」亦即是「心」citta。〔註 44〕可知在此「心」與「意」都是「心」citta 之譯語；由此亦可見「心」、「意」二詞在譯語上的互通情形。在此，經文指出「心法，雖微非眞」，並強調「當覺逸意，莫隨放心」

〔註 40〕同注 38，頁 562a、b。

〔註 41〕同注 5，卷 2〈生死品〉，頁 574a-b。

〔註 42〕同注 5，卷 1〈心意品〉，頁 563a。

〔註 43〕同注 42。

〔註 44〕The Dhammapada，同注 6，頁 125-126、131。參見：《法句經》3〈心品〉，同注 6，頁 17，第 38、43。

的重要性。「心無住息，亦不知法」、「心豫造處，往來無端」，因此「迷於世事，無有正智」、「念多邪僻，自爲招惡」，是眾生迷惑墮落的根源，也是痛苦之因。只有「慧護微意」、「防意如城」，小心控制此往來無住的「心」、「意」，才是趨向解脫之道。但「心」雖是迷惑流轉之根，亦是解脫的關鍵。〈塵垢品〉云：

> 慧人以漸，安徐稍進，洗除心垢，如工鍊金。
>
> 惡生於心，還自壞形，如鐵生垢，反食其身。〔註 45〕

此用金鐵與鏽垢來比喻「心」與「惡」之關係。「惡」既是「心」上所生之垢，修行工夫即除淨心垢、還返「心」之本來面目；這樣的說明方式已經蘊涵有強烈的「心性本淨」的意味。但其實在相應的巴利《法句經》第 239、240 偈中，並沒有與「心」相應的原語；北傳經文的「心」當亦是譯者所加。雖然如此，漢譯的表達方式，無疑會使讀者將「心」理解爲眾生一切染淨的根源與流轉解脫的「主體」。

如上所述，《法句經》本有以「心」表示眾生「主體」之說法。而在譯語上，「心」、「意」、「神」等諸概念更是相通的。雖然漢譯未必能忠實地反映原文，但其表達方式顯然更強化了「心」作爲「主體」之意涵。如前所述，「心」、「意」、「識」在佛教而言往往是可相通互用的概念；但問題在於，佛教根本上即不認爲「心」是固定不變的「實體」，此點前文論及「識」概念時即已指出。〔註 46〕早期漢譯經典強調「心」的主體意義時，並未能使讀者了解這一點；此可再就早期《般若經》的翻譯情形觀之。

最早譯出的《般若》經典，乃是東漢．支婁迦讖所譯出的小品系《道行般若經》。此經的〈道行品〉有一段論及「菩薩心」之有無；對照後秦．鳩摩羅什（344-413）新譯的《小品般若波羅蜜經》如下：

> 「菩薩當念作是學，當念作是住。當念作是學，入中心不當念是菩薩。何以故？有心無心。」舍利弗謂須菩提：「云何有心無心？」須菩提言：「心亦不有，亦不無，亦不能得，亦不能知處。」舍利弗謂須菩提：「何而心亦不有，亦不無，亦不能得，亦不能知處者；如是亦不有、亦不無，亦不有有心、亦不無無心？」須菩提言：「亦不有有心，亦不無無心。」

〔註 45〕同注 5，卷 2〈塵垢品〉，頁 568b。

〔註 46〕參見：水野弘元：同注 26，頁 384-386。

「菩薩行般若波羅蜜時，應如是學，不念是菩薩心。所以者何？是心非心。心相本淨故。」爾時舍利弗語須菩提：「有此非心心不？」須菩提語舍利弗：「非心心可得若有若無不？」舍利弗言：「不也。」須菩提語舍利弗：「若非心心不可得有無者，應作是言：有心、無心耶？」舍利弗言：「何法爲非心？」須菩提言：「不壞不分別。」〔註 47〕

什譯《小品》指出菩薩不應執著菩薩心，因爲「是心非心，心相本淨故」。這是從「心」之「性空」的角度說的。(1) 正如印順法師所詮釋：「《般若經》所說的『非心』，是心空、心不可得的意思。心性寂滅不可得，所以說『心（的）本性清淨』。」(2) 下文接著問「有此非心心不」，回答是「非心心不可得有無」故不應問「有心、無心」；意指「不要以爲有一非心的心，……『非心』超越了有與無的概念，不能說是有是無的」。(3) 經文又以「不壞不分別」爲「非心」，即是指「沒有變異（壞），沒有差別，就是（眞）如」。〔註 48〕然則在《小品般若經》中，「非心」即是心之性空，此與眞如實相無別；而「非心」也就是性空的「非心」，經文以「不可得有無」的雙遣法描述之，強調不可執此「非心」、「非心心」爲實有。對照來看，舊譯《道行經》所說的「有心無心」相當於新譯《小品》的「是心非心」，也應該被理解爲此心性空之意。故下文也說「心亦不有，亦不無，亦不能得，亦不能知處」、「亦不有有心，亦不無無心」：「心」既然性空，便不可說是有是無，更不可以爲有一「有心」或「無心」。

但是，《道行經》「有心無心」之表達法，卻引起了一些初期般若學者的誤解。據陳寅恪考證，當時「六家七宗」中的「心無義」所主張的「心無」一語，即出自《道行經》之「有心無心」。此語在梵文中原作 cittam（心）acittam（無心），故知「無心」成一名詞而「心無」不成詞；心無義者殆失其正讀，故以爲「有『心無』心」。〔註 49〕「心無義」的主體思想，下文將再論及。但由此例，可知《道行經》的「有心無心」確實容易引起早期中國學者的誤讀。「菩薩心」是菩薩的境界心；但經文對「心」之意義的傳達，反倒使讀者傾

〔註 47〕東漢・支婁迦讖譯：《道行般若經》卷 1〈道行品〉，《大正藏》卷 8，頁 425c-426a。後秦・鳩摩羅什譯：《小品般若波羅蜜經》卷 1〈初品〉，《大正藏》卷 8，頁 537b。

〔註 48〕印順：《如來藏之研究》（新竹，正聞出版社，2003 年），頁 80-81。

〔註 49〕陳寅恪：〈支愍度學說考〉，氏著：《金明館叢稿初編》（北京，三聯書店，2001 年），頁 164-166。

向以爲此趨向解脫的主體之「心」或「心無心」爲一實有之「實體」。再看西晉・竺法護（265-272）所譯、同屬小品系的《摩訶般若鈔經》的翻譯：

> 須菩提白佛：「菩薩摩訶薩行般若波羅蜜當作是學，學其心不當自念我是菩薩。何以故？心無心，心者淨。」舍利弗謂須菩提：「云何有心、心無心？」須菩提語舍利弗：「心亦不有，亦不無，亦不能得，亦不能知處。」舍利弗謂須菩提：「何等心，亦不有心、不無心，亦不能得，亦不能知處者？」須菩提言：「從對雖有心，心無心。如是心亦不知者，亦無造者。以是亦不有有心，亦不無無心。」〔註50〕

此經在文句上與《道行經》略有相似。但此處先指出「心無心」一詞，下文的發問又將此解釋爲「云何有心、心無心」，這便使讀者容易以爲確實有一「心無心」。下文再問「何等心，亦不有心、不無心」，回答「從對雖有心，心無心」；此說同樣易使人以爲有一超越之「心無心」，只不過此超越之心「亦不有心、不無心」，「雖有心」但實是「心無心」而已。文中「從對雖有心」可能有從「緣對」而有心之意，但此意並不明顯。這樣的翻譯容易使人認爲「心無心」爲一名詞，所指的是一實有的事物，因而帶給讀者「心」爲實存之「實體」的想法。大品系《般若經》之情形亦相同。如西晉・竺法護譯《光讚般若經》與相應的什譯《摩訶般若波羅蜜經》，亦有與前引小品相當的部分：

> 「如是舍利弗，菩薩摩訶薩行般若波羅蜜，不當念菩薩摩訶薩，又〔不〕當念等無等心入微妙心。所以者何？其心無心，心者本淨。本淨心者，自然而樂清明而淨。」……賢者舍利弗謂須菩提：「有此心乎？其心無心。」須菩提謂舍利弗：「云何，舍利弗，爲有心耶？豈有此心寧可知有心、無心乎？爲可得不？爲可獲不？」答曰：「不也。」「仁者，假使，舍利弗，其心不可復知有與無也，亦不可得亦不可獲，又有此者，由因緣而有此言，有此心有心無心？」舍利弗謂須菩提：「云何，須菩提，此爲無心那（耶）？」答曰：「無所造無所念，是謂一切諸法無心無念。」
>
> 「如是舍利弗，菩薩摩訶薩行般若波羅蜜，得是心不應念、不應高，

〔註50〕西晉・竺法護譯：《摩訶般若鈔經》卷1〈道行品〉，《大正藏》卷8，頁508c。舊題爲前秦・曇摩蜱、竺佛念譯，實是竺法護所譯。見：三枝充悳：〈《般若經》的成立〉，梶山雄一等著，許洋主譯：《般若思想》（臺北，法爾出版社，1989年），頁118；印順：《空之探究》（新竹，正聞出版社，2000年），頁138。

無等等心不應念、不應高，大心不應念、不應高。何以故？是心非心，心相常淨故。」……舍利弗語須菩提：「有是無心相心不？」須菩提報舍利弗言：「無心相中，有心相、無心相可得不？」舍利弗言：「不可得。」須菩提言：「若不可得，不應問有是無心相心不。」舍利弗復問：「何等是無心相？」須菩提言：「諸法不壞不分別，是名無心相。」〔註51〕

經之大意與小品相同。什譯「是心非心」，竺法護譯作「其心無心」。「其心無心」與《道行經》「有心無心」情形類似，同樣易被誤解爲實有一「其心無心」之「心」；下文問「有此心乎？其心無心」，更容易被認爲是在問有沒有此「心無心」。可知在此「心無心」同樣易被視爲一特有名詞。文中云「本淨心者，自然而樂清明而淨」，亦容易被解釋爲實有此一本淨之心。下文的問答說「豈有此心寧可知有心、無心乎」、「其心不可復知有與無也」，亦可被解讀爲有一「不可復知有與無也」的「心」。可見，在這些早期的《般若》經典中，「心」是極容易被理解爲「實體」之義的。

如上所見，初期中國學者傾向認爲「心」是實有的「主體」兼「實體」，與譯經所呈現的資訊不無關係。但這些情形其實並不能說是誤譯，而是漢語在表達上本有的歧義現象。這是初期學者理解「心」概念的一大限制。相較之下，羅什的譯文顯得清楚許多，可避免不必要的誤解。僧叡說「此土先出諸經，於識神性空，明言處少，存神之文，其處甚多」，直至羅什來華「於今始聞宏宗高唱」是有理由的。〔註52〕但後章將指出，即使羅什的得意弟子僧肇（384-414），也還不能完全擺脫此一問題。

而進一步看，中國學者傾向對「心」採取「主體」兼「實體」的理解方式，應與其本土思想傳統有關。中國思想家歷來顯少質疑外在世界存在的眞實性，更遑論質疑自我內在之「心」的實在性。儒道二家莫不如此。他們皆將自我的「主體」核心建立在「心」概念之上。如《論語》載孔子云「回也，其心三月不違仁」；〔註53〕《老子》云「居善地，心善淵，與善人，言善信，政善治，事

〔註51〕西晉・竺法護譯：《光讚經》卷3〈了空品〉，《大正藏》卷8，頁166b-c，「不」字依宋、元、明、宮本補；後秦・鳩摩羅什譯：《摩訶般若波羅蜜經》卷3〈勸學品〉，《大正藏》卷8，頁233c-234a。

〔註52〕同注2。羅什對中觀論書的翻譯講說亦有影響。如什譯《大智度論》卷41〈釋勸學品〉便對「心」性空之義有清楚解說。《大正藏》卷25，頁362a-363c。

〔註53〕宋・朱熹：《四書章句集注・論語集注・雍也》（臺北，里仁書局，1991年），

善能，動善時。夫唯不爭，故無尤」；〔註 54〕皆將自我修爲之工夫寄之於一「心」。又如《孟子》云「惻隱之心，仁之端也；羞惡之心，義之端也；辭讓之心，禮之端也；是非之心，智之端也」、「心之官則思，思則得之，不思則不得也。此天之所與我者，先立乎其大者，則其小者弗能奪也」；〔註 55〕《莊子》云「聽止於耳，心止於符。氣也者，虛而待物者也。唯道集虛。虛者，心齋也」、「至人之用心若鏡，不將不迎，應而不藏，故能勝物而不傷」；〔註 56〕同樣亦是以「心」爲自覺的主體與自我修爲的關鍵。如勞思光所指出，儒家與道家各自著眼於對「德性我」與「情意我」之追求，〔註 57〕而「心」在二者的體系中則各自具有道德自覺之「主體」與心靈自由之「主體」的意義。雖然此是由「主體」而非從「實體」方面立論，但儒道二家也從未對「心」的存在問題提出質疑。《莊子》雖然也說「形若槁骸，心若死灰，眞其實知，不以故自持。媒媒晦晦，無心而不可與謀」，但此「無心」只是對「心若死灰」境界之形容，亦不表示此「心」不存在；相反地，「眞宰」、「眞君」作爲人眞實之自我眞性，則爲《莊子》所肯定。〔註 58〕就此思想背景看來，佛教初傳時期的學者，在接受佛法所說「心」之「主體」義的同時將「心」也看成「實體」，是很自然的傾向。

第三節　意

在初期翻譯經典中，表達「主體」意義的概念還包括「意」。如前所見，在佛教而言「心」、「意」、「識」在意義上往往相通；我們也已見到一些「心」、「意」在漢文譯語上互通的情形。再以《法句經．心意品》爲例：

意使作猗，難護難禁，慧正其本，其明乃大。

輕躁難持，唯欲是從，制意爲善，自調則寧。

意微難見，隨欲而行，慧常自護，能守即安。

獨行遠逝，覆藏無形，損意近道，魔繫乃解。〔註 59〕

頁 86。

〔註 54〕朱謙之：《老子校釋》（《老子釋證》）（臺北，里仁書局，1985 年）第 8 章，頁 32。

〔註 55〕《孟子》〈公孫丑〉、〈告子〉，同注 53，頁 238、335。

〔註 56〕《莊子》〈人間世〉、〈應帝王〉，同注 31，頁 147、307。

〔註 57〕勞思光：《新編中國哲學史（一）》（臺北，三民書局，1995 年），頁 147-152、248-252、276-282。

〔註 58〕《莊子》〈知北遊〉、〈齊物論〉，同注 31，頁 738、55-56。

〔註 59〕同注 5，卷 1〈心意品〉，頁 563a。

此經文與南傳《法句經》之 33、35、36、37 諸偈相當；考察相應的巴利原語，可知此處諸句中之「意」皆是 citta，一般譯作「心」。〔註 60〕此亦可見「心」、「意」在譯語上混用不分的情形。如前所述，經文主張「心」是能抉擇善惡，能作業並受報的「主體」；此處「意」的情形亦同。經云「意」是「意微難見」、「獨行遠逝，覆藏無形」而「難護難禁」、「輕躁難持」的。若此「意」「唯欲是從」、「隨欲而行」，便是眾生流轉的根本；但若「慧正其本」、「慧常自護」而「制意爲善」、「損意近道」，則它亦可是眾生解脫的基礎。可見「意」與「心」不但譯語相通，在內涵上同樣也都代表眾生的「主體」功能。

「心」、「意」在意義與譯語上的相通，也表現在《般若經》的翻譯上。前引小品與大品系《般若經》所論及的菩薩之「心」，又被譯爲「道意」；同樣地，前述性空之「心」在翻譯上易被誤讀爲「實體」的情形，也出現在對此「道意」的理解上。如吳・支謙譯《大明度經》：

> 「又菩薩大士行明度無極，當學受此：如受此者，不當念是我知道意。所以者何？是意非意，淨意光明。」賢者秋露子曰：「云何有是意而意非意？」善業曰：「若非意者，爲有爲無？彼可得耶？」曰：「不可也。」善業曰：「如非意，有與無不可得，不可得不可明；其合此相應者，豈有是意、意非意哉！」曰：「如是者何？謂非意。」善業曰：「謂其無爲，無雜念也。」〔註 61〕

「是意非意」相當於前述《道行經》之「有心無心」，或什譯《小品》的「是心非心」。但在問答中，經文將「是意非意」解釋爲「有是意而意非意」，這便易使讀者以爲確實有一「非意」之「意」稱爲「意非意」；順此，下文所說「如非意，有與無不可得」也可以被解釋爲此「非意」之「意」超越於有、無之上。此與前述早期《般若》經典易使讀者誤以爲有一「心無心」之情形相同。

而經文解釋「非意」時云「謂其無爲，無雜念也」，更是帶有歧義而易造成誤會的關鍵所在。此處「無爲」相當於什譯之「不壞不分別」，本指「心」之本來空相、不生不滅，也就是指「眞如」空性而言。〔註 62〕就此而言支譯作「無爲」並無問題，因爲佛法所說「無爲」即是指非由因緣所造作、離生

〔註 60〕The Dhammapada，同注 6，頁 121、123、124、124。參見：《法句經》3〈心品〉，同注 6，頁 16-17，第 33、35-37。

〔註 61〕吳・支謙譯：《大明度經》卷 1〈行品〉，《大正藏》卷 8，頁 478c-479a。

〔註 62〕印順：同注 48。

滅變化之意；故「心」或「意」的性空，自可說是「無爲」。但「無爲」一詞在道家傳統中已有悠久的使用歷史，如《老子》云「是以聖人處無爲之事，行不言之教」、「道常無爲而無不爲。侯王若能守，萬物將自化」、「爲學日益，爲道日損，損之又損之，以至於無爲」；〔註 63〕在道家而言，「無爲」是指依順「自然」、無主無宰、無適無莫的沖虛玄德之「境界型態」，〔註 64〕此是「主體」之「玄智」。佛教殆借用道家「無爲」之非造作義來描述非緣起法的性質，但其實二家所說「無爲」之意涵並不相同。在此，經文將「非意」解釋爲「謂其無爲」，並附加說明「無雜念也」，這便將「無爲」的意涵明確規定爲「無雜念」；如此一來，便與佛家「無爲」所指非緣起生滅法的意涵不合，而與道家的「主體」境界意義之「無爲」略爲近似。而道家所說之主體「玄智」，是不否定「主體」存在的。經文既說「是意非意」，又說「非意」即「無爲」、「無雜念」，則深受傳統思想薰陶的讀者將「意」理解爲實存的「實體」，將「意非意」理解爲某種主觀境界「無爲」、「無雜念」之「意」，是很自然的。下文將提到，本經譯者支謙一系相傳的般若學師法，即是如此。

又如西晉・無羅叉譯《放光般若經》亦云：

> 「作是學般若波羅蜜，亦不念道意妙無與等者，亦不念不貢高。所以者何？是意非意，意性廣大而清淨故。」……舍利弗復問言：「意爲有耶？言是意非意。」須菩提報言：「意無所念時，有意無意，寧可得、可見、可知不？」舍利弗報言：「唯，須菩提，不可得、不可見、不可知。」須菩提語舍利弗：「若意無念時，亦不見有意、亦不見無意，亦不可得、亦不可見，是故即爲清淨。」舍利弗問須菩提：「何等爲無意意？」報言：「於諸法無作無念，是爲無意意。」〔註 65〕

此亦使用「是意非意」的譯法。而「意」的有、無問題，在問答中被明確限定在「意無所念時」的條件之下；如此一來，所謂「有意無意，寧可得、可見、可知不」以及「亦不見有意、亦不見無意，亦不可得、亦不可見」的論說，都變成只是「意無所念時」、「意無念時」的特殊情形。就讀者的立場看來，然則「亦不見有意、亦不見無意」，所說的便不是對「意」之有、無問題的客觀描述，而只是菩薩「意無所念時」不見有意、無意的主觀境界。換言之，既然菩薩在

〔註 63〕《老子》第 2 章、37 章、48 章，同注 54，頁 10、146、192-193。
〔註 64〕參見：牟宗三：《才性與玄理》（臺北，學生書局，1997 年），頁 162-164。
〔註 65〕西晉・無羅叉譯：《放光般若經》卷 2〈學品〉，《大正藏》卷 8，頁 13b-c。

「意無所念時」的條件下「不見有意、亦不見無意」，那麼菩薩的「道意」當然是實存的，只是菩薩在「道意」的境界下不見有意、無意而已。而經文也將「無意意」界定爲「於諸法無作無念」：這樣的說法，一方面易使讀者將「無意意」視爲一實有的存在，其情形與誤讀《道行經》「有心無心」爲「有『心無心』」相同；另一方面，「於諸法無作無念」的規定方式「主體」境界之意味甚濃，更強化了讀者就主觀境界角度理解「意」之有、無的傾向，其情形與《大明度經》就「無雜念」規定「非意」類似。綜上所述，可知「意」在初期譯經中被描述爲兼具有「主體」與「實體」二義，與前節所述「心」之情形相同。

論及「意」之「主體」意義的早期譯經，還有東漢．安世高所譯《安般守意經》。現存的版本，經文與注釋部分已混雜而無法區分。〔註66〕如蔡振豐所指出，若暫不考慮經文原貌，則現存經文之內容可分爲三個主要部分：（1）對「安」、「般」、「守意」等語詞的語意解釋，（2）有關「十黠」的說法，（3）對四諦及三十七道品的闡釋及比類。〔註67〕以下只就「意」之「主體」義相關問題略作考察。

「安般」是「安那般那」（ānāpāna）的簡譯，即入息、出息之意。「安那」（ānā）即入息（吸氣），「般那」（apāna）即出息（呼氣）。經文即云「何等爲安？何等爲般？安名爲入息，般名爲出息。念息不離，是名爲安般」。〔註68〕至於「守意」，梵文原作 smṛti，後來譯爲「持念」，〔註69〕即記憶或專注之意。「安般守意」，即是持息念、數息觀之古譯。由此觀之，在「守意」一語中「意」實非一獨立語詞，更不可將「守意」理解爲「守護心意」。正如湯用彤所言：「所謂安般守意者，本即禪法十念之一，非謂守護心意也。言其爲守護心意，乃中國因譯文而生誤解」。他並指出：中國「意」字，本謂「心」之動而未形者，而守意以養生，更是中國道家之常談。〔註70〕如《春秋繁露．循天之道》

〔註66〕高麗藏雕造者於經末注云：「此經按經首序及見經文，似是書者之錯，經注不分而連書者也。義當節而注之，然往往多有不可分處，故不敢擅節，以遺後賢焉。」《大正藏》卷15，頁173a。

〔註67〕蔡振豐：〈《安般守意》經、注、序中格義問題的考察〉，《臺大中文學報》第10期（1998年5月），頁302-309。

〔註68〕東漢．安世高譯：《佛說大安般守意經》卷1，《大正藏》卷15，頁165a。

〔註69〕冉雲華：〈中國早期禪法的流傳和特點〉，《華岡佛學學報》第7期（1984年9月），頁67；杜繼文釋譯：《安般守意經》（高雄，佛光出版社，2004年），頁191。

〔註70〕湯用彤：同注3，頁100。

所論養生家言便云：

> 故養生之大者，乃在愛氣。氣從神而成，神從意而出，心之所之謂意，意勞者神擾，神擾者氣少，氣少者難久矣。故君子閑欲止惡以平意，平意以靜神，靜神以養氣，氣多而治，則養身之大者得矣。〔註71〕

「閑欲止惡以平意」乃是傳統養生思想之主張。若「守意」一語被理解爲「守護心意」，便不得「守意」原本「持念」之意，而與道家者言類似。在現存經文中可以確定爲注文誤入的部分，即有此種情形：

> 安爲定，般爲莫使動搖，守意莫亂意也。安般守意，名爲御意至得無爲也。
>
> 安爲清，般爲淨，守爲無，意名爲，是清淨無爲也。無者謂活，爲者謂生，不復得苦，故爲活也。〔註72〕

引文一將「守意」解釋爲「莫亂意」，即是以「守護心意」了解「守意」之例。正如蔡振豐所言，此一解釋預設「至得無爲」的境界，明顯反映出道家思想介入的面向。引文二雖然不採取「守護心意」的進路，但「無者謂活，爲者謂生，不復得苦，故爲活也」說法，亦與《老子想爾注》與《太平經》所說常生得樂思想極類似。〔註73〕由此可知當時學者以本土思想比附佛學以理解「守意」之說的情形。

將「守意」解釋爲「守護心意」固然不正確，但在缺乏梵、巴原典對照的情形下，亦不能排除《安般守意經》內文中有獨立之「意」概念的可能性。以下暫不考慮經注文不分的困難，略舉「意」作爲眾生流轉與還滅「主體」之例。經文指出：

> 道人行道當念本。何等爲本？謂心、意、識是爲本。是三事皆不見，已生便滅，本意不復生，得是意爲道意。本意已滅，無爲痛更因緣，生便斷也。〔註74〕

此云「心、意、識是爲本」，當兼指修道之本與生死之本。而「心」、「意」、「識」三者連言，可知「意」在此應被視爲心、識之同義詞，故下文逕以「本意」

〔註71〕西漢・董仲舒著，清・蘇輿義證：《春秋繁露義證》（北京，中華書局，1996年），頁452。

〔註72〕同注68，卷1，頁163c、164a。

〔註73〕蔡振豐：同注67，頁311-313。

〔註74〕同注68，卷1，頁166b。

稱之。此云修行者若能滅除心、意、識之作用，「已生便滅」，使「本意不復生」，在此情形下便可「得是意爲道意」；經文又云「本意已滅」便不再有痛苦因緣，則「生便斷也」。換言之，「心、意、識」或「本意」的作用，是眾生輪迴生死的根源；反之，若能滅除「心、意、識」或「本意」，便可停止生死輪迴，而得到「道意」。可知輪迴與生死皆依「意」而立。在此，經文「得是意爲道意」的表述法帶有強烈的「實體」意味，與《大明度經》等的情形是一致的。而「意」不但是眾生輪迴解脫之根源，亦是其「主體」。「意」作爲眾生輪迴的根源與「主體」之意，經中多有敘說：

> 亦謂意生死不滅，墮世間已，不斷世間事，爲罪也。
>
> 尚有身，亦無身。何以故？有意有身，無意無身，意爲人種，是名爲還。
>
> 在是生死間，一切惡事皆從意來也。
>
> 視上頭無所從來者，謂人無所從來，意起爲人。
>
> 衰意爲種，栽爲癡，爲有生物也。〔註 75〕

此云「一切惡事皆從意來也」，可知「意」是眾生爲惡的根源。又云「有意有身，無意無身，意爲人種」、「人無所從來，意起爲人」，「意」也是眾生受身輪迴生死的根源。進一步說，「衰意爲種，栽爲癡，爲有生物也」，可知眾生的「衰意」猶如種子，經由「癡」對此「衰意」的栽植壯大，是一切有生之物存在的根源。而「意生死不滅，墮世間已，不斷世間事」，「意」更是輪落生死的眾生在輪迴中不斷不滅的輪迴「主體」。「意」作爲輪迴「主體」的作用，在此已有相當的描述。

另一方面，「意」不但是迷惑根源與輪迴「主體」，也是修道之基礎與解脫之關鍵。《安般守意經》提及禪觀工夫，是以「十黠」、「三十七道品」爲主；經文即云「安般守意有十黠，謂數息、相隨、止、觀、還淨、四諦，是爲十黠成。謂合三十七品經爲行成也」。〔註 76〕而這「十黠」、「三十七道品」的工夫亦以「意」爲核心：

> 數息爲遮意，相隨爲斂意，止爲定意，觀爲離意，還爲一意，淨爲守意。用人不能制意，故行此六事耳。
>
> 人不使意，意使人。使意者，謂數息、相隨、止、觀、還、淨，念三

〔註 75〕同注 68，卷 1，頁 165c、167a、b、b、c。

〔註 76〕同注 68，卷 1，頁 164a。

十七品經，是爲使意。人不行道，貪求隨欲，是爲意使人也。〔註77〕

可知「十黠」皆是「制意」之工夫，眾生之「意」乃是禪法修行的基礎。經文又提出人「使意」或「意使人」的區別：「人不行道，貪求隨欲」的情形稱爲「意使人」，指人不能克制「意」的流動而隨欲而行；反之，若行「數息、相隨、止、觀、還、淨，念三十七品經」，也就是從事「十黠」、「三十七道品」的修行，則稱爲「使意」，便能完成對「意」之控制。如前所言，完成「制意」工夫則可得「道意」，此象徵眾生能得解脫之「主體」。由此可知，「意」的控制與否是眾生趨向流轉或還滅的關鍵，「意」作爲眾生迷惑與解脫、輪迴與解脫的「主體」之重要性於此可見。

結　語

由前文所述，可以略見早期譯經對於輪迴與解脫「主體」問題說明之概況。「神」、「心」、「意」這些概念，被指爲眾生輪迴生死的根源與解脫涅槃的關鍵。可以想見，中國本土學者初步理解佛教教義時，當即據此建立他們對於「主體」的理解與思想。「神不滅」思想的建立，即以此爲其理論根基。

考察「神」、「心」、「意」這些概念，可知它們在原語上本指「心」（citta）、「意」（manas）、「識」（vijñāna）而言；此三者不但在概念內涵上本可相通，其漢文譯語亦往往可見互用混用的情形。就佛教原來立場而言，「心」、「意」、「識」只是心之流動，並非一固定不變的「實體」；但由於翻譯傳達的失眞以及漢語歧義性所帶來的諸般問題，使得讀者對於「神」、「心」、「意」作爲「主體」而非「實體」之義，未能有充分的認識。這無疑會使他們傾向將輪迴與解脫「主體」同時看成眾生之「實體」，而背離佛教「無我」的精神。初期的「神不滅」理論兼從「主體」、「實體」方面立論，使其所說之「神」帶有不滅靈魂之意味，即出自此一影響。

更重要的是，作爲「主體」的「心」、「意」、「識」在概念內容上原本都指向「心」之功能，漢文譯語的「神」、「心」、「意」也都是如此；這一點對於本土學者理解「主體」問題的方式以及「神不滅」理論發展的根本方向，有極關鍵的影響。經文指出「心」是眾生思考、抉擇自身行爲，並且承受業報的「主體」，且又一再指出此「心」的染淨及其對行爲方向的抉擇，乃是眾

〔註77〕同注68，卷1，頁164a、166b-c。

生決定流轉生死或解脫涅槃的關鍵。這種情形，恰巧與中國儒、道二家重視「心」之「主體」作用的思想傳統，不謀而合。再加上從「實體」方面理解「心」的詮釋傾向，可知後來中國佛教學者將生死與涅槃皆收攝於一「心」的思考方式，實其來有自。而主張神不滅論的思想家，從前期的慧遠到後期的梁武帝（464-549），都將「心」視爲不滅之「神」最核心的重要意涵，其思想背景亦即根源於此。

第三章　神不滅思想的先驅
——主體理論的原初思考

如前章所示，早期翻譯佛典對於眾生的輪迴與解脫問題已有解釋，此是中土學者建立輪迴、解脫「主體」思想的根據。本章擬進一步考察早期中國學者對於佛教「主體」問題的思考方式。首先，考察〈牟子〉、康僧會（？-280）、支謙、謝敷、郗超（約336-377之間）等漢、晉時期居士或僧侶學者的著作，觀察他們對於此一問題的看法；其次，觀察兩晉般若學盛行時期之般若學者，如道安（312-385）、支遁（314-366）等人關於眾生「主體」問題的主張。這些早期的佛教學者，雖然未必曾系統地建立「主體」或「神不滅」的理論，但他們的主張看法實與所謂「神不滅論」一脈相承，無疑是「神不滅」思想的眞正先驅。

關於這些學者的思想學說，尤其是「六家七宗」的般若學思潮，學界已有相當研究；唯從輪迴與解脫「主體」的角度進行探討研究者，似亦不多見。本文的關注焦點，只在探究他們在輪迴解脫「主體」問題上的理論建樹；爲免枝蔓，不相關的思想課題此處將不涉及。

第一節　早期佛教學者的主體思想

首先，觀察漢、晉時期佛教僧侶與居士們對於眾生「主體」問題的看法。本節擬進行討論的對象包括：（1）牟子〈理惑論〉，（2）康僧會，（3）支謙，（5）謝敷，（5）郗超。牟子〈理惑論〉傳統上被認爲是中國最早的佛教撰述，反映出中國人對佛教的最早認識。康僧會與支謙，分別師承安世高之禪數學與支婁迦讖之大乘般若學，代表漢末以來佛法流傳的二大系統。〔註 1〕謝敷與郗超，則是東晉時期的佛教居士，其思想當可代表當時一般信佛士人對佛教的理解程度。經由對此諸家思想的分析，當可對漢、晉時「主體」或「神不滅」思想的發展輪廓有所了解。

一、〈牟子理惑論〉

〈牟子理惑論〉，舊題漢・牟融或蒼梧太守牟子博著。關於作者牟子其人以及〈理惑論〉本文的眞僞與年代問題，曾引起學者的爭議；或以爲此文確實是東漢末、三國時作品，或以爲是晚至東晉後、甚至劉宋時才出現的僞書。〔註 2〕不過，〈理惑論〉雖然未必是漢末中國士人的作品，但亦足以代表六朝早期時人的佛教觀。本文不擬涉及考證問題的討論，只將其視爲反映早期中國學者「主體」思想的材料來進行觀察。

〈理惑論〉被收在梁・僧祐（444-518）所編《弘明集》卷 1，學者們討論「形神之爭」時亦往往論及此文。就其性質而論，〈理惑論〉之寫作原是因爲世俗之人不解佛法，「世俗之徒，多非之者，以爲背五經而向異道」，故「遂以筆墨之間，略引聖賢之言證解之」，〔註 3〕雖然也論及神之不滅，原不是實際涉及神滅、神不滅論爭所作的論文。故本文亦將其視爲神不滅思想之先驅來討論。〈理惑論〉在結構上除序文、結語之外，主要內容由三十七段問答所構成；涉及的問題層面相當廣泛，具體地反映了著作當時一般佛教信徒對佛法的認識程度。〔註 4〕其中與生死輪迴「主體」問題相關的說法，見於第十二段問答：

> 問曰：「佛道言：人死當復更生。僕不信此言之審也。」牟子曰：「人臨死，其家上屋呼之。死已復呼誰？」或曰：「呼其魂魄。」牟子曰：「神還則生，不還神何之乎？」曰：「成鬼神。」牟子曰：「是也。魂

〔註 1〕湯用彤：《漢魏兩晉南北朝佛教史》（北京，中華書局，1997 年），頁 97。

〔註 2〕關於此文眞僞的討論，參見：周叔迦輯撰、周紹良新編：《牟子叢殘新編》（北京，中國書店，2001 年）；張曼濤主編：《四十二章經與牟子理惑論考辯》（臺北，大乘文化出版社，1978 年）。

〔註 3〕〈理惑論〉，梁・僧祐：《弘明集》（臺北，新文豐出版公司影印金陵刻經處本，1986 年）卷 1，頁 11。

〔註 4〕參見：湯用彤：同注 1，頁 51-56、85-87；呂澂：《中國佛學源流略講》（臺北，里仁書局，1998 年），頁 26-30；任繼愈主編：《中國佛教史（第一卷）》（北京，中國社會科學出版社，1997 年），頁 186-227。

神固不滅矣，但身自朽爛耳。身譬如五穀之根葉，魂神如五穀之種實。根葉生必當死，種實豈有終亡？得道身滅耳。老子曰：『吾所以有大患，以吾有身也。若吾無身，吾有何患？』又曰：『功成名遂身退，天之道也。』」或曰：「爲道亦死，不爲道亦死，有何異乎？」牟子曰：「所謂無一日之善，而問終身之譽者也。有道雖死，神歸福堂；爲惡既死，神當其殃。愚夫闇於成事，賢智豫於未萌。道與不道，如金比草；善之與福，如白方黑。焉得不異，而言何異乎！」〔註5〕

〈牟子〉認爲，「魂神固不滅矣，但身自朽爛耳」，「魂神」是人死肉身朽爛之後仍持續不滅的獨立存在。他用根葉與種實的關係來作比喻：「身譬如五穀之根葉，魂神如五穀之種實。根葉生必當死，種實豈有終亡？得道身滅耳」；種實是根葉的基礎，就此觀之，〈牟子〉似將眾生之「魂神」視爲身體之基礎，是更爲根本的存在。〈牟子〉又云：「有道雖死，神歸福堂；爲惡既死，神當其殃」，「神」或「魂神」便是眾生承受在世時所作善惡之業報、轉生於六道中輪迴受生的「主體」。如前所見，「神」、「魂神」之語在早期譯經中亦作爲輪迴「主體」之意而使用；〈牟子理惑論〉的用語是與之一致的。

可以發現，〈理惑論〉在論及「神」、「魂神」之不滅時，亦援引中國本土對死者「呼其魂魄」的傳統以爲支持。如此「神」、「魂神」便與傳統「魂魄」概念糾結不清。在第十三問答中，〈牟子〉更廣引傳統儒家典籍以爲論據：

牟子曰：「……孝經曰：『爲之宗廟，以鬼享之，春秋祭祀，以時思之。』又曰：『生事愛敬，死事哀慼。』豈不教人事鬼神、知生死哉！周公爲武王請命曰：『旦多才多藝能事鬼神。』夫何爲也？佛經所說生死之趣，非此類乎！」〔註6〕

如此一來，作爲佛教輪迴「主體」的「神」，便似與中國傳統所說之「鬼」、「鬼神」爲同類。在此情形下，「神」原本作爲流動性之「心」作用的意義便不明朗，而有被理解爲「實體」性的不滅之「靈魂」的可能。可以看出，〈理惑論〉對「神」作爲輪迴「主體」的看法是傾向「實體」之義的。此一理解面向，在初期「神不滅」思想的發展過程中也一直存在，不能被忽視。

「神」、「魂神」是眾生輪迴生死的「主體」，那麼解脫者的情形呢？〈牟子〉指出「唯有得道者，不生亦不壯，不壯亦不老，不老亦不病，不病亦不

〔註5〕同注3，頁24-25。
〔註6〕同注3，頁26。

朽」；〔註 7〕可知他認爲解脫者處在無生、老、病、死的永恆境界。前引文云「魂神固不滅矣，但身自朽爛耳」、「得道身滅耳」，似乎解脫者滅除了肉體，只餘下「神」存在。若是如此，則「神」當也是解脫之「主體」；解脫者只餘下「神」的存在，享受無生老病死的妙樂。綜而言之，〈理惑論〉關於眾生「主體」的論述雖然簡單，但已粗具神不滅思想的型態。

二、康僧會

康僧會（？-280），其先本是康居國人，世居天竺。其父因商賈，移居交趾。故康僧會實是歸化於中國的外裔人士。〔註 8〕根據他在〈安般守意經序〉中自敘的經歷：

> 余生末蹤，始能負薪，考妣殂落，三師凋喪，仰瞻雲日，悲無質受，睠言顧之，潸然出涕。宿祚未沒，會見南陽韓林、潁川皮業、會稽陳慧。此三賢者，信道篤密，執德弘正，烝烝進進，志道不倦。余從之請問，規同矩合，義無乖異。陳慧注義，余助斟酌，非師不傳，不敢自由也。〔註 9〕

「三師」雖不知爲何人，但可知康僧會學術與韓林、皮業、陳慧等有關；康僧會更曾助陳慧注《安般守意經》。陳慧等人所傳爲安世高一系之禪數學，〔註 10〕故康僧會向被視爲屬於安世高系統的學者。康僧會一生活動皆在中國，受中土文化傳統感染甚深。此由其代表性譯作《六度集經》中多處融會儒家仁道思想與道家元氣理論，即可得知；〔註 11〕前章論及此經譯語時亦已略及一二。故其思想學術並非屬於純粹西域佛教傳統，而可視爲佛教初傳時期中西思想混合型態的表現。

前文曾指出，《六度集經》所說「元氣強者爲地、軟者爲水、煖者爲火、動者爲風，四者和焉，識神生焉」、「神依四立」、「識與元氣，微妙難覩」、「魂靈與元氣相合，終而復始，輪轉無際，信有生死殃福所趣」云云，〔註 12〕其

〔註 7〕同注 3，頁 46。

〔註 8〕其生平，見：梁・慧皎著，湯用彤校注：《高僧傳》（北京，中華書局，1997 年）卷 1〈康僧會傳〉，頁 14-19；梁・僧祐著，蘇晉仁、蘇鍊子點校：《出三藏記集》（北京，中華書局，1995 年）卷 13〈康僧會傳〉，頁 512-515。

〔註 9〕吳・康僧會：〈安般守意經序〉，《出三藏記集》卷 6，同注 8，頁 244。

〔註 10〕湯用彤：同注 1，頁 97。

〔註 11〕康僧會思想及其融會中印學說的特點，參見：任繼愈：同注 4，頁 428-439。

〔註 12〕吳・康僧會譯：《六度集經》卷 8，《大正藏》卷 3，頁 51b、c。

中當有譯者康僧會本人的思想成分。《六度集經》依「六度」分類纂集佛本生故事，「六度」各類之前的簡短小引，可確信爲康僧會所自作。〔註13〕其中亦云：

> 眾生識神，以癡自壅。貢高自大，常欲勝彼，官爵國土六情之好，己欲專焉。若覩彼有，愚即貪嫉。貪嫉處內，瞋恚處外，施不覺止。其爲狂醉，長處盲冥矣。展轉五道，太山燒煮，餓鬼畜生，積苦無量。
>
> 眾生魂靈，爲天、爲人，入太山、餓鬼、畜生道中，福盡受罪，殃訖受福，無遠不如。〔註14〕

可知康僧會亦以「識神」、「魂靈」概念作爲眾生輪迴生死、受罪受福的「主體」，與經文部分的詞語用例一致。而康僧會以「太山」概念對譯佛教所說「地獄」，則可見他所受中國文化之影響。〔註15〕他又指出，「識神」、「魂靈」因爲「以癡自壅」故而「展轉五道」，此是眾生輪轉生死的根本原因；在其〈安般守意經序〉中，則以「心」的狀態來說明此一過程。他先指出：

> 夫安般者，諸佛之大乘，以濟眾生之漂流也。其事有六，以治六情。情有內外，眼，耳，鼻，口，身，心，謂之內矣；色，聲，香，味，細滑，邪念，謂之外也。經曰諸海十二事，謂內外六情之受邪行，猶海受流，餓夫夢飯，蓋無滿足也。〔註16〕

他認爲，眾生之漂流生死，原因是「內外六情之受邪行」。「內外六情」是指內在的「六根」——「眼，耳，鼻，口，身，心」，後世多譯爲「眼耳鼻舌身意」；以及外在的「六境」——「色，聲，香，味，細滑，邪念」，後世多譯爲「色聲香味觸法」，合稱「十二處」。「六根」、「六境」原是佛法對眾生認識根器與認識對象的分析，認爲由此二者的配合而產生「六識」之認識活動；在此分析中，原無善惡好壞判斷的意味。但康僧會認爲，此一認識過程具有道德意義，在本質上即是墮落邪惡的根源；此由他將抽象的思維對象「法」稱爲「邪念」可知。〔註17〕換言之，「六根」、「六境」之認識作用在本質上即

〔註13〕湯用彤：同注1，頁96。

〔註14〕同注12，卷5〈忍辱度無極章〉小引，頁24a；卷7〈禪度無極章〉小引，頁39b。

〔註15〕參見：蕭登福：《道家道教與中土佛教初期經義發展》（上海，上海古籍出版社，2003年），頁420-422。

〔註16〕同注9，頁242。

〔註17〕蔡振豐：〈《安般守意》經、注、序中格義問題的考察〉，《臺大中文學報》第

是「受邪行」的作用，是造成眾生漂流生死的根本原因。

康僧會接著進一步將此一墮落的認識作用，歸結於前述六根中的「心」；他認爲，「心」是更爲根本的善惡根源：

> 心之溢盪，無微不浹；恍惚髣髴，出入無間；視之無形，聽之無聲；逆之無前，尋之無後；深微細妙，形無絲髮，梵釋僊聖所不能照明。默種于此，化生乎彼，非凡所覩，謂之陰也。猶以晦曀種夫粢芥，闔手覆種，孳有萬億；旁人不覩其形，種家不知其數也。一朽乎下，萬生乎上，彈指之間，心九百六十轉，一日一夕，十三億意。意有一身，心不自知，猶彼種夫也。〔註18〕

「心」是無形無相、變動不居的。此處說「心」「默種于此，化生乎彼，非凡所覩，謂之陰也」，指出「心」即是眾生輪迴的根源：由於有此「心」之「默種」善惡的作用，故有眾生輪迴「化生」的結果。「心」如此的功能並非凡人所能睹知，故稱爲「陰」。〔註19〕他再以比喻對此作說明：正如「種夫粢芥」的動作造成了「一朽乎下，萬生乎上」、「孳有萬億」的收成；同樣地，「心九百六十轉，一日一夕，十三億意」，由此「心」發出了無數「意」的活動，再由此「意」而「有一身」，終於形成眾生受身輪迴生死的結果。可知眾生之所以有「身」而淪落生死，都是「心」所生之「意」之活動所造成，根本上「心」才是眾生輪迴的根源。如前所說，六根之「心」後世譯爲「意」；原本「心」、「意」在意義上並無差別，康僧會主張由「心」生「意」，此是較特別的看法。而康僧會在前述《六度集經》中說「眾生識神，以癡自壅」、「其爲狂醉，長處盲冥」故「展轉五道」，此處則云「心九百六十轉，一日一夕，十三億意。意有一身」；兩相比對，他所說的「識神」與「心」皆指眾生淪落生死的根源，可知二者實是同義詞。前章曾指出，早期譯經中「神」、「心」、「意」作爲眾生「主體」往往在意義上互通，康僧會以「心」爲「識神」的詞語用法是與之一致的。而康僧會以「種夫粢芥」比喻「心」爲眾生有「身」的根源，此與〈牟子〉「身譬如五穀之根葉，魂神如五穀之種實」的表述方式也很類似。

10期（1998年5月），頁318。

〔註18〕同注9，頁242-243。

〔註19〕「陰」當指「五陰」，即「五蘊」而言。「蘊」（skandha）本是積聚之意；康僧會則以無形無相、「非凡所覩」來解釋。參見：蔡振豐：《魏晉佛學格義問題的考察——以道安爲中心的研究》（臺北，國立臺灣大學中國文學研究所博士論文，1998年），頁76-77。

「心」作爲認識的根器，既是眾生流轉生死之「主體」，但也是眾生出脫苦海、獲得解脫的關鍵。他在〈安般守意經序〉中述及十黠、四禪的境界，皆是就「心」的清淨狀態立論：

> 是以行寂，繫意著息，……泊然若死，謂之一禪。禪，棄也，棄十三億穢念之意。……。
>
> 垢濁消滅，心稍清淨，謂之二禪也。……。
>
> 得止之行，三毒、四趣、五陰、六冥諸穢滅矣。煚然心明，踰明月珠。婬邪污心，猶鏡處泥，穢垢污焉。偃以照天，覆以臨土，聰叡聖達，萬土臨照，雖有天地之大，靡一夫而能覩。所以然者，由其垢濁，眾垢污心，有踰彼鏡矣。若得良師剗刮瑩磨，薄塵微曀，蕩使無餘。舉之以照，毛髮面理，無微不察，垢退明存，使其然矣。情溢意散，念萬不識一矣。猶若於市，馳心放聽，廣采眾音，退宴存思，不識一夫之言。心逸意散，濁翳其聰也。若自閑處，心思寂寞，志無邪欲，側耳靖聽，萬句不失，片言斯著，心靖意清之所由也。……。
>
> 攝心還念，諸陰皆滅，謂之還也。穢欲寂盡，其心無想，謂之淨也。得安般行者，厥心即明，舉眼所觀，無幽不覩。……怳惚髣髴，存亡自由，大彌八極，細貫毛氂，制天地，住壽命。猛神德，壞天兵，動三千，移諸剎。入不思議，非梵所測，神德無限，六行之由也。〔註20〕

他指出，此經所示修行工夫，焦點在於「繫意著息」、「棄十三億穢念之意」，而逐步由「心稍清淨」漸次而至「煚然心明，踰明月珠」、「攝心還念」、「其心無想」、「厥心即明」的境界。此皆是在「心」、「意」上作工夫，力求棄去「穢念」之「意」而回歸「心」無想清淨的境地。康僧會認爲，「心」是可染可淨、並可自擇染淨的眾生「主體」；正是此「心」的染淨，決定眾生流轉或還滅的方向。在引文中他以「鏡」、「垢」爲喻對「心」之染淨變化提出說明：眾生「婬邪污心，猶鏡處泥，穢垢污焉」，當「心」被婬邪染污之時「雖有天地之大，靡一夫而能覩」，便失去「心」明照的功能，此是因爲「垢濁」、「眾垢污心」之故。但若能去除「心」上之垢濁染污，有若「得良師剗刮瑩磨，薄塵微曀，蕩使無餘」，便能回復此「心」「無微不察」的能力，這

〔註20〕同注9，頁243-244。

則是因爲「垢退明存」的緣故。在此，「心」的「主體」意義十分明顯：「心」之垢濁染污是眾生漂流生死輪迴的原因；反之，若除去「心」垢濁染污便可趨向解脫。解脫之時「厥心即明」，便可擁有「無幽不覩」、「存亡自由」的自在神通力。在《六度集經・禪度無極章》的小引中，也提及四禪的修行是「端其心，壹其意。合會眾善內著心中，意諸穢惡，以善消之」工夫，目的在漸次到達「心意識念，清淨無垢，心明覩眞，得無不知」、「守意牢固，善惡不入，心安如須彌」、「善惡皆棄，心不念善，亦不存惡。心中明淨，猶琉璃珠」的境界；〔註 21〕此與〈安般守意經序〉所言「心」之「主體」的還淨工夫是一致的。在〈法鏡經序〉中，康僧會亦指出：

> 夫心者，眾法之源，臧否之根，同出異名，禍福分流。以身爲車，以家爲國，周遊十方，稟無倦息。〔註 22〕

「心」是「眾法之源」，是眾生善惡差別的「臧否之根」，也是輪迴轉生「禍福分流」的根源，「心」就是眾生「周遊十方，稟無倦息」、在生死中流轉不已的「主體」。學者或認爲，康僧會「心者，眾法之源」之說是將世間萬物說爲「心」之派生物的「唯心主義」觀點。〔註 23〕但從康僧會的思想整體來看，恐怕他尚無此意。所謂「心者，眾法之源」只是指「心」作爲自擇善惡的「主體」，是眾生「臧否」、「禍福」、「周遊十方」的根源而已。在此，「心」之爲「主體」的意義無疑是相當清楚的。

值得注意的是：（1）在〈安般守意經序〉中，康僧會以「㬻然心明」、「無微不察」、「厥心即明」來說「心」，顯然是以「認知」、「明照」爲「心」之本來功能。〈禪度無極章〉小引即指出若「心意識念，清淨無垢」則「心明覩眞，得無不知」，可知「心」無垢之時便有無不知的「覩眞」之「明」；〈安般守意經序〉中亦指出：若「情溢意散」則「念萬不識一」，猶如「馳心放聽」終究「不識一夫之言」，此是因「心逸意散，濁翳其聰也」之故；但若「心思寂寞，志無邪欲」，便可「萬句不失，片言斯著」，此則是「心靖意清」之故。由此可知，認知明察確是「心」的主要作用；「心」之垢濁染污造成此一功能的喪失，修行之要即在於回復此明察能照之能力。（2）再從「鏡」、「垢」之喻看來：「心」猶如「鏡」，本有明照能力，「垢」則是外來附著於此「心」的污染，

〔註 21〕同注 12，卷 7〈禪度無極章〉小引，頁 39a-b。

〔註 22〕吳・康僧會：〈法鏡經序〉，《出三藏記集》卷 6，同注 8，頁 254。

〔註 23〕郭朋：《中國佛教思想史（上卷）》（福州，福建人民出版社，1994 年），頁 202。

造成了明照功能的喪失。如此看來，能明照之「心」是本來清淨的，此說已具有「心性本淨」思想的意味。中國佛教日後走向「眞常」思想的發展方向，此處或已見其端倪。

如上所述，可知康僧會以「識神」、「心」爲眾生自作染淨、流轉還滅的「主體」。「識神」輪迴六道，此似有較強的「實體」之意；但「心」是可自爲染淨的「主體」，認知明照爲其主要意涵與功能，此則是更爲突出的觀點。如蔡振豐所言，康僧會以「心」爲染淨主體，並不合乎小乘佛教的教理，可能是受中國傳統思想成分的影響。〔註 24〕但康僧會此種主體思想的模式，卻預示了中國佛教思想發展的主流觀點，「神不滅」思想的基本型態於此業已成立。

三、支　謙

支謙，一名越，字恭明，本是大月支人。其祖在漢靈帝時率國人歸化，故支謙與康僧會一樣都是歸化中國的外裔人士子孫。〔註 25〕支謙的學術師承，據《祐錄》所載「初桓、靈世，支讖譯出法典，有支亮紀明資學於讖，謙又受業於亮」，〔註 26〕可知支謙受學支亮，而間接傳承了支婁迦讖的大乘般若學說，屬於安世高、康僧會之外漢末佛教思想的另一系統。

支謙最重要的代表性譯作是《大明度無極經》，此是支婁迦讖所譯小品系《道行般若經》的異譯本。他著意於改變過去譯文偏質的情形，主張調和中國人尚文尚約的文字習慣。〔註 27〕但如前章所述，此二種《般若》譯本都有使讀者誤解「心」爲實有的可能。現存《大明度經》卷 1〈行品〉部分附有注文，文中並常引述「師曰」之說；學者認爲，此注可能是支謙自撰，而此「師」或許即指其師支亮，〔註 28〕要之當屬於支謙一系的思想系統。以下根據經文論「心」之「性空」部分的注文，來討論支謙一系對於「心」的看法。

> 善業言：如世尊教，樂說菩薩明度無極，欲行大道當由此始。夫體道爲菩薩是空虛也，斯道爲菩薩亦空虛也。

〔註 24〕蔡振豐：同注 17，頁 320-322。

〔註 25〕其生平，見：《出三藏記集》卷 13〈支謙傳〉，同注 8，頁 516-517；又：《高僧傳》卷 1〈康僧會傳〉附〈支謙傳〉，同注 8，頁 15。

〔註 26〕《出三藏記集》卷 13〈支謙傳〉，同注 25。

〔註 27〕呂澂：同注 4，頁 311-312。

〔註 28〕湯用彤：同注 1，頁 103；鐮田茂雄著，關世謙譯：《中國佛教通史（第一冊）》（高雄，佛光文化事業公司，1998 年），頁 227。

（師云：菩薩心履踐大道，欲爲體道，心爲（與？）道俱，無形故言空虛也。斯道者，謂空、不願、無想也。）

何等法貌爲菩薩者？不見佛法有法爲菩薩也。

（於佛經法，不見五陰、六衰、十二緣起有菩薩也。）

吾於斯道無見無得，其如菩薩不可見，明度無極亦不可見。〔註 29〕

經文「體道爲菩薩是空虛也，斯道爲菩薩亦空虛也」，於其他譯本不見相應之文；其意當是指「般若」與「菩薩」二者皆性空不可得，故下文即云「何等法貌爲菩薩者？不見佛法有法爲菩薩也」、「其如菩薩不可見，明度無極亦不可見」。參照羅什（344-413）譯《小品般若經》所譯「是菩薩我不見有法名爲菩薩。世尊，我不見菩薩不得菩薩，亦不見不得般若波羅蜜」，〔註 30〕則「般若」與「菩薩」性空不可得之義更爲顯豁。然則原經文所謂「空虛」即是「性空」之意。觀察注文，以「不見五陰、六衰、十二緣起有菩薩也」解釋經文「不見佛法有法爲菩薩也」，尚不違經旨。但注文以「菩薩心履踐大道，欲爲體道，心與道俱，無形故言空虛也」來說明「菩薩心」之「空虛」，則只是在「菩薩心」「無形」的意義下說其爲「空虛」而已；在此「空虛」被解釋爲只是「無形」之意，並不能表達經文「空虛」即是「性空」之意涵。就此觀之，可知注文作者其實並未能了解「心」的性空之義，反而將「菩薩心」視爲實有的「實體」存在，只不過他認爲此「菩薩心」與「道」同樣是「無形」的存在，與世間萬物有所不同而已。

注文作者認爲「心」是「無形」的實有，與「道」之無形相同；「道」則被具體解釋爲「空、不願、無想」，也就是「空、無相、無願」之「空三昧」或「三解脫門」。以「空三昧」注釋「般若」之「道」是合理的，但同樣地，說「道」「無形故言空虛也」，則不合般若性空思想，而被認爲與道家對形而上的實有之「道」的描述近似。此意學者業已指出，〔註 31〕如《老子》形容「道體」所云：

視之不見，名曰夷；聽之不聞，名曰希；摶之不得，名曰微。此三者不可致詰，故混而爲一。其上不皦，在下不昧。繩繩不可名，復

〔註 29〕吳・支謙譯：《大明度經》卷 1〈行品〉，《大正藏》卷 8，頁 478c。括號部分爲注文。

〔註 30〕後秦・鳩摩羅什譯：《小品般若波羅蜜經》卷 1〈初品〉，《大正藏》卷 8，頁 537b。

〔註 31〕湯用彤：同注 1，頁 102-103；鎌田茂雄：同注 28，頁 228。

歸於無物。是謂無狀之狀，無物之象，是謂忽恍。迎不見其首，隨不見其後。執古之道，以語今之有。以知古始，是謂道已。〔註32〕

道家所言之「道」是「無狀之狀，無物之象」，是不可致詰的形上「實體」。注文作者以「無形」來解釋「般若」之「道」，便未能表示「般若」之性空義，反而將「道」理解爲「實體」性的存在。同樣地，以「無形故言空虛」來理解「菩薩心」也有一樣的問題：如此一來，「心」不再是不可得的性空之心，而變成「實體」意義的、「無形」的超越存在。經文論及「是意非意」處，注又云：

「又菩薩大士行明度無極，當學受此：如受此者，不當念是我知道意。所以者何？是意非意，淨意光明。」賢者秋露子曰：「云何有是意而意非意？」善業曰：「若非意者，爲有爲無？

（師云：當學知是〔意〕非意，以知非意，無復想捨，即爲意淨光明者，無復塵冥矣也。）

彼可得耶？」

（彼彼意也，可得意處不乎？）

曰：「不可也。」

（言不可者，不可言無，亦不可得處也。）

善業曰：「如非意，有與無不可得，不可得不可明；其合此相應者，豈有是意、意非意哉！」曰：「如是者何？謂非意。」善業曰：「謂其無爲，

（有爲者，謂生死之心，陰自起念，捨一念一，至無不爲已。非意者，無復有此生死想，故曰無也。）

無雜念也。」

（雜念者，想且在經，且在五陰，意不一定，謂之雜念也。已如空定，不起五陰，爲無雜念也。）〔註33〕

前章已經指出，此處說「是意非意，淨意光明」，什譯作「是心非心，心相本淨故」，〔註34〕本是指「心」性空、不可得之意；因「心」性空不可得，故云本性清淨。經文又說「非意，有與無不可得」，亦是指此「心」之非有非無、

〔註32〕朱謙之：《老子校釋》（《老子釋證》）（臺北，里仁書局，1985年）第14章，頁52-56。

〔註33〕同注29，頁478c-479a。「意」字依聖本補。

〔註34〕同注30。

中道性空。至於經文說「非意」爲「謂其無爲，無雜念也」，什譯作「不壞不分別」，〔註35〕亦是指「心」本性空寂、不生不滅。〔註36〕前章亦已指出，支謙譯《大明度經》「是意非意」、「無爲，無雜念也」等譯法，極易使讀者誤以爲「心」爲實存的「實體」。

觀察此注文，便可發現情形亦相同。（1）「非意」原即「非心」，是指「心」之性空；但此處注文解釋「非意」爲「無爲」時，卻說「有爲者，謂生死之心，陰自起念，捨一念一，至無不爲己。非意者，無復有此生死想，故曰無也」。如此則注文所說「有爲」其實是指「生死之心」一念復一念的不斷過程，而「無爲」即是「無復有此生死想」，故說「無爲」即是「非意」。換言之，注文所說「非意」其實就是指無此「生死想」而已，與經文指「心」之性空說「非心」、「非意」之原旨完全不合。再看注文解釋「非意」爲「無雜念」，更直接說「意不一定，謂之雜念」而「不起五陰，爲無雜念」；然則「非意」便非「意」之性空，而只是說「意」不起五陰之想而已。似此，注文完全將「非心」、「非意」原來對「心」之「性空」的客觀描述，理解爲主體「心」之「無生死想」、「無雜念」的主觀境界。（2）進一步看，注文解釋「非意」之非有非無時，說「不可言無，亦不可得處也」，顯然是將此一「無生死想」、「無雜念」的、主觀境界意義的「非意」，視爲「實有」「不可言無」、而不可「意處」的「實體」。（3）再看注文對於「非意」「淨意光明」的解釋，云「無復想捨，即爲意淨光明者」，也將原本「心」的性空清淨，理解爲主觀意義上「心」之「無復想捨」境界。

由以上所述看來，「心」的性空之義並不爲注文作者了解。「心」不被說爲是不可得的性空之心，而是道家式的、「實體」意義的、「無形」的超越存在。而所謂「非心」、「非意」更被解釋爲「心」「無生死想」、「無雜念」的主觀「主體」境界，而且此「非心」、「非意」的境界「主體」更被理解爲實有的「實體」。雖然菩薩之「心」本可說是趨向解脫的「主體」，但無論如何，這都曲解了「非心」、「非意」原來的性空意涵，且進一步更造成「心」具有「實體」意義的誤解。如果注文之「師曰」果眞是支謙之師支亮的意見，便可明白爲何支謙對經文的翻譯同樣採取令人易生誤解的形式。

綜上所述，可知支謙所傳的般若學系統，一直有著從「主體」兼「實體」

〔註35〕同注30。

〔註36〕參見：印順：《如來藏之研究》（新竹，正聞出版社，2003年），頁80-81。

二面理解「心」的傾向。這對於早期中國佛教學者理解「心」之「主體」意涵當有重要影響：一方面，強調「心」作爲境界「主體」，與康僧會一系主張「心」爲可染可淨、自求染淨之「主體」的想法相通，無疑更加強化支持此一思想論點；另一方面，主張「心」爲實有的「實體」，這將對學者認識「主體」性空之義有所妨礙。僧叡曾云「此土先出諸經，於識神性空，明言處少，存神之文，其處甚多」，〔註37〕事實上先出的《般若經》非無相關說法，只是般若學的思想傳承未能顯示此義。後章將提到，即使僧肇（384-414）也還將聖人的「無心心」視爲實有之心，初期般若學風的影響於此可見。此二面向，對於「神不滅」思想的發展自有影響。

四、謝　敷

謝敷，字慶緒，東晉時會稽人，與支遁、郗超、戴逵（？-396）等人皆有交遊。崇信佛法，隱居太平山十餘年，長齋供養，是一隱居的佛教居士。〔註38〕謝敷著作仍傳世者，唯有〈安般守意經序〉一文；其中提到他曾進行纂集此經注解的工作：

> 敷染習沈冥，積罪歷劫，生與佛乖，弗覩神化。雖以微祚，得稟遺典，而情想繁蕪，道根未固。……是以誠心諷誦，以鍾識習，每遭明叡，輒咨凝滯。然冥宗已遠，義訓小殊，乃採集英彥，戢而載焉。雖粗聞大要，未悟者眾。於是復率愚思，推撿諸數，尋求明證，遂相繼續，撰爲注義。并抄撮《大安般》、《修行》諸經事相應者，引而合之，或以隱顯相從，差簡搜尋之煩。〔註39〕

可知謝敷曾經收集《安般守意經》的舊注，又自行撰爲「注義」，再鈔集《大安般守義經》、《修行道地經》等相關文字相附。學者認爲，現存經、注不可分的《安般守意經》，可能就是謝敷的注解本。〔註40〕

在〈安般守意經序〉中，謝敷呈現了他的佛學思想，尤其反映了對「主

〔註37〕後秦・僧叡：〈毗摩羅詰提經義疏序〉，《出三藏記集》卷8，同注8，頁312。

〔註38〕其生平，見：唐・房玄齡等撰：《晉書》（北京，中華書局，1996年）卷94〈隱逸傳〉，頁2456-2457；劉宋・劉義慶編，余嘉錫箋疏：《世說新語箋疏・棲逸》（臺北，華正書局，1989年），頁662-663。參見：紀志昌：〈東晉居士謝敷考〉，《漢學研究》20：1（2002年12月），頁55-83。

〔註39〕東晉・謝敷：〈安般守意經序〉，《出三藏記集》卷6，同注8，頁247。

〔註40〕杜繼文釋譯：《安般守意經》（高雄，佛光出版社，2004年），頁6。

體」問題的觀點。文中先指出「意」的重要性：

> 夫意也者，眾苦之萌基，背正之元本。荒迷放蕩，浪逸無涯，若狂夫之無所麗；愛惡充心，耽昏無節，若夷狄之無君。微矣哉！即之無像，尋之無朕，則毫末不足以喻其細；迅矣哉！僨蹻惚怳，眴匝宇宙，則奔電不足以比其速。是以彈指之間九百六十轉，一日一夕十三億想。念必嚮報，成生死栽。一身所種，滋蔓彌劫。凡在三界倒見之徒，溺喪淵流，莫能自反。
>
> 正覺慈愍，開示慧路，防其終凶之源漸，塞其忿欲之微兆，爲啓安般之要徑，泯生滅以冥寂。申道品以養恬，建十慧以入微，縶九神之逸足，防七識之洪流，故曰守意也。〔註41〕

謝敷認爲，「夫意也者，眾苦之萌基，背正之元本」，「意」是眾生背離正道、導致痛苦的根源。「意」是「即之無像，尋之無朕」的無形無相之物，它的動搖溢蕩作用雖「奔電不足以比其速」。正是由於「意」的動搖作用「荒迷放蕩，浪逸無涯」、「愛惡充心，耽昏無節」，故而招致眾生一切的痛苦，造成眾生輪迴生死的結果。謝敷指出「意」的動搖「彈指之間九百六十轉，一日一夕十三億想」，而「念必嚮報，成生死栽。一身所種，滋蔓彌劫」；由於「意」之「想」、「念」而「栽植」出生死的後果，輪迴的循環就此無窮無盡，三界眾生因此而「溺喪淵流，莫能自反」。可以發現，謝敷的論述語言與康僧會〈安般守意經序〉十分類似：雖然謝敷曰「意」，康僧會則曰「心」，但他們都強調「心」或「意」無形無相、變動不居的特性，並認爲「心」或「意」有如「種」、「栽」，是造成眾生生死輪迴的根本。以「種」、「栽」爲喻，又與〈牟子理惑論〉所說「身譬如五穀之根葉，魂神如五穀之種實」相近；〔註42〕可見早期的佛教學者，在輪迴主體問題方面大致有相近的看法。

進一步看，此處先說「意」「荒迷放蕩，浪逸無涯，若狂夫之無所麗」，又云「愛惡充心，耽昏無節，若夷狄之無君」；對照來看，「意」的「荒迷放蕩」就是「心」的「耽昏無節」，可知謝敷所說「心」或「意」之意義應沒有實質的差別。下文說「意」「一日一夕十三億想」、「念必嚮報」，所謂「想」、「念」可能是「意」所發出的更具體的意念。下文又云，佛陀爲眾生開示慧路而「啓安般之要徑」，目標則是「縶九神之逸足，防七識之洪流」，此即稱

〔註41〕同注39，頁245-246。

〔註42〕同注5。

之爲「守意」；由此看來，「神」、「識」其實與「意」在意義上等同，都是「終凶之源漸」、「忿欲之微兆」，是有待安般工夫克制止息的對象。如前章所言，「心」、「意」、「識」、「神」等概念不論在原語或譯語上往往都可相通；謝敷可能即是在較寬鬆而不嚴謹的意義上，使用這些概念以指稱眾生飄盪不定的心識，並說此爲眾生輪迴生死的根源「主體」。

謝敷認爲，「意」或「心」不只是輪迴主體，亦是解脫之根源「主體」，因此「守意」工夫即以「意」爲關鍵；如前所言，此實非「守意」（smṛti）原意。但他雖主張「守意」，卻也認爲通過禪定工夫克制「意」或「心」的流蕩動搖，仍非修行的最終目的；他說「亦有望見貿樂之士，閉色聲於視聽，遏塵想以禪寂，乘靜泊之禎祥，納色天之嘉祚」，但如此修定結果仍然將是「輪迴五趣，億劫難拔。嬰羅欲罔，有劇深牢」，這是因爲「無慧樂定，不惟道門，使其然也」。〔註 43〕換言之，「慧」較之「定」更爲重要，「慧」的獲得才是修養「心」、「意」的關鍵與目的。他指出：

> 至於乘慧入禪，亦有三輩：或畏苦滅色，樂宿泥洹，志存自濟，不務兼利者，爲無著乘。或仰希妙相，仍有遣無，不建大悲，練盡緣縛者，則號緣覺。菩薩者，深達有本，暢因緣無。達本者，有有自空；暢無者，因緣常寂。自空故，不出有以入無；常寂故，不盡緣以歸空。住理而有非所縛，非縛故無無所脫。
>
> 苟厝心領要，觸有悟理者，則不假外以靜內，不因禪而成慧，故曰阿惟越致，不隨四禪也。若欲塵翳心，慧不常立者，乃假以安般，息其馳想；猶農夫之淨地，明鏡之瑩剗矣。然則芸耨不以爲地，地淨而種滋；瑩剗非以爲鏡，鏡淨而照明。故開士行禪，非爲守寂，在遊心於玄冥矣。〔註 44〕

能夠「乘慧入禪」的三乘人中，菩薩無疑是境界較高的，謝敷也著力於形容菩薩乘的「慧」之境界。菩薩能「深達有本，暢因緣無」：前者所謂「達本」，是指能夠通達「有有自空」之理，明白諸法有有假合、本自性空；後者所謂「暢無」，是指能夠明瞭「因緣常寂」之理，明白諸法緣起、本性空寂。因此「深達有本，暢因緣無」實是從二個面向來說明諸法緣起性空之理，而菩薩所得之「慧」即此性空之智慧。進一步說，若明白諸法假合即是「自空」，便

〔註 43〕同注 39，頁 246。
〔註 44〕同注 39，頁 246。

能「不出有以入無」，不必離開「假有」諸法別求所謂「性空」；若明白諸法緣起即是「常寂」，便能「不盡緣以歸空」，不必離開此「緣起」諸法別求所謂「空寂」。換言之，諸法即性空，不離諸法而言空。既然諸法本自性空，因此對於得到性空智慧的菩薩而言「住理而有非所縛，非縛故無無所脫」：既然諸法之「有」本自性空，何來「所縛」？既本無縛，則菩薩所得「無」之空慧其實也「無所脫」。可以看出此一論述，其實已經觸及大乘般若學「色不異空、空不異色」的要旨，可見謝敷對於性空思想實有相當程度的深刻領會。

這樣的性空智慧，才是修行解脫的終要所在。謝敷指出：若能「厝心領要，觸有悟理」者，便不需要「因禪而成慧」，此等人直入空慧，無須借助四禪工夫；只有「欲塵翳心，慧不常立」者，才需要「假以安般，息其馳想」。但禪法究竟只是方便的手段，智慧才是目的；猶如「芸耨不以爲地，地淨而種滋；瑩剗非以爲鏡，鏡淨而照明」，同理「開士行禪，非爲守寂，在遊心於玄冥矣」，「遊心於玄冥」的智慧境界才是修行解脫的最終目的。此一觀點強調「空慧」的重要性，與康僧會主張由禪法修爲去除心垢即可解脫，有所不同。〔註45〕但是，謝敷說解脫之境爲「遊心於玄冥」，同樣亦將解脫建立在「心」對「玄冥」之境的了悟上，可知「心」同樣是解脫的「主體」。謝敷又云：

> 行者欲凝神反朴，道濟無外，而不循斯法者，何異刖夫之陟太山，無翅而圖昇虛乎！〔註46〕

「凝神反朴」，即是「遊心於玄冥」之意。可知「心」、「神」在謝敷而言實是同義詞，均用以指稱了悟般若智慧的「主體」。這與前文說「心」、「意」、「識」、「神」等詞在謝敷的用法中可以互通的情形，是一致的。

綜上所述，謝敷主張「心」或「意」的漂蕩荒迷，是眾生之所輪迴生死、受苦不斷的根源種實；但「心」同時也是修行的基礎，「心」若體會般若空慧而「遊心於玄冥」，即是解脫之境。可知「心」即是眾生能抉擇輪迴生死、或解脫還滅的「主體」。此一理論型態與康僧會所言類似，同樣表現出將染淨、生死還滅全歸之於一「心」的特色，但謝敷在解脫理論方面引入「性空」思想，則略有不同。不區分「心」、「神」等概念的差異，強調「心」的「主體」作用對於決定生死還滅方向的關鍵影響，這都是後來中國佛教的主流觀點，就「神不滅」思想的發展而言亦是如此。

〔註45〕蔡振豐：同注17，頁325。
〔註46〕同注39，頁247。

五、郗　超

郗超（約 336-377 之間），字景興，一字嘉賓。仕於桓溫，曾襄助北伐戰事，又出謀策劃廢海西公、立簡文帝，權傾一時。其父郗愔信奉天師道，他則是信仰佛法的居士。〔註 47〕郗超與當時名僧道安、竺法汰、于法開等人俱有交遊，在佛學思想方面則遵奉支遁的「即色義」。〔註 48〕郗超作品，唯〈奉法要〉一篇尚存；此文詳細說明佛教信仰的教義，具有佛教概論的性質，可以視爲東晉時人對佛教理解程度的反映。

〈奉法要〉所提及佛教的基本名數概念，不少亦與輪迴解脫「主體」問題有關，而顯示出郗超對此問題的看法。如關於「五陰」，郗超云：

> 色、痛痒、思想、生死、識，謂之五陰。凡一切外物有形可見者，爲色。失之則憂惱，爲痛；得之則懽喜，爲痒。未至逆念，爲思；過去追憶，爲想。心念始起，爲生；想過意識滅，爲死。曾關於心，戢而不忘，爲識。識者，經歷累劫，猶萌之於懷，雖昧其所由，而滯於根。潛結始自毫氂，終成淵岳，是以學者務慎所習。〔註 49〕

「色、痛痒、思想、生死、識」「五陰」，即「色、受、想、行、識」「五蘊」的古譯。此處應注意的，是郗超對於「識」解釋與強調。「蘊」或「陰」（skandha）原是「聚集」之意；「五蘊」的區分，原是佛教對於眾生身心結構的分析法。如前章所言，「識」（vijñāna）原指分別、認識之作用，早期佛教對「心」、「意」、「識」往往不加區別。五蘊中之「識蘊」，即是由「六根」對「六境」所產生的「六識」，或如唯識宗所言加上末那識、阿賴耶識之「八識」的「聚集」。而十二因緣中的「識支」，本亦是指作爲分別、認知作用之「識」而言。〔註 50〕但如前章所指出，十二因緣中的「識支」亦有「入胎識」之意義；在佛教的發展過程中，更逐漸形成了以「識」爲「心王」的五位法思想，〔註 51〕如此「識」漸漸被說爲具有「心」之「主體」的意義。郗超的理解與此不同，他說「曾關於心，戢而不忘，爲識」，將「識」視爲眾生「心」中某種藏而不忘失之物。又云

〔註 47〕其生平，見：《晉書》卷 67〈郗鑒傳〉附〈郗超傳〉，同注 38，頁 1802-1805。
〔註 48〕《高僧傳》卷 4〈于法開傳〉、卷 5〈道安傳〉、〈竺法汰傳〉，同注 8，頁 168、180、193；參見：湯用彤：同注 1，頁 180-181。
〔註 49〕東晉・郗超：〈奉法要〉，《弘明集》卷 13，同注 3，頁 637-638。
〔註 50〕水野弘元：〈心識論與唯識說的發展〉，氏著，釋惠敏譯：《佛教教理研究——水野弘元著作選集（二）》（臺北，法鼓文化事業公司，2000 年），頁 386-391。
〔註 51〕水野弘元：同注 50，頁 400-403。

「識者，經歷累劫，猶萌之於懷，雖昧其所由，而滯於根」，認爲「識」在眾生生死輪迴中絕不喪失，深深「萌之於懷」而「滯於根」，此「識」「潛結始自毫釐，終成淵岳」，是眾生種種煩惱的潛藏基礎。這樣看來，「識」藏於「心」中，似乎有些類似唯識學所說的「種子」。有學者認爲，郗超將「識」說爲眾生承負業報輪迴的「主體」。〔註52〕從「識」概念原有的意義來說，此說是可能的；不過，郗超認爲「識」藏於「心」，究竟「心」、「識」何者具有「主體」功能，仍需進一步確認。

〈奉法要〉接著論及「五蓋」、「六情」：

> 五蓋：一曰貪婬，二曰瞋恚，三曰愚癡，四曰邪見，五曰調戲。別而言之，求欲爲貪，耽著爲婬；外發爲瞋，內結爲恚；繫於縛著，觸理倒惑，爲愚癡。生死因緣癡爲本，一切諸著皆始於癡。……。
> 六情，一名六衰，亦曰六欲。謂目受色、耳受聲、鼻受香、舌受味、身受細滑、心受識。識者，即上所謂識陰者也。〔註53〕

郗超認爲，「五蓋」「貪婬、瞋恚、愚癡、邪見、調戲」這五種煩惱中，「愚癡」乃是生死關鍵，「生死因緣癡爲本，一切諸著皆始於癡」。那麼，被「愚癡」所覆蓋而流轉生死的主體是什麼？下文言及內外「六情」，即「六根」與「六境」的對應關係。後世一般將「六根」譯爲「眼耳鼻舌身意」，「六境」譯作「色聲香味觸法」；郗超則將「六根」之「意根」稱爲「心」，將「六境」中的「法境」稱爲「識」，而說「心受識」，並指出「識者，即上所謂識陰者也」。「意根」是指思惟根器及其能力，「心」與「意」往往可以互通，故以「心」代稱「意根」是可以理解的；如康僧會即是如此。而「法境」作爲意根的認識對象，其範圍除意根所認知的抽象對象之外，廣義而言亦包括意根統合其餘五根而認知到的六境全體。可能郗超是在此意義下，才將「法境」稱爲「識」，用以指稱「意根」統合五根認識「六境」產生的「六識」，而說此即是五蘊中之「識蘊」。但他對於「法境」之爲認識對象以及「六識」之爲根境合而生的認識作用之間的差異，似乎未能明白區分。綜而觀之，可知郗超所說「心」即是指六根中之「意根」，是眾生的思維官器與能力，而「識」是「心」的認識對象，具體而言即是六識集聚之「識蘊」。結合前引文中所說「曾關於心，

〔註52〕任繼愈主編：《中國佛教史（第二卷）》（北京，中國社會科學出版社，1997年），頁564。

〔註53〕同注49，頁638-639。

戢而不忘，為識。識者，經歷累劫，猶萌之於懷，雖昧其所由，而滯於根」諸語，可知郗超認為六識認識活動之「識」被「心」所認識之後，將會「戢而不忘」而藏之於「心」；即使經過累劫輪迴，仍將「滯於根」，即留滯於六根之「心」中。這樣看來，郗超其實並不將「識」看成眾生的「主體」，而只是將「識」看成認識之作用，「心」能接受「識」並在輪迴過程中涵藏「識」的作用，才是眾生眞正的「主體」。郗超緊接著指出：

> 五陰六欲，蓋生死之原本，罪苦之所由。消御之方，皆具載眾經。經云：「心作天，心作人，心作地獄，心作畜生，乃至得道者，亦心也。」凡慮發乎心，皆念念受報。雖事未及形，而幽對冥構。夫情念圓速，倏忽無間，機動毫端，遂充宇宙。罪福形道，靡不由之，吉凶悔吝，定於俄頃。是以行道之人每愼獨於心，防微慮始，以至理為城池。常領本以禦末，不以事形未著，而輕起心念。〔註54〕

順前文對五陰、六情的說明，郗超指出「五陰六欲，蓋生死之原本，罪苦之所由」，此一身心結構本質上即是眾生墮落生死的根源；此與康僧會觀點一致。而下文關於生死與解脫過程的說明，亦是以「心」為核心。郗超引經云「心作天，心作人，心作地獄，心作畜生，乃至得道者，亦心也」，〔註55〕指出是「心」決定眾生轉生輪迴或得道解脫的方向。可知「心」確實即是眾生輪迴與解脫的「主體」：「心」歷經輪迴過程，所藏之「識」並不亡失，而持續成為眾生煩惱的根源；但同樣是此「心」最終能夠得道解脫。引文又提到「凡慮發乎心，皆念念受報。雖事未及形，而幽對冥構」，更明確地指出「心」所發之思慮活動雖然隱微無形，卻無一不招致業報的結果，「罪福形道，靡不由之，吉凶悔吝，定於俄頃」，此即是眾生受報輪迴的根源。此處將「慮」、「念」視為「心」所發的具體精神作用，對「心」作為輪迴「主體」的具體作用過程有更詳細說明。正因「心」是輪迴之根，因此「行道之人每愼獨於心，防微慮始，以至理為城池」；「心」即是修行解脫之本，故云「領本以禦末」、勿「輕起心念」。〈奉法要〉又云：

> 夫理本於心，而報彰於事；猶形正則影直，聲和而響順。此自然玄

〔註54〕同注49，頁639。

〔註55〕失譯：《般泥洹經》卷1：「心之行，無不為，得道者亦心也。心作天，心作人，心作鬼神、畜生、地獄，皆心所為也。」《大正藏》卷1，頁181a。參見：牧田諦亮編：《弘明集研究・譯注篇下》（京都，京都大學人文科學研究所，1975年），頁704、720。

> 應，孰有爲之者哉！〔註56〕

可知「心」之作爲即是引發報應的根源，猶如「形正則影直，聲和而響順」，這是「自然玄應」的結果。此與前文所說「心」爲作業受報根源之義是一致的。

似此，「心」對郗超而言即是眾生輪迴六道之「主體」。如上所見，「心」本指「意根」而言，郗超似乎未明確地主張「心」是「實體」性的存在。在〈奉法要〉文中亦提及「非身」與「神」的概念：

> 四非常：一曰無常，二曰苦，三曰空，四曰非身。少長殊形，陵谷易處，謂之無常。盛衰相襲，欣極必悲，謂之爲苦。一切萬有，終歸於無，謂之爲空。神無常宅，遷化靡停，謂之非身。〔註57〕

將「無我」譯爲「非身」是早期譯經中常見的譯法，前章已經指出。正因如此，郗超與其他早期學者一樣未能對佛教「無我」之義有正確了解；相反地，還以「神無常宅，遷化靡停」來解釋「非身」。「神」既然在輪迴過程中遷化不停，寄寓於不同肉身而受生，則「神」自然是眾生的輪迴「主體」。比對前文中所說「曾關於心，戢而不忘，爲識。識者，經歷累劫，猶萌之於懷，雖昧其所由，而滯於根」、「心作天，心作人，心作地獄，心作畜生，乃至得道者，亦心也」之語，可知彼處所說能涵藏「識」、歷經輪迴與解脫過程之「心」，即是此處遷化靡停之「神」。前章已經指出，「神」與「心」在漢語原意與譯語使用上本可相通，郗超的用法亦反映出此一現象。郗超「神無常宅，遷化靡停」的說法，已具有「神不滅」思想的表達形式，而「神」與「心」在意涵上的相通，同樣也是「神不滅」理論的特質；「神不滅」思想的元素，早已根植於早期佛教學者的學說之中，郗超即是一例。

而「心」不只是輪迴主體，郗超既云「乃至得道者，亦心也」，可知「心」亦是眾生得道解脫之「主體」。眾生解脫即以「心」爲核心關鍵：

> 是以學者必歸心化本，領觀玄宗；玩之珍之，則眾念自廢。廢則有忘，有忘則緣絕；緣報既絕，然後入於無生。既不受生，故能不死。是以《普耀經》云：「無所從生，靡所不生，於諸所生，而無所生。」《泥洹經》云「心識靜休，則不死不生。」心爲種本，行爲其地，報爲結實。猶如種殖，各以其類，時至而生，弗可遏也。種十善戒善，則受生之報具於上章；加種禪等四空，則貴極天道。……種非

〔註56〕同注49，頁647。
〔註57〕同注49，頁649。

> 常禪諦，背有著無，則得羅漢泥洹。不忌有爲，不係空觀，遇理而冥，無執無寄，爲無所種。既無所種，故不受報，廓然玄廢，則佛之泥洹。〔註58〕

修行之要在於「心」，若能「歸心化本，領觀玄宗」，便可使此「心」所生之「眾念自廢」，那麼「廢則有忘，有忘則緣絕；緣報既絕，然後入於無生。既不受生，故能不死」，便可以阻斷緣起輪迴的洪流，而至「入於無生」、「不受生」之境。郗超又云「心爲種本，行爲其地，報爲結實。猶如種殖，各以其類，時至而生，弗可遏也」：「心」猶如「種子」，報應即其果實；就輪迴受生而言如此，就解脫還滅來說亦然。若「心」種十善，則得人天之報；若「心」「種禪等四空」，結果「則貴極天道」；若「心」「非常禪諦，背有著無」，便可以得到「羅漢泥洹」；如果「心」能夠兩忘有爲、空觀而「無執無寄」，則「無所種」，如此便不再受報而得「佛之泥洹」。可見「心」不但決定眾生輪迴之所趨，也是眾生修行之基礎與解脫之「主體」。在〈奉法要〉其他處亦提及「精勤增道習，期諸忘心。形報既廢，乃獲大安耳」、「誠能住心以理，天關內固，則人鬼罔間，緣對自息。萬有無以嬰，眾邪不能襲」，〔註59〕此亦皆是以「心」爲解脫「主體」之義。而郗超在此使用了「心爲種本，行爲其地，報爲結實」的譬喻，與前述〈牟子〉、康僧會、謝敷等人之說法類似；可知早期學者思考眾生「主體」問題時確有一致的傾向。

前引文提到「不忌有爲，不係空觀，遇理而冥，無執無寄」的兩忘境界，此即是「佛之泥洹」之境。此與郗超對「般若」思想的理解有關。〈奉法要〉提及「六度」之修行工夫云：

> 六度：一曰施，二曰戒，三曰忍辱，四曰精進，五曰一心，六曰智慧。積而能散，潤濟眾生，施也。謹守十善，閑邪以誠，戒也。犯而不校，常善下人，忍辱也。勤行所習，夙夜匪懈，精進也。專心守意，以約斂眾，一心也。凡此五事，行以有心，謂之俗度；領以兼忘，謂之道慧。〔註60〕

「六度」之中，「智慧」或「般若」無疑具有統攝其餘五度的地位。此云「凡此五事，行以有心，謂之俗度；領以兼忘，謂之道慧」。換言之，抱持刻意「有心」

〔註58〕同注49，頁652-653。
〔註59〕同注49，頁647、649。
〔註60〕同注49，頁651。

的態度行五度，則此只是俗度而已；若能忘度而行度、自然而然地「兼忘」爲之，便是「般若」之智慧。〔註61〕可知郗超其實將「般若」理解爲「心」之主體的主觀心靈境界，而未從諸法性空的客觀角度來理解「般若」。郗超又云：

> 夫空者，忘懷之稱，非府宅之謂也。無誠無矣，存無則滯封；有誠有矣，兩忘則玄解。然則有無由乎方寸，而無係於外物。器象雖陳於事用，感絕則理冥，豈滅有而後無，階損以至盡哉！〔註62〕

既云「空者，忘懷之稱」，又說「有無由乎方寸，而無係於外物」，顯然「空」只是「心」上主觀的忘懷兼忘境界，而與「外物」客觀上實際的有、無狀態無關。所謂的「空」，只是對有、無的兩忘：「無誠無矣，存無則滯封；有誠有矣，兩忘則玄解」，不論事象是有還是無，重點在於「心」不可存有、存無而須「兩忘」。郗超認爲，若能「兩忘」而至「玄解」的境界，則即使「器象雖陳於事用」，對於解脫者而言仍「感絕則理冥」；因此「空」只是「心」上之事，無須「滅有而後無，階損以至盡」，汲汲於外在事象上求「空」。可以看出，雖然郗超也論及「非有非無」，但純粹是從主觀之「心」的無執兩忘而說的；相較於謝敷對「色空不二」之旨的領悟，二者之間頗有不同，而比較接近支謙從主觀境界上說「心」空的講法。雖說「般若」即是照見諸法性空的智慧，但只論主體智慧而不論諸法性空，終究不是般若思想的原旨。郗超的觀點，當受支遁「即色義」之影響；下文將論及。

綜上所述，可知郗超將「心」說爲眾生輪迴與解脫的「主體」。由於「心」所發之念、慮作用，招致眾生的輪迴果報。「心」與「神」等同，它涵藏了眾生認識作用之「識」，成爲眾生累劫輪迴中受生不斷的「主體」；但此「心」也是修行解脫的「主體」，般若的智慧即是此「心」之兼忘境界。換言之，「心」即是能染能淨、決定眾生流轉與還滅之「主體」所在。

綜合以上對幾位早期中國佛教學者思想的分析，可以看出他們的「主體」理論有著相當一致的特色：對他們而言，「心」、「意」、「神」這些概念往往可以互通，用以指稱決定眾生之流轉與還滅、並在此過程中作業受報的「主體」。當然，他們的理論偏重各有不同：如康僧會注重「心」的明照功能與本來清淨的

〔註61〕「兼忘」一語出自《莊子・天運》：「以敬孝易，以愛孝難；以愛孝易，以忘親難；忘親易，使親忘我難；使親忘我易，兼忘天下難；兼忘天下易，使天下兼忘我難。」清・郭慶藩編：《莊子集釋》（臺北，萬卷樓圖書有限公司，1993年），頁498-499。「兼忘」在此原指自然而然、忘仁忘孝而行孝的態度。

〔註62〕同注49，頁654。

特質；而〈牟子〉、支謙則強調了「心」、「神」的「實體」意義；謝敷、郗超則注重「般若」在「心」解脫過程中的重要性。但根本上，將一切染淨、生死、解脫作用均歸之於一「心」，可說是早期學者的普遍主張。在他們對「主體」問題的思索中，可以清楚看到早期譯經所帶來的影響；而他們所發展出來的「主體」理論模式，也將決定後來的佛教思想、特別是「神不滅」思想的發展方向。

第二節　兩晉般若學思潮中的主體觀

兩晉之際，「般若」學說的鑽研盛行於佛教學界。受到當時流行的「玄學」思潮影響，出現了形形色色富有中國本土特色的學說。此一時期的般若學思潮，後世以「六家七宗」稱之。「六家」之名，最早出自僧叡的《毗摩羅詰提經義疏序》：「自慧風東扇，法言流詠已來，雖曰講肆，格義迂而乖本，六家偏而不即。性空之宗，以今驗之，最得其實」。〔註63〕同時僧肇也在《肇論》中提及並批評了「心無」、「即色」、「本無」三家之說。〔註64〕「六家七宗」之所指，據唐・元康《肇論疏》所云：

> 或「六家七宗，爰延十二」者，江南本皆云「六宗七宗」，今尋記傳，是「六家七宗」也。梁朝釋寶唱作《續法論》一百六十卷云：宋莊嚴寺釋曇濟，作《六家七宗論》，論有六家，分成七宗。第一本無宗，第二本無異宗，第三即色宗，第四識含宗，第五幻化宗，第六心無宗，第七緣會宗。本有六家，第一家分爲二宗，故成七宗也。〔註65〕

關於「六家七宗」般若思想之要旨，學者已有相當的研究。本文旨在探討早期學者們對於眾生「主體」的看法，因此將避免再涉及此一方面的討論。以下僅觀察主張「本無義」的道安、「即色義」的支遁、以及「心無義」與其餘諸家思想中所透顯出的「主體」觀點，以說明他們作爲「神不滅」思想發展先驅的特色。

一、道　安

道安（312-385）在中國佛教史上有著多面而重要的貢獻；不論在教義研究、

〔註63〕同注37，頁311。
〔註64〕後秦・僧肇：《肇論・不眞空論》，《大正藏》卷45，頁152a。
〔註65〕唐・元康：《肇論疏》卷1，《大正藏》卷45，頁163a。

經錄整理、人才培育，或翻譯事業的組織、教團軌範之制定各方面，都對後來的佛教發展留下深刻影響，是佛教史上最重要的人物之一。〔註66〕在思想方面，一般同意，他是般若學六家七宗中「本無宗」的倡導者。〔註67〕但其思想並不以般若爲限。如湯用彤所指出：漢末以來，安世高之禪數學與支婁迦讖之般若學是佛法流傳的二大系，而道安實集二系之大成。〔註68〕就其思想發展而言，大致可說從初期的重視禪觀，演變至後期的注意般若思想；而他在各時期所作的經序，便是研究其思想內涵以及演變趨向之重要資料。〔註69〕以下的分析，即以此爲主要材料來探討其思想中反映出的「主體」概念。〔註70〕

道安雖然未曾有意建立系統性的「主體」理論，但「主體」觀作爲其學說背後所預設的根本立場，更有不可忽視的重要性。在初期的作品〈十二門經序〉中，道安便云：

> 貪囹恚圄，癡城至固。世人遊此，猶春登臺，甘處欣欣，如居華殿，嬉樂自娛，莫知爲苦，嘗酸速禍，困憊五道。夫唯正覺，乃識其謬耳。哀倒見之苦，傷蓬流之痛，爲設方便，防萌塞漸，闢茲慧定，令自瀚滌，挫銳解紛，返神玄路。苟非至德，其道不凝也。夫邪僻之心，必有微著，是故禪法以四爲差焉。〔註71〕

此云眾生爲「貪」、「恚」、「癡」所籠罩而莫知其苦，故「嘗酸速禍，困憊五

〔註66〕其生平，見：《高僧傳》卷5〈道安傳〉，同注8，頁177-185；《出三藏記集》卷15〈道安傳〉，同注8，頁561-565。參見：方廣錩：《道安評傳》（北京，崑崙出版社，2004年）。

〔註67〕古來記載對於僧肇所破「本無義」是否指道安說法不一。如：陳・慧達《肇論疏》持肯定態度（《卍續藏經》第150冊，頁429c）；隋・吉藏《中觀論疏》則認爲道安雖有「本無義」，但僧肇所破爲琛法師之說（《大正藏》卷42，頁29a）；唐・元康《肇論疏》則直指所破者爲竺法深本無義（《大正藏》卷45，頁171c）。參見：廖明活：〈東晉佛教諸家「本無義」述評〉，《書目季刊》90：4（1986年7月），頁48-59。現代學者意見亦不一，如：呂澂主張道安別爲「性空宗」而不屬「本無義」（同注4，頁57-59）；任繼愈則認爲僧肇所破即是道安之義（同注52，頁226-227）。

〔註68〕湯用彤：同注1，頁161。

〔註69〕道安經序寫作的分期，參見：松村巧：〈釋道安における佛教思想の形成と展開〉，《東洋文化（東京大學）》62（1982年3月），頁66-68；參見：方廣錩：同注66。

〔註70〕對此，蔡振豐的研究極具啓發性。參見：氏著：《魏晉佛學格義問題的考察——以道安爲中心的研究》，同注19，頁113-173；又：〈道安經序思想的轉折及在格義問題上的意義〉，《臺大文史哲學報》第48期（1998年6月），頁253-292。

〔註71〕前秦・道安：〈十二門經序〉，《出三藏記集》卷6，同注8，頁251。

道」，輪迴生死而不能得出。佛陀哀憐眾生，故設「慧定」之法「令自瀞滌，挫銳解紛，返神玄路」。既然說修行乃是「瀞滌」工夫，目的在於「挫銳解紛，返神玄路」，可知道安實將流轉與還滅之別視爲眾生「主體」的染污與清淨之別，而「神」即是眾生有染有淨之「主體」。「神」是眾生被貪、恚、癡染污而輪轉生死的主體，只有經過定慧工夫之「瀞滌」污染，才可使「神」清淨而返歸「玄路」；而既云「瀞滌」而「返神」玄路，則此「神」可能還是「本性清淨」的主體。下文又稱有待禪法對治的染污主體爲「邪僻之心」；對照此語，可知「神」即是「心」，均指眾生可染可淨的「主體」。下文又云：

> 貪淫囹者，荒色悖烝，不別尊卑，渾心耽愐，習以成狂，亡國傾身，莫不由之。虛迷空醉，不知爲幻。……以慧探本，知從癡愛，分別末流，了之爲惑，練心攘慝，狂病瘳矣，故曰四空也。〔註72〕

眾生的迷癡可以「渾心耽愐」形容之，而四空（四無色定）的修行則稱之爲「練心攘慝」。可知道安所說之「心」即是「神」，眾生的流轉還滅即由此「心」之染淨方向決定，它即是眾生之「主體」。序文又說：

> 行斯三者，則知所以宰身也；所以宰身者，則知所以安神也；所以安神者，則知所以度人也。……始入盡漏，名不退轉。諸佛嘉歎，記其成號。深不可測，獨見曉焉；神不可量，獨能精焉。陵雲輕舉，淨光燭幽，移海飛嶽，風出電入。淺者如是，況成佛乎！〔註73〕

此云若能行四禪、四等、四空，便「知所以宰身」，而宰身的關鍵則在於「知所以安神」，唯安「神」而可「度人」。可見修行目的在於此一「主體」之「神」的安頓。道安又指出：若到達不退轉的境界，便「深不可測，獨見曉焉；神不可量，獨能精焉」，而擁有不可思議的神通。此語脫胎自《莊子．天地》篇「視乎冥冥，聽乎無聲。冥冥之中，獨見曉焉；無聲之中，獨聞和焉。故深之又深而能物焉；神之又神而能精焉」；〔註74〕此「神」原是神妙之意，道安則用以指解脫者之主體，認爲解脫者之「神」已至不可量度的境界，只可以「精」來形容之。可知道安所認知的解脫境界，亦是「主體」之「神」的安頓與清淨境界。由上所述，可以看出道安預設「心」、「神」爲眾生「主體」，將流轉還滅之別視爲此「心」染淨變化之別；此一觀點與前述早期學者的主

〔註72〕同注71，頁251-252。

〔註73〕同注71，頁252。

〔註74〕《莊子．天地》，同注61，頁411。

體思想是一致的。

相同的看法，在道安初期的經序中往往可見，如〈陰持入經序〉云：

> 陰持入者，世之深病也。馳騁人心，變德成狂，耳聾口爽，耽醉榮寵，抱癡投冥，酸號三趣。其爲病也，猶癩疾焉，入骨徹髓，良醫拱手；猶癲蹶焉，來則冥然，莫有所識。〔註75〕

「陰持入」，新譯爲「蘊、界、處」，即五蘊、十二處、十八界「三科」，是佛教對於眾生身心結構、認識作用以及諸法對象等的分析方法。道安說「陰持入者，世之深病也」，認爲眾生的身心認知結構本質上即是墮落痛苦的根源，此與康僧會、郗超的觀點相同。具體而言，因爲身心架構本身的認識作用「馳騁人心，變德成狂」，使得眾生「抱癡投冥，酸號三趣」，在生死輪迴中受苦無盡。由此觀之，眾生「心」的馳騁迷失，即是輪迴流轉的根源。而從「心」「變德成狂」一語看來，「心」似乎是「本性清淨」的，只是在陰持入結構下陷溺而迷惑。至於解脫之方，序文云：

> 以大寂爲至樂，五音不能聾其耳矣；以無爲爲滋味，五味不能爽其口矣。……其爲行也，唯神矣，故不言而成；唯妙矣，故不行而至。統斯行者，則明白四達，立根得眼，成十力子，紹冑法王，奮澤大千。若取證則拔三結，住壽成道，徑至應眞。此乃大乘之舟撮，泥洹之關路。〔註76〕

「以大寂爲至樂，五音不能聾其耳矣」、「以無爲爲滋味，五味不能爽其口矣」二句，呼應前文「馳騁人心，變德成狂」，乃變化自《老子》十二章「五色令人目盲；五音令人耳聾；五味令人口爽；馳騁田獵，令人心發狂」；〔註77〕由此可以看出，道安受到道家式的主體思考模式的影響，認爲由流轉到還滅的過程即是「變德成狂」之「心」回歸「大寂」、「無爲」的變化。「大寂」、「無爲」乃是主體不受欲望干擾的自由之境，「唯神」、「唯妙」形容的更是主體超然的涅槃之境。〔註78〕道安認爲，解脫即是此馳騁迷失之「心」的由染轉淨；解脫者甚至可以「住壽成道」而長存。顯然「心」即是眾生染與淨、流轉與還滅的「主體」。此與前述〈十二門經序〉所言相同。再如〈道地經序〉亦云：

〔註75〕前秦・道安：〈陰持入經序〉，《出三藏記集》卷6，同注8，頁248。

〔註76〕同注75，頁248-249。

〔註77〕《老子》第14章，同注32，頁45-46。見：中嶋隆藏編：《出三藏記集序卷譯注》（京都，平樂寺書店，1997年），頁16-20

〔註78〕蔡振豐：同注19，頁109-110。

> 人之處世，矇昧未祛，熙熙甘色，如饗大牢。由處穢海，幽厄九月，既生迍邅，罹遘百凶，尋旋老死，嬰苦萬端，漂溺五流，莫能自返。聖人深見，以爲苦證，遊神八路，長陟永安。專精稽古，則逸樂若此；開情縱欲，則酸毒若彼。二道顯著，宜順所從。〔註 79〕

眾生之所以「既生迍邅，罹遘百凶，尋旋老死，嬰苦萬端，漂溺五流，莫能自返」，是因爲「矇昧未祛」之故；相較於此，聖人則能夠「遊神八路，長陟永安」。可知「神」是解脫者能夠實踐八正道而得到涅槃的「主體」；從上下文看，可知眾生不能行八正道、故「矇昧未祛」而輪迴生死的「主體」應該也是「神」。序文又指出流轉與還滅之別：「專精稽古，則逸樂若此；開情縱欲，則酸毒若彼。二道顯著，宜順所從」，可見輪迴與解脫全在眾生的選擇，而能作實踐選擇的當即是主體之「神」。如前所見，道安所說之「神」與「心」是同義詞，與前述序文對照，便可知其「主體」之說內容是相同的。同樣地，關於解脫之道的說明：

> 夫道地者，應眞之玄堂，升仙之奧室也。無本之城，杳然難陵矣；無爲之牆，邈然難踰矣。微門妙闥，少闚其庭者也。蓋爲器也猶海與！行者日酌之而不竭，返精者無數而不滿。其爲像也，含弘靜泊，綿綿若存，寂寥無言，辯之者幾矣。怳惚無行，求矣漭乎其難測。聖人有以見因華可以成實，覩末可以達本，乃爲布不言之教，陳無轍之軌，闡止啓觀，式成定諦。髦彥六雙，率由斯路，歸精谷神，於乎羨矣。〔註 80〕

道安將《道地經》的義理稱爲「無本之城」、「無爲之牆」，又以「酌之而不竭」、「含弘靜泊」、「綿綿若存」、「寂寥無言」等道家式的語言來形容，〔註 81〕看似所說乃是某種形上道體。下文又說「覩末可以達本」，形式上更與玄學所言的「本」、「末」體用之辨相同。但是道安此處「無本之城」、「無爲之牆」云云實是指向眾生的修行實踐而言，「本」、「末」在此亦只是指修行的目的與手段之別，均與形上學的問題無關。〔註 82〕此由下文先指明「闡止啓觀，式成定諦」爲修行工夫之「末」，再說明「髦彥六雙，率由斯路」便可以達成「歸精谷神」的解

〔註 79〕前秦・道安：〈道地經序〉，《出三藏記集》卷 10，同注 8，頁 368。

〔註 80〕同注 79，頁 366-367。

〔註 81〕出自《莊子・天地》、《易・坤卦・彖傳》、《老子》第 6 章、第 25 章等文。參見：中嶋隆藏：同注 77，頁 239-244。

〔註 82〕蔡振豐：同注 19，頁 129-131。

脫目的之「本」，便可得知。然則「谷神」在此所指的也不是形上道體，而是解脫者高深難測的「主體」境界。如前所引「遊神八路，長陟永安」，「神」即是解脫主體；而「精」、「谷神」即是對主體之「神」的描寫形容。〔註 83〕綜而觀之，此序中所顯示的「主體」概念與前述諸經序是相同的。

類似的「本」、「末」範疇，也出現在〈安般注序〉中：

> 安般者，出入也。道之所寄，無往不因；德之所寓，無往不託。是故安般寄息以成守，四禪寓骸以成定也。寄息故有六階之差，寓骸故有四級之別。階差者，損之又損之，以至於無爲；級別者，忘之又忘之，以至於無欲也。無爲，故無形而不因；無欲，故無事而不適。無形而不因，故能開物；無事而不適，故能成務。成務者，即萬有而自彼；開物者，使天下兼忘我也。彼我雙廢者，守于唯守也。
>
> 故《修行經》以斯二法而成寂。得斯寂者，舉足而大千震，揮手而日月捫，疾吹而鐵圍飛，微噓而須彌舞。斯皆乘四禪之妙止，御六息之大辯者也。夫執寂以御有，崇本以動末，有何難也！〔註 84〕

道安指出，安般工夫有六點、四禪的等差階級之別，目的在使修行者「損之又損之，以至於無爲」、「忘之又忘之，以至於無欲也」；〔註 85〕這無疑是借用道家語彙來表達解脫者的精神境界。文中表明：「無爲」則「無形而不因」、「故能開物」，此是指能「使天下兼忘我也」；「無欲」則「無事而不適」、「故能成務」，此則是指能「即萬有而自彼」。而所謂「即萬有而自彼」、「使天下兼忘我也」的意涵，由下文的總結語，可知即是「彼我雙廢」之意。換言之，安般修行的目標即「無爲」、「無欲」，具體而言乃是物我兩忘的「彼我雙廢」之境界。此一境界下文稱之爲「寂」；道安認爲「得斯寂者」可以「舉足而大千震，揮手而日月捫，疾吹而鐵圍飛，微噓而須彌舞」，擁有廣大神通之力。因此說「執寂以御有，崇本以動末，有何難也！」

此處「執寂以御有，崇本以動末」一語，被認爲與玄學貴無派思想相通，談的是現象世界與超越世界的關係。〔註 86〕但從此文脈絡看來，可知道安所謂

〔註 83〕參見：福永光司、松村巧：〈六朝的般若思想〉，梶山雄一等著，許洋主譯：《般若思想》（臺北，法爾出版社，1989 年），頁 280。

〔註 84〕前秦・道安：〈安般注序〉，《出三藏記集》卷 6，同注 8，頁 244-245。

〔註 85〕出自《老子》第 48 章。參見：中嶋隆藏：同注 77，頁 9-11。

〔註 86〕任繼愈：同注 52，頁 228-230。

「本」是指「彼我雙廢」之「寂」境，此由對照「執『寂』以御有」、「崇『本』以動末」二句便可得知；而「末」顯然是指「舉足而大千震」等等不可思議神通。因此，所謂「崇本以動末」只是說到達「寂」之境界便可擁有神通之力，與玄學所論本末、體用問題實無關係。然則，道安所說之「本」其實只是解脫者的精神境界。此處雖未明指「主體」，但「本」、「寂」是解脫者的「主體」境界則可確定；參照其他經序，可知此當是「心」、「神」之境界。

據蔡振豐的研究，〈大十二門經序〉之寫作適在道安反省「格義」問題之時，此文可顯示其初期思想的轉折。序文云：

> 夫婬息存乎解色，不係防閑也；有絕存乎解形，不係念空也。……何者？執古以御有，心妙以了色，雖群居猶芻靈，泥洹猶如幻，豈多制形而重無色哉！……淫有之息，要在明乎萬形之未始有，百化猶逆旅也。
>
> 怨憾之興，興於此彼；此彼既興，遂成仇敵；仇敵適成，勃然赫怒；赫怒已發，無所不至；至不可至，神幽想獄，乃毒乃辛，欣之甘之。是以如來訓之以等。〔註87〕

此文強調「婬息存乎解色」、「有絕存乎解形」，因此「淫有之息，要在明乎萬形之未始有，百化猶逆旅也」；此義著重於對緣起之義的體會，與前述諸序專只就「安神」、「神不可量」、「唯神」、「唯妙」、「歸精谷神」角度來描述解脫境界不同，此是道安初期思想的轉變。〔註88〕但可以發現，其實道安此處的「主體」觀念仍未改變：眾生受「怨憾」所縛，此文稱之為「神幽想獄」；反之，若能明白「萬形之未始有，百化猶逆旅」之緣起之理，便可說是「心妙以了色」。然則在道安論述的背後，仍然預設「心」、「神」為眾生迷惑受縛、悟理解脫的「主體」，此與前述諸序的立場根本上仍是一致的。

其他的經序，如〈人本欲生經序〉強調「本者，癡也；欲者，愛也；生者，生死也。……人在生死，莫不浪滯於三世，飄縈於九止，綢繆於八縛者也」，〔註89〕〈了本生死經序〉云「凡在三界，罔弗冠癡佩行嬰，舞生死而趨陰堂，揖讓色味，駿惑載疑，驅馳九止者也」；〔註90〕雖然只說明癡愛在生死

〔註87〕前秦・道安：〈大十二門經序〉，《出三藏記集》卷6，同注8，頁253。

〔註88〕蔡振豐：同注19，頁132-136。

〔註89〕前秦・道安：〈人本欲生經序〉，《出三藏記集》卷6，同注8，頁249。

〔註90〕前秦・道安：〈了本生死經序〉，《出三藏記集》卷6，同注8，頁250。

流轉作用中之根源性，而未指出流轉主體之所在，但參照同時期的前述諸經序，可以推知「心」或「神」即是受染迷惑之主體。如〈十法句義經序〉所云「夫有欲之激，百轉千化，搖蕩成教，亦何得一端乎？是故正覺因心所遷，即名爲經」，〔註 91〕即以爲眾生爲「欲」所激而百轉千化的主體即是「心」。可見這些經序共有相通的「主體」預設爲其立論背景。

由上所述，可知道安在早期以禪法爲中心的經序中，預設了「心」或「神」作爲眾生輪迴受縛與解脫涅槃的「主體」，而以「心」、「神」的染、淨來解釋流轉還滅的差別。「心」在道安的描述下似乎還具有「心性本淨」的意味。此一思想是與前述其他佛教學者的普遍觀點一致的。

道安在 365 年至襄陽後，轉以般若思想的研究爲重心。此階段的成就亦可於其經序作品中略知一二。如〈道行經序〉云：〔註 92〕

> 大哉智度，萬聖資通，咸宗以成也。地含日照，無法不周。不恃不處，累彼有名。既外有名，亦病無形，兩忘玄漠，塊然無主，此智之紀也。夫永壽莫美乎上乾，而齊之殤子；神偉莫美於凌虛，而同之涓滯；至德莫大乎眞人，而比之朽種；高妙莫大乎世雄，而喻之幻夢。由此論之，亮爲眾聖宗矣。〔註 93〕

「智度」是般若波羅蜜（prajñāpāramitā）之意譯，是指能照了諸法實相，度生死此岸至於涅槃彼岸之般若智慧。道安認爲，「智度」本來「不恃不處，累彼有名」，原是無所依恃、又不可以名相言說的智慧。然而，若執定「智度」爲「無名」則亦不可，「既外有名，亦病無形，兩忘玄漠，塊然無主」才是「智度」的本質。此云「智度」「既外有名，亦病無形」，看似是指某種「非有非無」的客觀形上道體或諸法實相而言。但此處所說「非有非無」實非一「存有論」命題，而只是一形容精神狀態的境界語言。由下文「兩忘玄漠，塊然無主」之語，便可得知「非有非無」形容的實是解脫者主觀的「兩忘」、「無主」心境；換言之，「智度」的「非有非無」只是說解脫者在主觀上對諸法現象不作有、無的分別，客觀對象到底是有是無的問題，此處則完全沒有涉及。然則，道安不但未將「智度」說成道家式的形上道體，同樣也未觸及般若學實相空性思想，只是在主觀精神境界的意義上闡述「智度」之義。那麼，道

〔註 91〕前秦・道安：〈十法句義經序〉，《出三藏記集》卷 10，同注 8，頁 369。

〔註 92〕方廣錩認爲此序是道安在飛龍山的早期作品。同注 66，頁 82-86。

〔註 93〕前秦・道安：〈道行經序〉，《出三藏記集》卷 7，同注 8，頁 262-263。

安所理解的主觀「智度」境界是什麼？下文所說「夫永壽莫美乎上乾，而齊之殤子」云云，此語實自《莊子》「齊物」之旨引申而來；〔註94〕由此看來，道安所發揮的「智度」「兩忘玄漠，塊然無主」境界，乃是一玄同萬物、不予分別的心境。此雖與般若智慧境界亦不違背，但也可能只是道家「齊物」玄智的應用而已；由於道安未在此顯現出對性空之義的了解，故無法確認其「智度」之義的眞正基礎。不過，可以看出道安是就主觀心境、而非客觀實相的角度來討論般若。下文續云：

> 何者？執道御有，卑高有差，此有爲之域耳。非據眞如，遊法性，冥然無名也。據眞如，遊法性，冥然無名者，智度之奧室也。名教遠想者，智度之蘧廬也。〔註95〕

「眞如」（tathatā）、「法性」（dharmatā）在般若思想系統中，即是「空」的同義詞。〔註96〕此處道安所說之「眞如」、「法性」，有學者以爲乃是現象中「實在的本體」、「永遠實在的實體」。〔註97〕連繫上文與此處所言來看，可知「執道御有，卑高有差，此有爲之域耳」是指對諸法抱持高下區別的心態；如前所言，在「智度」的心境下「至德莫大乎眞人，而比之朽種；高妙莫大乎世雄，而喻之幻夢」，本不應對「道」、「有」之間生出分別之心。順此，「據眞如，遊法性，冥然無名也」顯然指的即是「不恃不處，累彼有名」的「智度」；故下文亦直云「據眞如，遊法性，冥然無名者，智度之奧室也」。既如上述，「智度」是指「兩忘玄漠，塊然無主」的主觀玄同心境，可知「據眞如，遊法性」也是對諸法不予分別的玄同心境。解脫者「『據』眞如，『遊』法性」故兩忘玄同於諸法，那麼，「眞如」、「法性」即是解脫者兩忘玄同的根據，它應即是諸法間的「無差別性」。但此處又有同樣的問題：道安只指出「據眞如，遊法性」爲一主觀玄同之心境，對於其所根據的「眞如」、「法性」之意涵全無解釋。如此則「眞如」、「法性」可能是共通於一切現象的任何性質或事物，

〔註94〕《莊子・齊物論》：「夫天下莫大於秋豪之末，而大山爲小；莫壽於殤子，而彭祖爲夭。天地與我並生，而萬物與我爲一。」同注61，頁79。參見：中嶋隆藏：同注77，頁39-43。

〔註95〕同注93，頁263。

〔註96〕後秦・鳩摩羅什譯：《摩訶般若波羅蜜經》卷17〈深奧品〉：「深奧處者，空是其義，無相、無作、無起、無生、無染、寂滅、離、如、法性、實際、涅槃。」《大正藏》卷8，頁344a。參見：印順：《空之探究》（新竹，正聞出版社，2000年），頁142-145。

〔註97〕福永光司、松村巧：同注83，頁281-282。

未必是般若學所言的「性空」。綜上所述，可知道安在〈道行經序〉中完全沒有提及般若諸法性空之義，只在主觀境界意義上強調「智度」的無分別心境。「智度」既是解脫者的主觀智慧，道安又未曾指出「性空」之義，則說他預設一實有之智度「主體」，自是可能的。

再看〈合放光光讚略解序〉所說：

> 般若波羅蜜者，成無上正眞道之根也。正者，等也，不二入也。等道有三義焉，法身也，如也，眞際也。故其爲經也，以如爲首，以法身爲宗也。
>
> 如者，爾也。本末等爾，無能令不爾也。佛之興滅，綿綿常存，悠然無寄，故曰如也。
>
> 法身者，一也，常淨也。有無均淨，未始有名。故於戒則無戒無犯，在定則無定無亂，處智則無智無愚。泯爾都忘，二三盡息，皎然不緇，故曰淨也，常道也。
>
> 眞際者，無所著也。泊然不動，湛爾玄齊，無爲也，無不爲也。萬法有爲，而此法淵默，故曰無所有者，是法之眞也。〔註 98〕

「般若波羅蜜」或「智度」，乃是成就諸佛「無上正眞道」或「無上正等正覺」的根基。〈道行經序〉專論「智度」之義，此文則專注於闡發佛陀「無上正眞道」的境界內容，認爲佛所得之正覺有三義：「法身也，如也，眞際也」。關於道安此處的說法，學者們亦有不同的詮釋。或認爲道安所說的「如」、「法身」、「眞際」其實是永恆的「實體」或「本體」；〔註 99〕亦有學者認爲道安所說基本上不違般若思想之義。〔註 100〕本文不能涉入此一問題。但必須指出的是，道安此序的思想焦點仍然集中在解脫者的主觀「主體」境界上。(1)「如」(tathatā) 即「眞如」，本是「如其樣子、如實」(suchness) 之意；如前所述，它在般若系統中即指諸法之實相「性空」。道安說「如者，爾也。本末等爾，無能令不爾也」，似得「如」字「法爾如是」之意，也確實與《般若經》所說

〔註 98〕前秦・道安：〈合放光光讚略解序〉，《出三藏記集》卷 7，同注 8，頁 266。

〔註 99〕如：福永光司、松村巧：同注 83，頁 281-282；任繼愈：同注 52，頁 230-232；方立天：〈道安的佛教哲學思想〉，氏著：《中國佛教散論》(北京，宗教文化出版社，2003 年)，頁 6-8；劉貴傑：《東晉道安思想研究》(臺北，文津出版社，1992 年)，頁 61-62。

〔註 100〕羅因：《「空」、「有」與「有」、「無」——玄學與般若學交會問題之研究》(臺北，國立臺灣大學出版委員會，2003 年)，頁 294-298。

「此自性空，……有佛無佛，其性常空，此即涅槃」之義相合。〔註 101〕但是道安論說的重點，不在對「性空」的詳細解說，而是將「如」視爲解脫者的主體境界，故云「佛之興滅，綿綿常存，悠然無寄，故曰如也」。然則道安所說之「如」，根本上是指佛陀「綿綿常存，悠然無寄」而言。此云佛陀是悠然常存的，似乎已有「常住」思想的意味；故有學者認爲道安此文之義理近似大乘有宗的觀點。〔註 102〕佛既然「綿綿常存」，而「如」即此解脫者之境界，可知「如」是解脫者常存之「主體」之主觀境界。而道安認定解脫者有常存「主體」的立場，於此亦可見。

（2）「法身」（dharma-kāya）在般若系統中，亦是指佛所證得之一切法實相性空；如羅什所說「大乘部者，謂一切法無生無滅，語言道斷，心行處滅，無漏無爲，無量無邊，如涅槃相，是名法身」。〔註 103〕道安說「法身者，一也，常淨也。有無均淨，未始有名」，確實與《般若經》「有爲法、無爲法，一法無二，亦不合亦不散，無有形不可見，一相。一相者無相」之說相合。〔註 104〕但同樣地，道安之意也不在說明性空實相，而在說明解脫境界。故在說明「法身」「有無均淨，未始有名」後，他緊接著說「故於戒則無戒無犯，在定則無定無亂，處智則無智無愚。泯爾都忘，二三盡息，皎然不緇，故曰淨也，常道也」。然則「法身」之「一也，常淨也」云云並非對性空實相的解說，其目的其實在於說明佛陀「二三盡息，皎然不緇，故曰淨也」的主觀境界；這是解脫者「無戒無犯」、「無定無亂」、「無智無愚」、一切「泯爾都忘」的主觀精神境界。道安只在主觀境界意義上談「法身」，此當然是解脫者的「主體」之境。

（3）「眞際」（bhūta-koṭi）或「實際」，亦是指諸法實相「性空」而言。〔註 105〕道安說「眞際者，無所著也」，確實也與《般若經》「如、法性之法、眞際終始，皆不可見」之說相符。〔註 106〕但同樣地，道安說「眞際」「無所著也。泊然不動，湛爾玄齊」，接著說「無爲也，無不爲也。萬法有爲，而此法淵默，故曰無所有者，是法之眞也」，這是就解脫者無所得「無所著」，

〔註 101〕唐・玄奘譯：《大般若波羅蜜多經》卷 478〈空性品〉，《大正藏》卷 7，頁 425c。
〔註 102〕郭朋：同注 23，頁 344-347。
〔註 103〕東晉・慧遠問，後秦・鳩摩羅什答：《鳩摩羅什法師大義》卷 1，《大正藏》卷 45，頁 123c。
〔註 104〕西晉・無羅叉譯：《放光般若經》卷 20〈諸法等品〉，《大正藏》卷 8，頁 141a。
〔註 105〕同注 96。
〔註 106〕同注 104，卷 2〈本無品〉，頁 14a。

但於泊然不動之中又能「無爲也，無不爲也」的主觀境界而言。綜上所述，可見道安在經序中對般若思想的解釋，並不著意於解說「諸法性空」之客觀實相，而是偏就解脫者主觀的「主體」智慧境界來進行論說。在這樣的論述取向中，雖然沒有明指「主體」之名稱，但解脫者之「主體」顯然已經被預設。此與道安在初期經序中預設「心」、「神」爲眾生輪迴與解脫「主體」的思想大方向仍是一致的。

以此爲基礎，來觀察道安「本無義」思想的意涵，可以發現其精神亦相同。據劉宋・曇濟《七宗論》所述：

> 本無立宗，曰：如來興世，以本無佛（爲？）教，故方等深經，皆備明五陰本無。本無之論，由來尚矣。何者？夫冥造之前，廓然而已；至於元氣陶化，則群像稟形。形雖資化，權化之本，則出於自然。自然自爾，豈有造之者哉！由此而言，無在元化之先，空爲眾形之始，故稱本無。非謂虛豁之中能生萬有也。夫人之所滯，滯在未（末）有；苟宅心本無，則斯累豁矣。夫崇本可以息末者，蓋此之謂也。〔註 107〕

可見道安對於般若思想的掌握，亦有說明客觀現象的一面。此處「冥造之前，廓然而已」、「無在元化之先，空爲眾形之始」之說，是否受到玄學貴無論思想影響，學者有不同意見。〔註 108〕但是此處所說「崇本可以息末」，則顯然與王弼（226-249）玄學在存有論脈絡下所說之「崇本息末」之義不同。道安認爲，「夫人之所滯，滯在末有；苟宅心本無，則斯累豁矣」：眾生執著於現象諸法之「末有」，此即迷惑所在；若能「宅心本無」，便可去除執著「末有」所造成之迷惑，此即稱之爲「崇本可以息末」。顯然這是一個關乎實踐與修行境界的命題，而非存有論命題。而作爲「眞如」古譯之「本無」一詞，〔註 109〕在此顯然也不只是存有論的概念而已，它更是修行實踐之境界。此處所示的思想傾向，與道安在經序中對主體境界的強調是一致的。道安曾經指出般若學在中土之所以盛行，是因爲「斯邦人莊、老教行，與方等經兼忘相似，故因風易行也」；〔註 110〕看來道安自身也傾向從「兼忘」的主觀境界來理解般若

〔註 107〕梁・寶唱著，日本・宗性抄：《名僧傳抄》，《卍續藏經》第 134 冊，頁 9c。
〔註 108〕參見注 99、100 所引諸家之解釋。
〔註 109〕湯用彤：同注 1，頁 103-104。
〔註 110〕前秦・道安：〈鼻奈耶序〉，《大正藏》卷 24，頁 851a。

思想。而從此處「宅心本無」說法，便可知道安所說能達成「本無」境界的解脫「主體」是「心」。合上述諸經序來看，「心」應當也就是能行「智度」、體會「如、法身、眞際」之境的「主體」。

綜合以上所述，可知在道安思想中「主體」實佔有重要地位。在前期的經序中，道安預設「心」、「神」爲眾生輪迴與解脫之「主體」，以此「主體」之染淨說明輪迴與解脫之差別。在中期以後注重般若學的經序中，道安傾向從「主體」境界義來理解般若，而以「心」爲解脫者體悟般若境界的「主體」。雖然「心」、「神」概念只作爲論說背景，並非他的作品中欲正面表述的焦點；但若無此「主體」概念之預設，其禪法與般若思想亦不能成立。關於道安的思想成就，其弟子僧叡曾指出：

> 亡師安和尚，鑿荒塗以開轍，標玄指於性空，落乖蹤而直達，殆不以謬文爲閡也。亹亹之功，思過其半，邁之遠矣。〔註111〕

可說對其成就推崇之至。但僧叡也說：

> 自慧風東扇，法言流詠已來，雖曰講肆，格義迂而乖本，六家偏而不即。性空之宗，以今驗之，最得其實。然鑪冶之功，微恨不盡，當是無法可尋，非尋之不得也。何以知之？此土先出諸經，於識神性空，明言處少，存神之文，其處甚多。《中》、《百》二論，文未及此，又無通鑒，誰與正之？先匠所以輟章於遐慨，思決言於彌勒者，良在此也。〔註112〕

可知道安思想中「鑪冶之功，微恨不盡」之處，即在於對「識神性空」缺乏理解，而仍主張「存神」之義。從前文的分析，可知道安確實將「心」、「神」說爲眾生之「主體」，可與僧叡「存神」之敘述相印證。然而道安雖然沒有表明對「識神性空」的理解，未曾說明「心」、「神」「主體」的性空之義，但似乎也不曾刻意強調其「實體」之意。或許正如僧叡所言，道安「輟章於遐慨，思決言於彌勒」，仍舊有所疑慮，故不肯爲專斷之言吧！無論如何，道安對於「心」、「神」「主體」的肯認，是一確切的事實。應該注意的是，他的主體觀與前述其他早期佛教學者的立場有著明顯的一致性，由此可見中國早期佛教思想發展的趨勢。此種「主體」觀對於後來「神不滅」思想的影響，特別是道安本人對其弟子慧遠（334-416）的可能影響，是值得注意的。

〔註111〕後秦・僧叡：〈大品經序〉，《出三藏記集》卷8，同注8，頁292。
〔註112〕同注37，頁311-312。

二、支 遁

支遁（314-366），字道林，是東晉時期的名僧。〔註 113〕他活躍於士族上流社會，與當時名士交遊密切，由此擴大了玄、佛之間的交流，對於佛教的發展方向有重大影響。而他在思想義理上亦有極高成就：他所提出的《莊子》「逍遙」新義「卓然標新理於二家之表，立異義於眾賢之外，皆是諸名賢尋味之所不得」，〔註 114〕在玄學理論方面有革新之處；此外，他也是般若學「即色義」的代表人物。〔註 115〕現存關於支遁「即色義」內容的記載，不能看出與「主體」問題相關的線索。以下僅由〈大小品對比要抄序〉等作品來觀察他對此問題的看法。

在〈大小品對比要抄序〉中，支遁先提出對「般若」之義的解釋：

> 夫般若波羅蜜者，眾妙之淵府，群智之玄宗，神王之所由，如來之照功。其爲經也，至無空豁，廓然無物者也。無物於物，故能齊於物；無智於智，故能運於智。是故夷三脫於重玄，齊萬物於空同，明諸佛之始有，盡群靈之本無，登十住之妙階，趣無生之徑路。何者？賴其至無，故能爲用。〔註 116〕

支遁將「般若波羅蜜」理解爲「群智之玄宗」、「如來之照功」，換言之，即是解脫者智慧明照之主體境界；此與道安對「智度」的解釋方向是一致的。順此，下文云「其爲經也，至無空豁，廓然無物者也」；由文脈可知，此處「至無空豁，廓然無物者」所言並不是客觀的諸法「性空」，而是對上述解脫者主觀「般若」境界的形容。佛陀的智慧境界是「至無空豁，廓然無物」、即空虛忘懷而不執於物的，故他在主觀境界上能夠「無物於物」而「齊於物」，「無智於智」而「運於智」，因此能夠「夷三脫於重玄，齊萬物於空同，明諸佛之始有，盡群靈之本無，登十住之妙階，趣無生之徑路」，這些都「賴其至無，故能爲用」。所謂「至無」顯然也不是諸法客觀之「性空」，而是指解脫者主

〔註 113〕其生平，見：《高僧傳》卷 4〈支遁傳〉，同注 8，頁 159-164。參見：王曉毅：〈支道林生平事蹟考〉，《中華佛學學報》第 8 期（1995 年 7 月），頁 243-271。

〔註 114〕《世說新語・文學》，同注 38，頁 220。

〔註 115〕古來記載對於僧肇所破「即色義」是否指支遁說法亦不一。陳・慧達《肇論疏》持肯定態度（《卍續藏經》第 150 冊，頁 429c-d）；唐・元康《肇論疏》亦同（《大正藏》卷 45，頁 171c）；但隋・吉藏《中觀論疏》則認爲支遁雖有「即色義」，但僧肇所破爲「關內即色義」（《大正藏》卷 42，頁 29a）。參見：廖明活：〈東晉佛教的「即色」義〉，《大陸雜誌》100：5（20005 年），頁 20-26。

〔註 116〕東晉・支遁：〈大小品對比要抄序〉，《出三藏記集》卷 8，同注 8，頁 298。

觀心境之無執境界；唯有在境界上到達「至無」之程度，方能發出此無限的妙用。可以看出，支遁對於般若思想的理解，雖然也有「即色義」所說「夫色之性也，不自有色。色不自有，雖色而空」的客觀分析面向，〔註117〕但亦注重主觀境界之思考進路，此與道安基本上相同。如前所見，郗超認爲「空者，忘懷之稱」、「有無由乎方寸，而無係於外物」，〔註118〕同樣也從主觀境界角度理解「空」思想，可能即是受到支遁的影響。將「般若」理解爲純粹主觀心靈之觀照境界，可能是初期般若思想的主流觀點。

在此序中，支遁接著發揮此主觀境界之義：

> 夫無也者，豈能無哉！無不能自無，理亦不能爲理。理不能爲理，則理非理矣；無不能自無，則無非無矣。是故妙階則非階，無生則非生。〔註119〕

「夫無也者，豈能無哉」、「無不能自無，則無非無矣」，應是就「無」之「畢竟空」、「不可得」而言。〔註120〕如前文所說，「無」是解脫者「至無空豁，廓然無物」的主觀境界。但此「無」之境界不只是空虛忘懷、不執於外物而已，「無」本身也是空無、不可得、不可執取的；若仍執取此「無」，便非眞正「至無空豁，廓然無物」的「至無」之境。換言之，眞正「無」之智慧境界，必定是連「無」也忘懷無得的。故支遁云「夫無也者，豈能無哉」：一說此「無」便不是眞「無」；又云「無不能自無，則無非無矣」：正如「色不自有，雖色而空」，「無」同樣亦虛空不可得，執著此「無」則非眞「無」之境界。前引文曾說「至無」是「登十住之妙階，趣無生之徑路」，此處支遁更發揮「無」不可得之義，表明「無」其實「妙階則非階，無生則非生」：若執著「無」眞爲妙階、逕路，便失去「至無空豁，廓然無物」的境界眞義。可以看出，支遁所說即是以「無」空「有」、此「空」亦「空」的畢竟空般若智慧。此與《般若經》所說「空，空不可得，是故無所得空」的思想相合，〔註121〕亦與道家「兼忘」境界似有相應之處。在此，支遁顯然還是從主觀境界角度來解釋「無」。下文續發揮此義：

> 若存無以求寂，希智以忘心，智不足以盡無，寂不足以冥神。何

〔註117〕東晉・支遁：〈妙觀章〉，《世說新語・文學》注引，同注38，頁223。
〔註118〕同注49，頁654。
〔註119〕同注116，頁298-299。
〔註120〕參見：羅因：同注100，頁313-314。
〔註121〕《放光般若經》卷19〈畢竟品〉，同注104，頁137b。

則？故有存於所存，有無於所無。存乎存者，非其存也；希乎無者，非其無也。何則？徒知無之爲無，莫知所以無；知存之爲存，莫知所以存。希無以忘無，故非無之所無；寄存以忘存，故非存之所存。〔註 122〕

此文是說：如果執意心存「無」以「求寂」，刻意希求「智」以「忘心」，是無法達到「無」之境界的。因爲如此便是心中存「無」而欲求所存之「無」，心中先有「無」而來欲求此「無」。但心中存「無」，便非原先所欲存之「無」境界；心中希求「無」，便非原本所欲求之「無」境界。這是因爲只知執取「無」，而不知所執之「無」本不可得；只知心中存「無」，而不知所存之「無」本來亦空。如果說先希求此「無」再來忘「無」，此亦非「無」原本無所得之義；若說先心存此「無」再來忘卻刻意「存」無的心態，也不是所欲存之「無」原本無存無得的境界。此處的表述雖然複雜，實則只在表示「無」不可得之義。那麼，要如何達到主觀上「無」的境界？下文續云：

莫若無其所以無，忘其所以存。忘其所以存，則無存於所存；遺其所以無，則忘無於所無。忘無故妙存，妙存故盡無，盡無則忘玄，忘玄故無心。然後二迹無寄，無有冥盡。〔註 123〕

支遁認爲，唯有「無其所以無，忘其所以存」，心中不存對「無」之執取存想，才是眞正「無」之境界。如此便能「無存於所存」，心中不存對所欲存之「無」的執取；又能「忘無於所無」，心中遺忘所欲希求之「無」之境。如此「忘無」才能「妙存」，才能眞正「盡無」，以至「盡無則忘玄，忘玄故無心。然後二迹無寄，無有冥盡」；此是眞正不著有、無的兼忘、無得境界，此才是眞正「般若」的智慧之境。可以看出，此處所言都是主觀心境上的兼忘無得之義。雖然支遁的表述方式較爲玄遠曲折，與道安所說的「兩忘玄漠，塊然無主」略有不同，但根本上二者重視「般若」兼忘無寄精神的大方向，是相同的。

如上所見，支遁在般若思想的理解上，強調主觀境界意義之兩忘無得，此顯然即是解脫者的「主體」境界。在〈大小品對比要抄序〉中，他亦明白表示此「主體」即是「神」。支遁主張「存神」，認爲心神「主體」不空，此義學者已多有論及；〔註 124〕以下舉例說明。如前引文詳述「二迹無寄，無有

〔註 122〕同注 116，頁 299。
〔註 123〕同注 116，頁 299。
〔註 124〕湯用彤：同注 1，頁 183-184；呂澂：同注 4，頁 56-57。相關討論，參見：

冥盡」之境界，下文緊接著說：

> 是以諸佛因般若之無始，明萬物之自然；眾生之喪道，溺精神乎欲淵。悟群俗以妙道，漸積損至無，設玄德以廣教，守谷神以存虛，齊眾首於玄同，還群靈乎本無。〔註125〕

此云「眾生之喪道，溺精神乎欲淵」，可知「精神」乃是眾生墮落迷惑於欲望深淵的「主體」。而諸佛設教「悟群俗以妙道」，便可使眾生皆「守谷神以存虛」而「還群靈乎本無」，可知「神」亦是解脫「主體」。以「谷神」形容解脫之主體境界，在道安作品中也有相同的用法。〔註126〕可見支遁使用「神」或「精神」概念以表示眾生輪迴與解脫之「主體」，與道安作法是類似的。又如：

> 夫至人也，攬通群妙，凝神玄冥，虛靈響應，感通無方。建同德以接化，設玄教以悟神，述往迹以搜滯，演成規以啓源。……故千變萬化，莫非理外，神何動哉！
>
> 且神以知來，夫知來者，莫非其神也。機動則神朗，神朗則逆鑒，明夫來往，常在鑒內。是故至人鑒將來之希纂，明才致之不並，簡教迹以崇順，擬群智之分向。
>
> 斯人也，將神王於冥津，群形於萬物，量不可測矣。宜求之於筌表，寄之於玄外。〔註127〕

此數語皆是對解脫者或「至人」的形容，支遁用「凝神玄冥」、「神何動哉」、「神朗則逆鑒」、「神王於冥津」等語來形容「至人」所達到的至高精神境界。既云是「神」能了悟「玄冥」之境，是「神」在感通無方中卓然不動，是「神」能逆鑒知來，亦是此「神」能夠「王於冥津」，可知「神」就是「至人」處在解脫境界的「主體」。值得注意的是，支遁的用語往往援引中國傳統典故，如：「凝神玄冥」一語，「凝神」一詞變化自《莊子》「其神凝，使物不疵癘而年穀熟」之文，〔註128〕而「玄冥」二字更是郭象（252-312）玄學的核心概念。

周大興：〈即色與遊玄：支遁佛教玄學的詮釋〉，氏著：《自然・名教・因果：東晉玄學論集》：（臺北，中央研究院中國文哲研究所，2004年），頁252-259；蔡振豐：〈支道林莊子逍遙義新詮及其般若學〉，《中央大學人文學報》第24期（2001年12月），頁207。

〔註125〕同注116，頁299。

〔註126〕前秦・道安：〈道地經序〉：「髦彥六雙，率由斯路，歸精谷神，於乎羡矣。」同注79，頁367。

〔註127〕同注116，頁299-300、301、302。

〔註128〕《莊子・逍遙遊》，同注61，頁28。

〔註 129〕再如「神以知來」是《易・繫辭》之語；〔註 130〕而「神王於冥津」則運用了《莊子》「神雖王，不善也」之典故。〔註 131〕如前章所言，在早期譯經中「神」與「心」意涵相通，本不乏作爲眾生「主體」的用法；但「神」與「心」意涵之相通，本是漢語古來即有的現象。支遁用「神」來指「至人」之解脫「主體」，可能受早期譯經影響，但從其用典現象來看，此「神」概念的運用恐怕主要仍是傳統思想影響之產物。

而「神」不只是解脫者之主體。由前文所云「眾生之喪道，溺精神乎欲淵」，已知「神」是輪迴主體；又云「至人」「建同德以接化，設玄教以悟神」，可知眾生之「神」亦爲可悟之「主體」。支遁又云：

> 不同之功，由之萬品，神悟遲速，莫不緣分。分闇則功重，言積而後悟；質明則神朗，觸理則玄暢。
>
> 而彼揩文之徒，羇見束教，頂著《阿含》。神匱分淺，才不經宗，儒墨大道，域定聖人，志局文句，詰教難權。
>
> 且於希詠之徒，浪神遊宗，陶冶玄妙，推尋源流，關虛考實，不亦夷易乎！〔註 132〕

既云「神悟」、「浪神遊宗」，則眾生之「神」爲能修行覺悟之「主體」，至爲明顯。應注意的是，支遁云「神悟遲速，莫不緣分」，又說「分闇則功重」、「質明則神朗」，可知眾生之「神」的領悟能力實與其各自之「分」有關：「分闇」者難以明理，需要「言積而後悟」；「質明」者「神朗」，故可「觸理則玄暢」。然則眾生「分」或「質」的明闇，其實即是「神」的明闇。引文又說「神匱分淺」，認爲眾生之「神」的匱乏即是「分」的短淺，可知二者確實相關。這樣看來，支遁其實認爲眾生之「神」有高下之別，一如群生之「分」各有殊異不同。從殊別、差異的角度來理解作爲眾生「主體」之「神」，這樣的觀點，應與魏晉時期「才性論」的思想有關。

我們知道，魏晉「才性論」的思路取向，是從人的「材質」一面來看人

〔註 129〕西晉・郭象：〈莊子序〉：「然莊生雖未體之，言則至矣。……是以神器獨化於玄冥之境而源流深長也。」同注 61，前言。

〔註 130〕《易・繫辭上》：「神以知來，知以藏往。」唐・李鼎祚著，清・李道平纂疏：《周易集解纂疏》（北京，中華書局，1998 年），頁 598。參見：中嶋隆藏：同注 77，頁 111-124。

〔註 131〕《莊子・養生主》，同注 61，頁 126。

〔註 132〕同注 116，頁 300、300、302。

性。此種人性論取向，牟宗三稱之爲「順氣而言」的人性論，以與「逆氣而言」者相對。正如他所指出的：此種「才性論」所要說明的「是人之差別性或特殊性」，此與儒家就普遍性的角度論人之道德性，正好相反。〔註 133〕在此思潮之下，魏晉時期盛行的人物品鑑注重「見貌徵神」原則，所要鑑識分別的即是人物各自不同的「差別性或特殊性」之「神」；如劉卲《人物志》即云：

> 夫色見於貌，所謂徵神。……故曰：物生有形，形有神精；能知精神，則窮理盡性。性之所盡，九質之徵也。（〈九徵〉）〔註 134〕

劉卲認爲品論人物必須要能知其「精神」，才算是窮理盡性。但「徵神」所見之「神」，並不是人的普遍性，而是被分爲「九質之徵」的各種「差別性或特殊性」，目的在於藉此鑑別其不同的品級才能。稍後人物鑑識的意趣雖然逐漸向純粹審美方面發展，但此思路並未改變。試看《世說新語》所云：

> 王戎云：「太尉神姿高徹，如瑤林瓊樹，自然是風塵外物。」（〈賞譽〉16）
>
> 王平子目太尉：「阿兄形似道，而神鋒太俊。」太尉答曰：「誠不如卿落落穆穆。」（〈賞譽〉27）
>
> 庾公目中郎：「神氣融散，差如得上。」（〈賞譽〉42）
>
> 時人欲題目高坐而未能。桓廷尉以問周侯，周侯曰：「可謂卓朗。」桓公曰：「精神淵箸。」（〈賞譽〉48）
>
> 王右軍道謝萬石「在林澤中，爲自遒上」。歎林公「器朗神儁」。道祖士少「風領毛骨，恐沒世不復見如此人」。道劉眞長「標雲柯而不扶疏」。（〈賞譽〉88）
>
> 桓宣武表云：「謝尚神懷挺率，少致民譽。」（〈賞譽〉103）
>
> 劉丹陽、王長史在瓦官寺集，桓護軍亦在坐，共商略西朝及江左人物。或問：「杜弘治何如衛虎？」桓答曰：「弘治膚清，衛虎奕奕神令。」王、劉善其言。（〈品瀑〉42）〔註 135〕

〔註 133〕見：牟宗三：《才性與玄理》（臺北，臺灣學生書局，1997 年），頁 46-51。

〔註 134〕曹魏・劉卲著，李崇智校箋：《人物志校箋・九徵》（成都，巴蜀書社，2001 年），頁 28-33。

〔註 135〕《世説新語》，同注 38，頁 428、435、445、448-449、470、477、524。

所謂「神姿高徹」、「神鋒太俊」、「神氣融散」、「精神淵箸」、「器朗神儁」、「神懷挺率」、「奕奕神令」云云，都是對名士們各自殊異的精神樣態之形容語。當然，他們各自的「神」都是差別殊異的；人物品評的要點，便在於掌握品評對象殊異之「神」的特質。由此看來，支遁說眾生「神悟遲速，莫不緣分」，認爲眾生之「神」有高下不同，很可能即受到魏晉「才性論」思潮的影響。如前所言，支遁本是融入名士階層之名僧，自對人物品評、才性思想瞭若指掌。進一步看，支遁所言「神悟遲速，莫不緣分」，也與郭象玄學對於「性分」概念的注重類似。如郭象云：

性各有分，故知者守知以待終，而愚者抱愚以至死，豈有能中易其性者也！〔註 136〕

只不過，郭象之說立基於「聖人不可學亦不可至」此一魏晉人普遍抱持的主張。〔註 137〕支遁身爲佛教徒，雖然接受眾生「神」、「分」皆有差別的看法，但應該是認爲「祛練神明，則聖人可致」的。〔註 138〕本文後章還將論及此一問題。支遁偏就差異性、殊別性角度來理解眾生「主體」之「神」，在稍後的僧肇與涅槃師們的身上都還能看到相同主張，可知此一問題的重大意義。可以看出，初期中國佛學家們思考「主體」問題時，多少仍受到本土才性論思潮的影響。

支遁以「神」指稱眾生輪迴與解脫「主體」的用例，在其他作品中亦可見。如云「夫標極有宗，則仰之者至；理契神冥，則沐浴彌深」；〔註 139〕又如云「命終靈逝，化往之彼，見佛神悟，即得道矣」、「空有交映迹，冥知無照功，神期發筌悟，豁爾自靈通」、「何以虛靜間，恬智翳神穎？……不眴冥玄和，栖神不二境」；〔註 140〕皆可爲前文所論之證。但是若觀察支遁討論《莊子》思想的作品，則可發現「心」亦被說爲具有「主體」之意涵，如其〈逍遙論〉云：

夫逍遙者，明至人之心也。莊生建言人道，而寄指鵬、鷃。鵬以營生之路曠，故失適於體外；鷃以在近而笑遠，有矜伐於心內。至人乘天正而高興，遊無窮於放浪；物物而不物於物，則遙然不我得，玄

〔註 136〕同注 61，頁 59。

〔註 137〕見：湯用彤：〈謝靈運辨宗論書後〉，氏著：《魏晉玄學論稿》（上海，上海古籍出版社，2001 年），頁 104-106。

〔註 138〕《世說新語・文學》：「佛經以爲祛練神明，則聖人可致。」同注 38，頁 229。

〔註 139〕東晉・支遁：〈與桓太尉論州符求沙門名籍書〉，《弘明集》卷 12，同注 3，頁 628。

〔註 140〕東晉・支遁：〈阿彌陀佛像讚〉、〈善思菩薩讚〉、〈不眴菩薩讚〉，見：唐・道宣：《廣弘明集》（臺北，新文豐出版公司影印四部叢刊本，1986 年）卷 15，頁 205、206、206。

感不爲，不疾而速，則逍然靡不適。此所以爲逍遙也。若夫有欲當其所足；足於所足，快然有似天眞。猶饑者一飽，渴者一盈，豈忘烝嘗於糗糧，絕觴爵於醪醴哉？苟非至足，豈所以逍遙乎？〔註 141〕

關於支遁「逍遙義」之思想內容，本文不能涉及。但此云「夫逍遙者，明至人之心也」，則是以「逍遙」爲道家「至人」之境界，以「心」爲得此至人境界之「主體」。如前所見，在〈大小品對比要抄序〉中「至人」則被用作佛教解脫者之稱號，而云「夫至人也，攬通群妙，凝神玄冥，虛靈響應，感通無方」，以「神」爲解脫「主體」。假若支遁在佛、玄二學方面的思想理路可以相通，假若二者所說「至人」境界對支遁而言是同一不二的，那麼便可以說支遁所說之「心」即是「神」，皆是解脫者的境界「主體」。

綜上所述，可知支遁對於般若學的理解亦著重於主體境界義之發揮，此與道安一致；而他以「神」作爲眾生輪迴迷惑與修行解脫之「主體」，此亦與道安以及其他早期佛教學者的觀點相合。可以看出，以「心」、「神」爲「主體」，以其染淨說明眾生之流轉還滅，確實是中國佛教早期便已確立的主流觀點。而在支遁身上，更可發現其「主體」思想受中國傳統學說、特別是魏晉「才性論」影響的痕跡，此亦值得注意。

三、心無義及其他

「心無義」的倡導者，諸書記載不同。據陳寅恪之考證，可確知此說創自支愍度，而傳之於竺法蘊、道恆。〔註 142〕「心無義」在僧肇〈不眞空論〉所破三家之中，與本無、即色並列，可知在當時確有相當的影響力。

據《世說新語・假譎》注所引，支愍度所創「心無義」之內容大致是：

舊義者曰：「種智有是（是有），而能圓照。然則萬累斯盡，謂之空無；常住不變，謂之妙有。」而無義者曰：「種智之體，豁如太虛，虛而能知，無而能應。居宗至極，其唯無乎？」〔註 143〕

「種智」即「一切種智」（sarvathā-jñāna），是指佛所得之全然智慧。觀此注文所說，可知當時流行的「舊義」認爲佛所得之「種智是有，而能圓照」；換言

〔註 141〕東晉・支遁：〈逍遙論〉，《世說新語・文學》注引，同注 38，頁 220-221。

〔註 142〕陳寅恪：〈支愍度學說考〉，氏著：《金明館叢稿初編》（北京，三聯書店，2001年），頁 173-181。

〔註 143〕《世說新語・假譎》注引，同注 38，頁 859。

之，解脫智慧之體是實有的，因智慧實有故可有圓照之功能。下文云「萬累斯盡，謂之空無」：就此實有之「種智」其體無惑累而言，可說是「空無」；但是「常住不變，謂之妙有」：就「種智」之體實有且「常住不變」而言，則應說是「妙有」。如此看來，「舊義」其實主張佛所得之智慧有一實存不空的解脫「主體」，此「主體」在客觀意義上是「常住不變」的「妙有」，只有在「萬累斯盡」的主觀境界意義上可說是「空無」。如此，則「種智」之「主體」甚至還是常住不變的「實體」。如前所見，道安、支遁等人都以「心」、「神」爲眾生輪迴解脫之「主體」，雖然他們未必強調其「實體」義，但大致上所謂「舊義」的內容是與之相近的。如僧叡所言，這可說是早期學者不明「識神性空」之理時的一般觀點。〔註 144〕

而支愍度所創的「無義」，則主張「種智之體，豁如太虛」，此與「舊義」所說「種智是有」看似正相反。「無義」認爲：正因爲解脫種智「主體」「豁如太虛」，因此才能「虛而能知，無而能應」，故可知種智之體是「無」。這樣看來，支愍度似乎反對解脫主體「實有」的觀點，而主張主體是「空」。但仔細察究，便可發現支愍度所立「無義」並不是眞的主張主體「空」。所謂「種智之體，豁如太虛，虛而能知，無而能應」云云，其實並未否定「種智之體」的實在性，只是認爲此「種智」之「體」是猶如「太虛」般空洞無物的。試看《老子》以及王弼注所言：

> 天地之間，其猶橐籥乎？虛而不屈，動而愈出。（注）……橐籥之中空洞，無情無爲，故虛而不得窮屈，動而不可竭盡也。天地之中，蕩然任自然，故不可得而窮，猶若橐籥也。
>
> 谷神不死，是謂玄牝。玄牝之門，是謂天地根。綿綿若存，用之不勤。（注）谷神，谷中央〔無〕者也。無形無影，無逆無違，處卑不動，守靜不衰，〔物〕以之成而不見其形，此至物也。……欲言存邪，則不見其形；欲言亡邪，萬物以之生，故綿綿若存也。無物不成，而不勞也，故曰用而不勤也。〔註 145〕

《老子》以「橐籥」、「谷神」比喻「道」，是取其空虛無物、無形無名，卻又作用無窮之喻意。王弼所注，即善得此意。而《老子》或王弼所說之「無」，顯然

〔註 144〕同注 37。

〔註 145〕曹魏・王弼：《老子注》〈第 5 章〉、〈第 6 章〉，王弼著，樓宇烈校釋：《王弼集校釋》（臺北，華正書局，1992 年），頁 14、16-17。

不是一無所有的「空無」或「不存在」；只是取「無」之「無形無影」、「不見其形」，以及「空洞，無情無爲」之意，來形容形上的超越道體。〔註 146〕換言之，「道」是超越的實存之體，只不過其體性是「無」；猶如「橐籥」、「谷神」之內在雖空虛無物，但非沒有「橐籥」、「谷神」存在。對照支愍度「無義」所立「種智之體，豁如太虛，虛而能知，無而能應」之說，可以發現它與《老子》所言「虛而不屈，動而愈出」以及王弼所言「橐籥之中空洞，無情無爲，故虛而不得窮屈，動而不可竭盡也」在形式上或意涵上都極爲類似。然則，支愍度之意亦不是主張種智之「主體」不存在或「性空」；相反地，種智是實有的「主體」，只是其體性猶如太虛橐籥一般空虛而已。而正是因爲種智之體空虛，故「虛而能知，無而能應」。這樣看來，「新義」與「舊義」只在對「種智」「主體」之體性問題上有歧見，至於「主體」的實存不空，則爲二者所共許。

至於竺法蘊所持之「心無義」之內容，諸家記載如下：

> 竺法溫法師心無論云：夫有，有形者也；無，無像者也。有像不可言無，無形不可言有。而經秤（稱）色無者，但內正其心，不空外色；但內停其心，令不想外色，即色想廢矣。
>
> 《二諦搜玄論》云：晉竺法溫爲釋法琛之弟子也。其製〈心無論〉云：夫有，有形也；無，無像者也。然則有象不可謂無，無形不可謂無（有）。是故有爲實有，色爲眞色。經所謂色爲空者，但內止其心，不滯外色。外色不存，餘情之內，非無如何！豈謂廓然無形，而爲無色乎！〔註 147〕

此說大致可分爲二部分：(1) 竺法蘊認爲，所謂「有」是指「有形」，「無」是指「無像」。根據此定義，外在世界的「色」法既然是有形有象的，因此即是「有」；「有爲實有，色爲眞色」，不可說是「無」。此即「不空外色」的主張。(2) 順此，佛法所謂「色空」，並非指色爲「無」，而只是說「內正其心，不空外色」、「內停其心，令不想外色」、「內止其心，不滯外色」，如此則「色想廢矣」。換言之，「色空」並不是說色在客觀上是「空」，只是修行者在主觀境界上「色想廢矣」的境界而已。此說與般若學諸法性空之義不相應，是顯

〔註 146〕參見：林師麗眞：《王弼老、易、論語三注分析》（臺北，東大圖書公司，1988 年），頁 26-27。

〔註 147〕陳・慧達：《肇論疏》，《卍續藏經》第 150 冊，頁 429c；日本・安澄：《中論疏記》，《大正藏》卷 65，頁 94b。「無」當是「有」字之誤。

而易見的。故僧肇批評「心無者，無心於萬物，萬物未嘗無。此得在於神靜，失在於物虛」，〔註 148〕即指出「心無義」只注重主體境界之無執，卻不明白諸法皆空之客觀眞理。

關於竺法蘊「心無義」之說，學者一般同意屬於「空心不空色」或否定精神現象的主張。〔註 149〕但其實不難看出心無義所說「無心」只是「神靜」的主觀境界而已，並非眞指「心」之體在客觀上性空或不存在。主張「有爲實有，色爲眞色」、「萬物未嘗無」固不合般若學諸法皆空的思想，但以「色想廢矣」、「無心於萬物」之主觀境界說「心」空，同樣未得心體「性空」之眞旨。正如元康、吉藏之解說：

心無者，無心於萬物，萬物未嘗無。此釋意云：經中說諸法空者，欲令心體虛妄不執，故言無耳。不空外物，即萬物之境不空。

無心萬物，萬物未嘗無。謂經中言空者，但於物上不起執心，故言其空。然物是有，不曾無也。〔註 150〕

然則所謂「心無」其實也只是「心體虛妄不執」、「於物上不起執心」的主觀境界而已，並不是說「心」之本身「性空」。相反地，「心無義」既然肯定「心體」無執的主觀境界，其實還預設了「心」作爲無執「主體」的存在。此點學者已有論及：如呂澂所言，「心無義」只是把般若智慧與玄學混同，運用了玄學「至人之心」的說法而已；〔註 151〕而玄學思想的傳統是肯定主體「心」之存在的。羅因亦指出，「心無義」並不認爲「心」是無體的，這樣的思維模式仍未脫離玄學認識論型態的有無觀。〔註 152〕蔡纓勳也指出，「無心」是一種主觀之修證工夫，其思想內蘊必然涵存有一能觀之主體。〔註 153〕因此，「空心不空色」實非「心無義」思想之實情，心無義其實是主張心境二俱不空的。就此來看，無論支愍度或竺法蘊之「心無義」，其實都肯定「心」或「種智」作爲解脫「主體」的實存。

〔註 148〕同注 64，頁 152a。

〔註 149〕湯用彤：同注 1，頁 187。任繼愈：同注 52，頁 235-236。

〔註 150〕隋・吉藏：《中觀論疏》，《大正藏》卷 42，頁 29a；唐・元康：《肇論疏》，同注 65，頁 171c。

〔註 151〕呂澂：同注 4，頁 52。

〔註 152〕羅因：同注 100，頁 326。

〔註 153〕蔡纓勳：〈評述東晉般若學心無義的思想〉，《中國佛教》32：1（1988 年 1 月），頁 28。

而「心無義」肯定「主體」實有的觀點，實其來有自。前章已提及，根據陳寅恪考證，心無義「心無」之語即出自《道行經》之「有心無心」；〔註 154〕梵文原是 cittam（心）acittam（無心），故知「無心」成一名詞而「心無」不成詞，心無義者殆失其正讀，故以爲「有『心無』心」。〔註 155〕此是心無義主張「心」之體實有之源由。前章已經指出，初期譯出的幾種《般若經》譯本此處的表達方式均有使讀者誤以爲實有此「心」的可能。而前文也已指出，支謙一系的般若學傳承，便將「心」理解爲道家式的「實體」意義之超越存在，而「有心無心」更被解釋爲此「心」「無生死想」、「無雜念」的「主體」境界。可知將「心」視爲實有之境界「主體」之主張，實源遠流長。雖然不能證明「心無義」之說與支謙一系在思想傳承上的關係，但當時的般若學者無不藉助譯本以進行研究，就此看來，「心無義」的成立受其影響是可能的。

由上所述，可見「心無義」與道安「本無義」、支遁「即色義」，同樣都肯定眾生實有「主體」。就現存資料來看，「六家七宗」中除「本無異義」、「緣會義」未見明顯的主體思想外，其餘「識含義」、「幻化義」二家亦有肯定「主體」之主張。「識含義」思想之內容，據記載所言：

> 于法開立識含義：三界爲長夜之宅，心識爲大夢之主。今之所見群有，皆於夢中所見；其於大夢既覺，長夜獲曉，即倒惑識滅，三界都空。是時無所從生，而靡所不生。
>
> 《山門玄義》第五云：第四、于法開著《惑識二諦論》云：三界爲長夜之宅，心識爲大夢之主。若覺三界本空，惑識斯盡，位登十地。今謂以惑所睹爲俗，覺時都空爲眞。〔註 156〕

據此，則「識含義」認爲眾生所處之欲界、色界、無色界場域，其實都是長夜大夢之宅，而「心識」即此「大夢之主」；此即「識含」一名所立之原因。三界「群有」都只是「心識」於「夢中所見」的幻境，當此「心識」覺醒之時「大夢既覺」，則「倒惑識滅」而見「三界都空」。可以看出，此說很明顯地以「心識」爲眾生迷惑流轉與解脫覺悟之「主體」：當眾生迷惑之時，「心識」上生起三界群有之幻夢，此時所見俱非眞實；解脫之時，「心識」上之大夢消失，此則便見三界本空之眞相。然則「心識」是否沉迷於「大夢」即是

〔註 154〕東漢・支婁迦讖譯：《道行般若經》卷 1〈道行品〉，《大正藏》卷 8，頁 425c。
〔註 155〕陳寅恪：同注 142，頁 164-166。
〔註 156〕吉藏：同注 150，頁 29b；安澄：同注 147，頁 94c。

流轉還滅之別所在，而「心識」即是可在夢中流轉，亦可覺醒而解脫之「主體」。此一觀點，同樣將眾生染淨變化俱歸之一「心」。不但如此，既然說三界群有皆爲「心識」所起之「大夢」，則「心識」似乎還是一切存在之根源，此說顯然亦具有強烈的「唯心主義」色彩。

至於「幻化義」的觀點則是：

壹法師云：世諦之法皆如幻化，是故經云：從本已來，未始有也。

《玄義》云：第一、釋道壹著《神二諦論》云：一切諸法，皆同幻化。同幻化故，名爲世諦；心神猶眞不空，是第一義。若神復空，教何所施？誰修道隔凡成聖？故知神不空。〔註 157〕

主張「世諦之法皆如幻化」，是「幻化義」立名之原因。根據安澄的敘述，則此說在主張世間「一切諸法，皆同幻化」之外，還認爲「心神猶眞不空，是第一義」。也就是說，雖然一切諸法皆如幻化，但「心神」卻是「眞」而「不空」的。理由是：「若神復空，教何所施？誰修道隔凡成聖？故知神不空」。由此看來，「幻化義」之所以主張「神」或「心神」不空，正是爲了說明眾生修道解脫之「主體」；若眾生無此實存之「神」爲「主體」，則是誰在修道解脫、隔凡成聖？可知「幻化義」思想中「神」、「心神」概念的安立正具有作爲眾生「主體」之意義。

綜上所述，可知不論「心無義」之「心無」，「識含義」之「心識」，還是「幻化義」之「神」、「心神」，都是指眾生流轉與還滅的「主體」而言。肯定眾生「主體」之實在，將染淨縛解歸之於「主體」之作用，此與道安、支遁的觀點基本上是一致的，連使用「心」、「神」概念指稱主體的語詞用法亦相似。由此益可看出「主體」思想的預設或建立，特別是以「心」、「神」爲「主體」之想法，在初期中國佛教思想發展中乃是主流觀點。

結　語

在本章的分析中，我們考察了〈牟子理惑論〉、康僧會、支謙、謝敷、郗超等漢、晉時期佛教學者的「主體」思想，並且觀察了兩晉般若學者道安、支遁以及心無義等諸家般若理論中的「主體」觀念。可以發現，雖然他們的思想取向各有不同，但其「主體」理論卻有著相當一致的特色：他們都肯定

〔註 157〕吉藏：同注 150，頁 29b；安澄：同注 147，頁 95a。

眾生「主體」之存在，認爲輪迴與解脫之過程都是「主體」染淨變化所造成，認爲是「主體」迷惑而輪迴，亦是「主體」覺悟而解脫。而「心」、「意」、「神」這些意涵可以互通的概念，便被他們用以指稱決定眾生流轉還滅、並在此過程中作業受報的「主體」。根本上，將染淨、生死解脫均歸之於一「心」，可說是早期學者的普遍思想傾向。

在他們對「主體」問題的思索中，可以清楚看到早期譯經所帶來的影響：如「心」、「意」、「神」概念，在譯經中原本即有指稱「主體」的用法。但其中亦有中國傳統思想的成分：學者們普遍未能掌握眾生「主體」的緣起性空之義，甚至以「實體」模式來解釋心、神概念，即應出自傳統主體觀點的影響。

這些早期佛教學者所發展出來的「主體」理論模式，即是後來中國佛教眞常思想發展之先聲。而他們對「主體」的理解與思考，更影響了「神不滅」思想的發展方向。他們雖然未曾系統地建立「神不滅」理論，但他們的主張實與所謂「神不滅論」一脈相承，無疑是「神不滅」思想的眞正先驅。

第四章　慧遠、宗炳的主體思想
——神不滅理論的形成

梁・僧祐（444-581）《弘明集》中所收「神滅神不滅」論爭的資料大致可分爲二部分：（1）卷 2 至卷 5，此處所集文獻大致是東晉至劉宋之際論爭雙方的作品。（2）卷 9 及卷 10，此處所收則是齊、梁之際范縝〈神滅論〉所引發之論爭的相關資料。這二部分資料的區別，正好與晉宋之際初期神不滅思想以及齊梁時後期神不滅思想的分別相應。後期「神不滅」思想的發展與「佛性」理論之間關係甚深，筆者將在後章再論及此一問題。此章將先討論初期「神不滅」思想中「主體」觀念的特質。

晉宋之際形神論爭的相關人物及主要作品，就《弘明集》所見有：（1）羅含〈更生論〉及其與孫盛之間的論難，見卷 5。（2）慧遠（334-416）的〈沙門不敬王者論〉等作品，見卷 5。（3）鄭鮮之（363-427）的〈神不滅論〉，見卷 5。（4）何承天（370-447）與宗炳（375-443）之間針對慧琳〈白黑論〉的來往辯論，見卷 3；宗炳另又作〈明佛論〉，收卷 2。（5）何承天〈達性論〉及其與顏延之（384-456）之間的論辯，見卷 4。〔註 1〕其中，慧遠與鄭鮮之的作品嚴格說來並非針對特定對象的論爭之作，僅是自設問答以抒發神不滅之旨而已。

在以上屬於「神不滅」陣營的作品中，羅含〈更生論〉以向、郭玄學爲立論基礎，是否與佛教輪迴思想有關尚有爭議。〔註 2〕而鄭鮮之的〈神不滅

〔註 1〕見：梁・僧祐：《弘明集》（臺北，新文豐出版公司影印金陵刻經處本，1986年）卷 2-5，頁 69-258。

〔註 2〕許理和（Erich Zurcher）著，李四龍、裴勇等譯：《佛教征服中國》（南京，江

論〉，以及顏延之問難何承天的書信，在內容上只著力於神之「不滅」的論證或辯護，至於「神」作爲眾生「主體」之義則鮮有涉及。唯有慧遠的〈沙門不敬王者論〉等論文，對於「心」、「神」作爲眾生「主體」之性質與作用有詳細的論述，而宗炳〈明佛論〉在此基礎之上更有所發揮。〔註3〕因此，慧遠、宗炳之說無疑是初期「神不滅」思想的理論代表，其成就標示了「神不滅」思想作爲一「主體」理論的正式成立。本章擬對此進行分析，以見初期「神不滅」理論中「主體」思想的特質。傳統「神不滅」的研究方式注重的是「神爲何不滅」之論證解析；本文的焦點在於「主體」思想，故將著重在「主體是什麼」、「輪迴的原因與過程」、「解脫的原因與過程」等問題的分析。

第一節　慧遠之主體理論

慧遠（334-416），爲道安弟子，東晉時期著名的佛教領袖。〔註4〕他居廬山三十餘年「影不出山，跡不入俗」，卻因非凡的德望而使一時名流無不崇敬，而有巨大的影響力，對於佛教的流布發展貢獻至鉅。慧遠在佛學思想方面的成就亦是多方面的，學者對此亦有豐富的研究成果。〔註5〕本文只就其「神不滅」思想理論部分進行探究，其餘問題則不涉及。

一、神不滅思想與主體理論

慧遠論述「神不滅」思想的代表作品乃是〈沙門不敬王者論〉。此文分爲

蘇人民出版社，2003年），頁155；竹内肇：〈羅含の「更生論」について〉，《宗教研究》54：3=246（1983年2月），頁253-254。

〔註3〕初期形神論爭的細節，參見：鄭基良：《魏晉南北朝形盡神滅或形盡神不滅的思想論證》（臺北，文史哲出版社，2002年），頁117-365。劉立夫：《弘道與明教：《弘明集》研究》（北京，中國社會科學出版社，2004年），103-125。

〔註4〕其生平，參見：梁・慧皎著，湯用彤校注：《高僧傳》（北京，中華書局，1997年）卷6〈慧遠傳〉，頁211-222；梁・僧祐著，蘇晉仁、蘇錬子點校：《出三藏記集》（北京，中華書局，1995年）卷15〈慧遠傳〉，頁566-570。

〔註5〕參見：木村英一編：《慧遠研究——研究篇》（東京，創文社，1962年）；方立天：〈慧遠評傳〉，氏著：《魏晉南北朝佛教論叢》（北京，中華書局，2002年），頁51-91；區結成：《慧遠》（臺北，東大圖書公司，1987年）；劉貴傑：《廬山慧遠大師思想析論——初期中國佛教思想之轉折》（新店，圓明出版社，1996年）；盧桂珍：《慧遠、僧肇聖人學研究》（臺北，國立臺灣大學出版委員會，2002年）；曹虹：《慧遠評傳》（南京，南京大學出版社，2002年）。

五個部分：〈在家一〉、〈出家二〉、〈求宗不順化三〉、〈體極不兼應四〉、〈形盡神不滅五〉。由文前序言可知，此論本爲因應桓玄〈與八座論沙門敬事書〉所引發的沙門禮敬爭論而作；〔註 6〕故此文論及「形盡神不滅」問題本只在爲出家僧人「求宗不順化」之合理性建立基礎，並非是討論「神不滅」問題的專文。但慧遠以佛教界思想領袖的身份對於「神不滅」問題表達意見，卻可反映出當時佛教義學界對於眾生「主體」問題的主流意見；如前所述，此更是初期「神不滅」思想的理論代表，故值得重視。

慧與在〈沙門不敬王者論・形盡神不滅五〉中，首先反對設問所言「神雖妙物，故是陰陽之所化耳」、「神形俱化，原無異統，精麤一氣，始終同宅」的「神滅論」觀點，而指出：

> 夫神者何耶？精極而爲靈者也。精極則非卦象之所圖，故聖人以妙物而爲言。雖有上智，猶不能定其體狀，窮其幽致。而談者以常識生疑，多同自亂，其爲誣也，亦已深矣。將欲言之，是乃言夫不可言。今於不可言之中，復相與而依俙。
>
> 神也者，圓應無生，妙盡無名；感物而動，假數而行。感物而非物，物化而不滅；假數而非數，故數盡而不窮。〔註 7〕

慧遠借用《易・說卦》「神也者，妙萬物而爲言者也」的說法，〔註 8〕將「神」規定爲超越於世間萬物之上的形上存在。「神」既是「精極而爲靈者」，而卦象只能描述形而下的萬物，故此「精極而爲靈」之「神」則非「卦象之所圖」。似此，「神」與「形」之間既有形上、形下之別，自然不可能「神形俱化」。進一步看，「神」雖是超越存在，但並非與形下世界隔絕；慧遠指出「神也者，圓應無生，妙盡無名」：「妙盡無名」是對「神」無名無形之形上特質的描述，「圓應無生」則是指「神」雖「無生」、無所謂生滅變化，但卻有「圓應」一切形下變化的功能。此意即下文所說「感物而動，假數而行」：「神」能夠受

〔註 6〕東晉：桓玄：〈與八座論沙門敬事書〉，《弘明集》卷 12，同注 1，頁 590-591。此事發生在 402 年，慧遠〈沙門不敬王者論〉之著作則在 403 年。竺沙雅章：〈廬山慧遠年譜〉，木村英一：同注 5，頁 542。

〔註 7〕東晉・慧遠：〈沙門不敬王者論・形盡神不滅五〉，《弘明集》卷 5，同注 1，頁 232-234。

〔註 8〕唐・李鼎祚著，清・李道平纂疏：《周易集解纂疏》（北京，中華書局，1998 年），頁 698。參見：木村英一編：《慧遠研究——遺文篇》（東京，創文社，1960 年），頁 393-394。

形下之「物」所感而動，其活動則是假借形下之「數」而行。〔註 9〕雖然如此，但「神」畢竟「感物而非物」、「假數而非數」，故形下之物數雖有窮盡，但此形上之「神」終究不滅不窮。可以看出，形上、形下的區別，正是此一論述的核心；而且如學者所言，慧遠以「神」爲本，以「形」爲末，認爲「神」體無而用有，寓於形而不隨形化滅，此一思維頗似王弼（226-249）的「崇本息末」模式。〔註 10〕事實上，慧遠雖然主張「神」、「形」二元，但在說明二者關係時確實已經運用了「體用」範疇。慧遠以此作爲論證「神不滅」的根據，無疑在理論層次與論證技巧方面都是十分高超的。

更重要的是，慧遠不只對「神」的不滅提出論據，也對「神」作爲眾生「主體」的意涵與作用有所說明。下文續云：

> 有情則可以物感，有識則可以數求。數有精麤，故其性各異；智有明闇，故其照不同。推此而論，則知化以情感，神以化傳。情爲化之母，神爲情之根。情有會物之道，神有冥移之功。但悟徹者反本，惑理者逐物耳。〔註 11〕

「神」具有「情」、「識」之作用，因爲「有情」故可以「物感」而動，因爲「有識」故可以視爲「數」來了解之。既云「有識則可以數求」，則此「識」、「數」之意涵應相通，推測「數」可能是指「心數」之意。參考慧遠〈阿毗曇心序〉所說「心法之生，必俱遊而同感。俱遊必同於感，則照數會之相因」，〔註 12〕以及〈廬山出修行方便禪經統序〉所云「心無常軌，其變多方；數無定像，待感而應」，〔註 13〕皆可以爲佐證。慧遠又云「數有精麤，故其性各異；智有明闇，故其照不同」，可知他認爲眾生智力與性格上之差異即由「情」、「識」的不同所造成。如前章所說，支遁（314-366）直接將眾生「分」的差異理解爲「神」的差異；比較而言，慧遠則將殊別性建立在形下的「情」、「識」作

〔註 9〕對於「數」的解釋不一。或認爲「數」解爲「氣」於義爲長，如：中國社會科學院哲學研究所中國哲學史研究室編：《中國哲學史資料選輯——魏晉隋唐之部中》（北京，中華書局，1990 年），頁 553。或認爲「數」即是下文所說之「識」，如木村英一：同注 8，頁 396。筆者認爲後者所說爲是，下詳。

〔註 10〕戴璉璋：〈玄學與形神思想〉，氏著：《玄智、玄理與文化發展》（臺北，中央研究院中國文哲研究所，2002 年），頁 225-233。

〔註 11〕同注 7，頁 234。

〔註 12〕東晉・慧遠：〈阿毗曇心序〉，《出三藏記集》卷 10，同注 4，頁 378。

〔註 13〕東晉・慧遠：〈廬山出修行方便禪經統序〉，《出三藏記集》卷 9，同注 4，頁 343。

用之上，並不認爲形上之「神」本身有所不同，此與支遁觀點有異，但二者皆注意說明眾生之「殊異性」，此則相同。

而眾生之「神」之所以各自有其不同的輪迴受生，即因各自殊異之「情」之故。慧遠指出「情爲化之母，神爲情之根」，「神」是「情」的根源，而「情」則是造成眾生輪迴遷化的根本原因。「化以情感，神以化傳」，「神」生死遷化中流轉不止，但生死遷化的過程卻是「情」所感發的結果。具體而言，「情有會物之道，神有冥移之功」，形下之「情」具有與外物交會的功能，故能引起生死輪迴作用；而形上之「神」即在此輪迴過程中遷轉不停。但是「悟徹者反本，惑理者逐物」，迷惑者放任此「情」逐物故輪迴不止，而解脫者明白此理故能停止此一過程而「反本」——返歸「神」本來不被情識牽引的狀態，而出脫輪迴。慧遠將「情」、「識」視爲「神」之作用，並說爲是輪迴的根源，此與前章所述郗超（約 336-377）〈奉法要〉所說「曾關於心，戢而不忘，爲識。識者，經歷累劫，猶萌之於懷，雖昧其所由，而滯於根」的說法，〔註 14〕似乎也有類似之處。〔註 15〕可以看出，慧遠對於「神」流轉生死輪迴的作用過程有詳細的描述；更關鍵的是，「神」顯然即是眾生流轉與解脫的「主體」，「反本」或「逐物」之方向即由「神」之狀態決定。這顯然是完整的「主體」思想，而不止是消極地論證「神」之不滅而已。

二、輪迴：神、心的受染作用

慧遠對於此義有詳細說明。先看「神」作爲輪迴主體之一面；下文云：

> 何者？夫情數相感，其化無端，因緣密搆，潛相傳寫。自非達觀，孰識其變！請爲論者驗之以實：火之傳於薪，猶神之傳於形；火之傳異薪，猶神之傳異形。前薪非後薪，則知指窮之術妙；前形非後形，則悟情數之感深。惑者見形朽於一生，便以爲神情俱喪，猶覩火窮於一木，謂終期都盡耳。〔註 16〕

此處指出：「情數」之感應，所引生之生死遷化相續無端，十二因緣之起「因緣密搆」，「神」即在此過程中「潛相傳寫」。此即是上文所說「化以情感，神

〔註 14〕東晉・郗超：〈奉法要〉，《弘明集》卷 13，同注 1，頁 638。

〔註 15〕中西久味：〈宗炳「明佛論」について——その神不滅論形成の一側面〉，《中國思想史研究》第二號（1978 年 9 月）頁 66-67。

〔註 16〕同注 7，頁 236。

以化傳」、「情有會物之道，神有冥移之功」之意。此處以「薪火之喻」作說明：「火之傳於薪，猶神之傳於形；火之傳異薪，猶神之傳異形」，「神」在「情數」所引起之因緣相續中相傳不滅，猶如火燄在柴薪之間傳遞不止。但如前所說，「神」是形上的存在，只是假形下之「情數」而行，因此形雖有盡而神終不滅。「神」既是受「情數」所牽引而在輪迴中不斷受形的存在，顯然它即是眾生輪迴的「主體」。在〈求宗不順化三〉中亦云：

> 凡在有方，同稟生於大化。雖群品萬殊，精麤異貫，統極而言，唯有靈與無靈耳。有靈則有情於化，無靈則無情於化。無情於化，化畢而生盡，生不由情，故形朽而化滅。有情於化，感物而動，動必以情，故其生不絕。其生不絕，則其化彌廣而形彌積，情彌滯而累彌深。其爲患也，焉可勝言哉！……。
>
> 夫生以形爲桎梏，而生由化有。化以情感，則神滯其本，而智昏其照。介然有封，則所存唯已，所涉唯動。於是靈轡失御，生塗日開，方隨貪愛於長流，豈一受而已哉！〔註 17〕

遷化之萬物可分爲有靈與無靈二類。如木石之類「無靈則無情於化」，其「生不由情」故化盡即形朽而消滅。但眾生是有情之物，「有靈則有情於化」，與木石無情不同。慧遠指出「有情於化，感物而動，動必以情，故其生不絕」：有情眾生生死遷化的不同之處，在於其遷化是「感物而動」的結果；進一步說則「動必以情」，感物而引起生死變化的根本原因即是「情」。正因「情」的感物作用，使得眾生「其生不絕」、「化彌廣而形彌積，情彌滯而累彌深」，生死輪迴的過程永無止盡。下文慧遠也說「生由化有」而「化以情感」，是「情」的感物作用造成輪迴遷化與眾生的受生。具體而言，由於「情」之感物作用對「神」的牽引，使得「神滯其本，而智昏其照」，因此使「神」自身「靈轡失御，生塗日開」，最後輪迴生死無窮無盡。此亦是前文所說「化以情感，神以化傳」之意。慧遠認爲「神」是在輪迴中受生不絕的眾生「主體」，此意甚爲明顯。而既然輪迴的根本原因在「情」，又云因「情」之故「神滯其本，而智昏其照」，則「神」顯然本有能「照」之功能，只是爲「情」所蔽而已。再看〈明報應論〉所說：

> 夫因緣之所感，變化之所生，豈不由其道哉！無明爲惑網之淵，貪

〔註 17〕東晉・慧遠：〈沙門不敬王者論・求宗不順化三〉，《弘明集》卷 5，同注 1，頁 226-227、227。

> 愛爲眾累之府。二理俱遊，冥爲神用，吉凶悔吝，唯此之動。無明掩其照，故情想凝滯於外物；貪愛流其性，故四大結而成形。形結則彼我有封，情滯則善惡有主。有封於彼我，則私其身而身不忘；有主於善惡，則戀其生而生不絕。於是甘寢大夢，昏於同迷；抱疑長夜，所存唯著。是故失得相推，禍福相襲，惡積而天殃自至，罪成則地獄斯罰。此乃必然之數，無所容疑矣。〔註18〕

此處更進一步指出因緣所感、變化所生的根源，而云「無明爲惑網之淵，貪愛爲眾累之府」。此以「無明」與「貪愛」二者爲迷惑之源，乃是對上述「情」之感物作用的細部說明，可知「情」之實指內容即是「無明」與「貪愛」。慧遠認爲，由於此二者「二理俱遊，冥爲神用」，對於「神」造成牽引作用，而引起一切「吉凶悔吝」、善惡報應之結果。具體而言，是因爲：(1)「無明掩其照，故情想凝滯於外物」：「無明」覆蓋了「神」原本能「照」的能力，使「神」的認識只執著於外物。既云「無明掩其照」，可知慧遠確實認爲「明照」乃是「神」的本來功能，此與前述「神滯其本，而智昏其照」的說法一致。既然「神」本來「明照」，只是爲情或無明所掩，可知「神」應該是本性清淨的，此說顯然已有「本淨思想」的意味。如前章所見，康僧會（？-280）已經主張眾生「主體」之「心」、「識神」本來原是「閔然心明」、「無微不察」的，只不過爲「婬邪污心，猶鏡處泥，穢垢污焉」而已；〔註19〕其說亦以「明照」爲主體之能力，而有本淨思想的雛型。慧遠的主張顯然與之一致。(2)「貪愛流其性，故四大結而成形」：由於「貪愛」作用使「神」迷失自己本性，故四大結身而受生輪迴。既云「貪愛流其性」，此也顯示「神」原本應該是本性清淨的，此與前文所言相合。似此，由於「無明」、「貪愛」二者對於「神」的牽引污染，因而造成「神」的「彼我有封」、「善惡有主」，「神」成爲善惡行爲發動的主體。隨之而來的便是「私其身而身不忘」、「戀其生而生不絕」，輪迴過程相續不止；「惡積而天殃自至，罪成則地獄斯罰」，因果報應亦由此發生。此處所說，顯然是對前述「化以情感，神以化傳」作用的更詳細說明。可以看出，慧遠不但認爲「神」是眾生輪迴報應的「主體」，亦隱約可知「神」對他而言應該更是本性清淨的主體，輪迴流轉只是「無明」、「貪愛」所帶來的污染所致。以「神」爲主體，將輪迴解釋爲主體受到染污的結果，此一思

〔註18〕東晉・慧遠：〈明報應論〉，《弘明集》卷5，同注1，頁249。
〔註19〕吳・康僧會：〈安般守意經序〉，《出三藏記集》卷6，同注4，頁243。

想模式，如前章所見，已是當時佛教學者們普遍的意見；由以上分析，可知慧遠的「神不滅」思想顯然也是同一「主體」模式的運用。

正如當時學者往往將「神」與「心」視為等同之概念，慧遠也以「心」為「神」之異稱。如〈明報應論〉即續云：

> 何者？會之有本，則理自冥對；兆之雖微，勢極則發。是故心以善惡為形聲，報以罪福為影響。本以情感，而應自來，豈有幽司，由御失其道也！然則罪福之應，唯其所感，感之而然，故謂之自然。自然者，即我之影響耳，於夫主宰復何功哉！……。
>
> 夫事起必由於心，報應必由於事。是故自報以觀事，而事可變；舉事以責心，而心可反。〔註20〕

此處「本以情感，而應自來」即指前述「化以情感，神以化傳」而言。但前引文說此是「二理俱遊，冥為神用」之作用，「神」是作業報應的「主體」；此處則云「心以善惡為形聲，報以罪福為影響」，又說「事起必由於心，報應必由於事」，認為「心」才是造作善惡之業、承受罪福報應之「主體」。既然二處所說同出於〈明報應論〉，在文脈上更前後相承，可知彼處之「神」即是此處之「心」，慧遠實將二者視為同義詞而交替使用。又如〈三報論〉亦云：

> 經說，業有三報：一曰現報，二曰生報，三曰後報。現報者，善惡始於此身，即此身受。生報者，來生便受。後報者，或經二生三生、百生千生，然後乃受。受之無主，必由於心；心無定司，感事而應。應有遲速，故報有先後；先後雖異，咸隨所遇而為對。對有強弱，故輕重不同。斯乃自然之賞罰，三報之大略也。〔註21〕

此論現報、生報、後報「三報」之別。但此處特別指明「受之無主，必由於心」，認為報應並無外在主宰，「心」即是承受報應的「主體」；又云「心無定司，感事而應」，指出「心」之所以作業而受報，是因為「感事而應」，此即前述「化以情感」之意。由此益可證明，慧遠確實將「神」與「心」視為同義詞，用以指眾生輪迴受報之「主體」。

進一步看，慧遠在非思想性脈絡下對「神」、「心」概念的使用也是如此，如：

> 夫滯於近習，不達希世之聞；撫常永日，罕懷事外之感。是使塵想制

〔註20〕同注18，頁249-250、252。

〔註21〕東晉・慧遠：〈三報論〉，《弘明集》卷5，同注1，頁253-254。

> 於玄襟，天羅網其神慮。若以之窮齡，則此生豈遇？以之希心，則開悟靡期。於是發憤忘食，情百其慨，靜慮閑夜，理契其心。〔註 22〕

在「網其神慮」、「以之希心」、「理契其心」這些說法中，「神」、「心」都指眾生之心靈而言，本可以互通。可知慧遠將「心」、「神」視爲等同概念之作法，並不限於思想性之論述。如前章所述，「心」、「神」意涵上之相通乃是初期譯經中便存在的現象，更是漢語本來就有的詞語用法，初期的佛教學者更是常將二者不加區別地混同使用來指稱「主體」。慧遠的作法顯然即與之相合。尤其前引「心以善惡爲形聲，報以罪福爲影響……然則罪福之應，唯其所感，感之而然，故謂之自然」、「事起必由於心，報應必由於事」的說法，更是與郗超〈奉法要〉所說「凡慮發乎心，皆念念受報。雖事未及形，而幽對冥構」、「夫理本於心，而報彰於事；猶形正則影直，聲和而響順。此自然玄應，孰有爲之者哉」，〔註 23〕在意涵與形式上都十分近似。郗超與慧遠同時，二人之間互有影響自是可能的；〔註 24〕不過毋寧說此是當時佛教界的一般觀點。

三、解脫：神、心的染淨轉化

慧遠以「神」或「心」爲眾生輪迴受報之「主體」，已如上述。但慧遠亦認爲即此「神」、「心」亦是眾生修行解脫之「主體」。「神」、「心」既是本性清淨，只爲「情」或「無明」、「貪愛」所牽引染污而流轉生死，則只要停止此一作用，便可以使「神」、「心」解脫涅槃。此即前述「悟徹者反本，惑理者逐物」所說之意。慧遠在〈沙門不敬王者論・求宗不順化三〉中指出：

> 是故經稱：泥洹不變，以化盡爲宅；三界流動，以罪苦爲場。化盡則因緣永息，流動則受苦無窮。……。
>
> 是故反本求宗者，不以生累其神；超落塵封者，不以情累其生。不以情累其生，則生可滅；不以生累其神，則神可冥。冥神絕境，故謂之泥洹。泥洹之名，豈虛稱也哉！〔註 25〕

〔註 22〕東晉・慧遠：〈萬佛影銘序〉，唐・道宣：《廣弘明集》（臺北，新文豐出版公司影印四部叢刊本，1986 年）卷 15，頁 206-207。

〔註 23〕同注 14，頁 639、647。

〔註 24〕據《高僧傳》卷 5〈道安傳〉所載，道安居襄陽時「郗超遣使遺米千斛，修書累紙深致慇懃」，同注 4，頁 180。當時慧遠亦從道安於襄陽，二人之間有所往來是可能的。

〔註 25〕同注 17，頁 227。

與生死流轉相反，「泥洹」即是「化盡」、「因緣永息」的解脫之境。既然生死輪迴是「化以情感，神以化傳」所致，則到達解脫的具體方法，即是「不以生累其神」、「不以情累其生」，從根源上來阻止輪迴作用。已知「化以情感」，眾生之生死流轉由「情」所引發，故修行者須「不以情累其生」，使「生可滅」而不再輪迴；已知「神以化傳」，「神」在生死輪迴中遷化受苦，故修行者須「不以生累其神」，使「神可冥」而不再受生。可以看出，慧遠所說的解脫途徑，正與輪迴作用之方向相反；簡言之，解脫即是停止「情」對「神」的牽引污染。慧遠指出，主體之「神」不再受「情」污染的情形，便稱爲「冥神絕境」，此即是「泥洹」。既云「冥神絕境，故謂之泥洹」，可知「神」也就是能得證涅槃之境的解脫「主體」。

「神」爲解脫「主體」之義，可以在慧遠討論各種修行法門的作品中看到。首先，如慧遠在〈阿毗曇心序〉中所云：

> 發中之道，要有三焉：一謂顯法相以明本，二謂定己性於自然，三謂心法之生，必俱遊而同感。俱遊必同於感，則照數會之相因。己性定於自然，則達至當之有極；法相顯於眞境，則知迷情之可反。心本明於三觀，則覩玄路之可遊。然後練神達思，水鏡六府，洗心淨慧，擬跡聖門。尋相因之數，即有以悟無；推至當之極，動而入微矣。〔註26〕

此序乃是爲僧伽提婆所譯《阿毗曇心論》而作。此論屬於有部論書，慧遠在序文中所說之三要，即是他對全論要旨理解的概述。此處不能涉及其毗曇學思想的內容。〔註27〕必須指出的，是他在概說「發中之道，要有三焉」之內容後，便云「心本明於三觀，則覩玄路之可遊」；換言之，「心」即是可以理解並掌握此三大要旨而了知解脫之理的「主體」。下文又云「練神達思，水鏡六府，洗心淨慧，擬跡聖門」，可知慧遠認爲此論書所示的修行路徑實是「神」、「心」之修練洗淨工夫。此「練神」、「洗心」之說，實與前述「不以生累其神」、「不以情累其生」之說相通。修行工夫既是「心」、「神」之工夫，顯然此即是眾生能夠得到解脫的「主體」。再看〈念佛三昧詩集序〉所說：

〔註26〕同注12，頁378-379。

〔註27〕參見：呂澂：《中國佛學源流略講》（臺北，里仁書局，1998年），頁74-77；任繼愈主編：《中國佛教史（第二卷）》（北京，中國社會科學出版社，1997年），頁658-669。

> 序曰：夫稱三昧者何？專思寂想之謂也。思專，則志一不分；想寂，則氣虛神朗。氣虛，則智恬其照；神朗，則無幽不徹。斯二者是自然之玄符，會一而致用也。是故靖恭閒宇，而感物通靈，御心惟正，動必入微。此假修以凝神，積習以移性，猶或若茲；況夫尸居坐忘，冥懷至極，智落宇宙，而闇蹈大方者哉！〔註28〕

此處所述，涉及慧遠的念佛與淨土思想，非本文在此所能究論。要指出的是，慧遠認爲念佛三昧乃是「專思寂想」的工夫，專心於此便可帶來「氣虛神朗」的效果；若能「氣虛神朗」便可「智恬其照」、「無幽不徹」。可知念佛三昧的修行目標，亦在導正「神」之「智」之能照能力以至「無幽不徹」之境界。如前所述，慧遠認爲眾生之「神」本有明照能力，只是「神滯其本，而智昏其照」，故不能得到發揮；此處說「智恬其照」、「無幽不徹」，顯然即是說念佛三昧能夠去除覆蓋而恢復「神」本有之「照」、「徹」能力。下文說「御心惟正，動必入微」、「假修以凝神，積習以移性」，由此亦可知「心」、「神」正是修行工夫之所在。這樣看來，念佛三昧能使「神」回復清淨之本來面目，「神」亦是念佛工夫之修行「主體」。再看〈廬山出修行方便禪經統序〉中所言：

> 試略而言，禪非智無以窮其寂，智非禪無以深其照。然則禪智之要，照寂之謂。其相濟也，照不離寂，寂不離照，感則俱遊，應必同趣，功玄於在用，交養於萬法。其妙物也，運群動以至壹而不有，廓大象於未形而不無，無思無爲，而無不爲。是故洗心靜亂者，以之研慮；悟徹入微者，以之窮神也。〔註29〕

此序是爲佛馱跋陀羅所譯《達磨多羅禪經》而作。慧遠在此先論說自己對於禪智的看法。此處亦不能涉及其禪法思想。要指出的是，他在敘說禪法之意義與要旨之後，提及「是故洗心靜亂者，以之研慮；悟徹入微者，以之窮神也」：然則禪法修行亦是爲了「洗心靜亂」，工夫之建立即落在「心」之上；而禪法最終的目標是「窮神」而恢復「神」之本來清淨，此亦即前述「冥神絕境」之意。由此亦可看出「心」、「神」即是眾生解脫之「主體」。下文論及禪法內容時，慧遠又云：

> 其爲要也，圖大成於未象，開微言而崇體。悟惑色之悖德，杜六門以寢患。達忿競之傷性，齊彼我以宅心。於是異族同氣，幻形告疎。

〔註28〕東晉・慧遠：〈念佛三昧詩集序〉，《廣弘明集》卷30，同注22，頁492。
〔註29〕同注13，頁343。

> 入深緣起，見生死際。爾乃闢九關於龍津，超三忍以登位。垢習凝於無生，形累畢於神化。〔註 30〕

此處所言，實涉及「不淨觀」、「慈悲觀」、「界分別觀」、「因緣觀」「九次第定」、「三種法忍」等禪法觀念。〔註 31〕此且不論。應注意的是，慧遠用「形累畢於神化」一語來總結禪法修行的結果；此即是指「神」不再受「形」所累之境界，也就是前文所說「不以生累其神，則神可冥。冥神絕境，故謂之泥洹」之意。可知禪法修行亦是以「神」之超脫形累、不再受生爲目的。綜而言之，可知慧遠的禪法思想其實也預設了「心」、「神」爲修行與解脫之「主體」。再看〈大智論抄序〉所言：

> 其爲要也，發軫中衢，啓惑智門，以無當爲實，無照爲宗。無當則神凝於所趣，無照則智寂於所行。寂以行智，則群邪革慮，是非息焉；神以凝趣，則二諦同軌，玄轍一焉。〔註 32〕

此是慧遠對龍樹《大智度論》之旨的簡要敘述。此涉及其性空思想，此處亦不能深論。但他指出：此論以「無當爲實，無照爲宗」，若能掌握「無當無照」之意，便可「神凝於所趣」、「智寂於所行」。此語與〈念佛三昧詩集序〉所說「氣虛，則智恬其照；神朗，則無幽不徹」可相對照；在彼處「神」是念佛解脫之「主體」，在此慧遠亦是以「神」爲般若智慧之「主體」。〔註 33〕如前所述，慧遠認爲「神」本具有明照能力；此處所謂「神凝於所趣」、「智寂於所行」，即指此一明照能力之回復。他認爲《大智度論》所說「無當無照」之般若宗旨，其目的即在使眾生回復此一能力，只不過此明照智慧是「無當無照」之般若境界而已。然則「神」其實即是本有能照能力之「主體」，亦是可以修行般若智慧之「主體」。綜上所述，可以看出慧遠以「心」、「神」爲修行解脫「主體」的思想十分明顯，此「主體」觀念貫串他對所有修行法門的理解，是前後一致而不曾改變的基礎思想。

合前文所述，可知對慧遠而言，「神」即是決定眾生輪迴或解脫方向之「主體」：當「神」爲「情」所牽引，眾生便流轉生死；當「神」不再爲「情」所染污，眾生便解脫涅槃。輪迴與解脫，只是此「主體」之「神」的染淨之別。

〔註 30〕同注 13，頁 344。

〔註 31〕呂澂：同注 27，頁 83-84。

〔註 32〕東晉・慧遠：〈大智論抄序〉，《出三藏記集》卷 10，同注 4，頁 389。

〔註 33〕參見：任繼愈：同注 27，頁 697-698。

如前章所見，早期學者普遍以「心」、「神」為「主體」，並以其染淨變化來說明眾生之流轉還滅；慧遠將流轉與解脫皆歸之於「神」之染淨，其實說法正與之如出一轍。顯然慧遠的「神不滅」思想，即是初期中國佛教「主體」思潮在神不滅問題上的運用。

四、慧遠神不滅說的定位與背景

慧遠「神不滅」思想及其「主體」理論之內涵，概如上述。但關於此一思想的定位與背景，學者有不同的詮釋。

先就定位問題來看。一種看法認為：慧遠似乎僅對俗家信眾或新學僧侶論及「神」概念，在他與鳩摩羅什（344-413）的問答中便完全不提及，顯然這是只針對中國文人而說的「應病與藥」教法。〔註 34〕但是正如學者所指出，〈沙門不敬王者論〉的一些重要觀點在其他著作中一再出現，此即顯示它在慧遠思想中的重要性；〔註 35〕事實上不只是觀念的承襲，連相同的文句也一再被慧遠重複引用。〔註 36〕而從前文的分析可知，「心」、「神」作為眾生解脫「主體」，更是慧遠毗曇學、念佛淨土思想、禪法思想、般若思想中共同預設的理論基礎。如此看來，「心」、「神」概念以及「神不滅」思想應當是慧遠思想中極重要的核心成分，而不是逗機設教的一時方便之說。事實上，以「心」、「神」主體觀念作為整體學說之基礎，本是當時初期佛教界的普遍主張，此點前章已經論及。

另一種極普遍的看法認為：慧遠所說之「神」即是轉世的「靈魂」，「神不滅」即是「靈魂不滅」，此是中國傳統靈魂觀念影響下之產物。〔註 37〕由前文的分析，可知慧遠的「神不滅」思想並不只是論證「神」之不滅而已，本質上此是輪迴與解脫「主體」思想在「神不滅」問題上的運用。就此觀之，慧遠既然涉入「神不滅」問題，「神」難免被認為具有「靈魂」色彩；但若將「神」解釋為「靈魂」，無疑是窄化或矮化了「神」原有的意涵，不但抹煞了「神」作為「主體」的意義，也模糊了慧遠「神不滅」思想原本作為「主體」

〔註 34〕 Richard H. Robinson 著，郭忠生譯：《印度與中國的早期中觀學派》（南投，正觀出版社，1996 年），頁 173-174。

〔註 35〕 區結成：同注 5，頁 66。

〔註 36〕 如：〈沙門不敬王者論・出家二〉的文字亦見於〈答桓太尉書〉，而〈出家二〉、〈求宗不順化三〉、〈體極不兼應四〉的文字亦見於〈答何鎮南袒服論〉。

〔註 37〕 賴永海：《中國佛教文化論》（北京，中國青年出版社，1999 年），頁 47-52。

理論的本質。

與此相反，已有學者指出「神」的二種趨向性，強調「神」作爲輪迴與解脫「主體」之意義；〔註38〕此正是本文的看法。但有學者進一步認爲慧遠所說之「神」主要是輪迴與解脫之「主體」而非「本體」，「神」是時刻遷流的，並不是僵固不變的恆久存在，因此與佛教的「無我」教義並不衝突。〔註39〕如前所言，「神」固然不可說即是「靈魂」；但若說慧遠之「神」只是時刻遷流的「主體」而非不變的「實體」，恐亦非的當之論。如前文分析，慧遠將「神」、「形」關係視爲形上形下之「體用」關係，「神」亦被說爲不變的形上「實體」；可知「神」不只是眾生「主體」而已，它在性質上更是永恆的「實體」。如前所說，早期佛教學者多不主張「主體」性空之義，慧遠的情形亦不例外。但他運用「體用」範疇，將「神」定位爲形上的實體以說明神、形關係，實則應該被視爲理論思維上的一大創見與進步，不應被說爲是缺陷。雖然他仍主張形、神二元，但無疑已向「唯心」思想前進一大步。此一發展的完成則有待梁武帝（464-549）的貢獻，後章將論及此一問題。

其次，關於此說的背景。有學者認爲，慧遠的「神不滅」之說其實是以犢子部《三法度論》所言「勝義人我」思想爲基礎。〔註40〕在部派佛教中，犢子部是以「有我」思想而聞名的。據《異部宗輪論》所言，「有犢子部本宗同義，謂補特伽羅非即蘊離蘊，依蘊處界假施設名。諸行有暫住，亦有剎那滅。諸法若離補特伽羅，無從前世轉至後世；依補特伽羅，可說有移轉」。〔註41〕「補特伽羅」是能從前世轉移至後世之物，即勝義之我。《三法度論》則提出三種施設來討論補特伽羅：受施設、過去施設、滅施設。〔註42〕此論是慧遠勸請僧伽提婆所譯出，慧遠並爲此作了序文，因此他受《三法度論》的犢子部思想影響自然是可能的。但是，如前所見，慧遠在〈沙門不敬王者論〉等作品中的「神不滅」思想並無運用「三種施設」等概念的痕跡。而且犢子部所說之「補特伽羅」是「非即蘊離蘊，依蘊處界假施設名」的，慧遠則主張「神」、「形」二元，認爲二者有形上、形下之別。如此看來，究竟慧遠受犢子部思想影響的具體情形

〔註38〕盧桂珍：同注5，頁47、57-58。

〔註39〕區結成：同注5，頁81-82。

〔註40〕呂澂：同注27，頁77-80、88、162-163。

〔註41〕世友造，唐・玄奘譯：《異部宗輪論》，《大正藏》卷49，頁16c。

〔註42〕參見：周伯戡：〈三法度論初探〉，《東方宗教研究》第1期（1987年9月），頁17-30。

如何，還有再作討論的可能。

另一種看法認爲：慧遠所說的「神」即是宗極、涅槃、法身，〔註 43〕或說「神」即是佛、法身，〔註 44〕或認爲「神」具有佛性、法身、涅槃等意涵。〔註 45〕這些看法，事實上是從「眞常」思想的角度來解讀慧遠「神不滅」學說中的「主體」觀。如前文所分析，慧遠所說之「心」、「神」本有明照能力，此說本有心性本淨的意味。他又認爲眾生的輪迴流轉乃是「心」、「神」主體受情識牽引染污所致，若去除染污便可使主體回歸清淨而解脫涅槃；以「主體」之染淨解說眾生之生死解脫，此亦與眞常思想的模式相同。而形上之「神」與形下之「形」之間具有「體用」關係，此亦略有唯心思想的意味。因此，慧遠所說之「神」其實已經具有類似「佛性」、「如來藏」之意涵，此是不能否認的。但必須指出的是，將染淨、輪迴解脫皆歸之「心」、「神」主體的想法，其實不是慧遠的獨創見解，而是當時初期佛教學者們普遍採用的流行觀點，此由前章的討論可知；慧遠的「神不滅」學說，實是此一「主體」觀點的體系化與應用。

關於慧遠學說中近似眞常思想的特色，有學者認爲是受到當時已經譯出的有宗或眞常系經典，如佛馱跋陀羅所譯《華嚴經》（421）、《大方等如來藏經》（406）等的影響。〔註 46〕確實，慧遠（334-416）能看到這些經典的全部或部分之可能性是存在的。但問題是，如上所見，從慧遠「神不滅」的論述內容看來，並無引用這些經說的跡象。因此慧遠思想是否眞有得之於新譯眞常經典之處，可能仍有待研究。同樣地，此種主體思想本是初期佛教學界的普遍意見，若說慧遠之學說來自於此種思想環境的影響，可能是更爲切合實際的解釋。

綜上所述，可知慧遠在其「神不滅」思想的論述中，蘊涵著一套「主體」思想模式。他將「心」、「神」說爲眾生輪迴與解脫的「主體」，認爲輪迴與解脫乃是主體染淨的變化所致。此一思想具有相當近似後世「眞常」思想的特色，但此一「主體」模式其實是初期佛教學者的普遍共見，慧遠的思想實以此爲背景。他也主張「心」、「神」是本來清淨的形上「實體」，「神」、「形」

〔註 43〕劉貴傑：同注 5，頁 96。

〔註 44〕板野長八：〈慧遠僧肇の神明觀を論じて道生の新說に及ぶ〉，《東洋學報》30：4（1944 年 11 月），頁 448-453。

〔註 45〕梶山雄一：〈慧遠の報應說と神不滅論〉，木村英一：同注 5，頁 119-120。

〔註 46〕郭朋：《中國佛教思想史（上卷）》（福州，福建人民出版社，1994 年），頁 372-377、388-392。

雖然二元，但二者之間有著「體用」關係；此則是他在理論思維上的創見所在。「神不滅」之說是他思想系統的核心基礎。此一理論在本質上乃是「主體」思想在「神不滅」問題上的運用，因此若將所謂「神」解釋為「靈魂」便過度窄化了「神」作為主體的意義。觀察慧遠思想，便可知道「神不滅」理論的發展終究是佛教「主體」思想發展的環節之一，它的發展方向取決於佛教思想界對於「主體」問題的思考方式。

第二節　宗炳之主體理論

宗炳（375-443），字少文，是晉宋之際的著名隱士。〔註 47〕他妙善琴書圖畫，為藝術史之重要人物。在思想方面，則敬信慧遠而為佛法之信徒；不但常「入廬山，就釋慧遠考尋文義」，〔註 48〕並且追隨慧遠「建齋立誓，共期西方」。〔註 49〕宗炳曾與何承天就慧琳〈白黑論〉往來論辯，後又撰寫〈明佛論〉以申明「神不滅」之旨，故此論一名〈神不滅論〉。宗炳的「神不滅」理論係以慧遠思想為基礎，論中亦自言「凡若斯論，亦和尚據經之旨云爾」；〔註 50〕但在部分問題上則有更清楚的發揮，故可視為慧遠「主體」思想——初期「神不滅」思想之典型——的補充發展。

〈明佛論〉所涉及的問題相當廣泛，大致上其前言所說的「須彌之大，佛國之偉；精神不滅，人可成佛；心作萬有，諸法皆空；宿緣綿邈，億劫乃報」可視為全論之要旨所在。〔註 51〕本文在此只討論其中所涉之「主體」問題。

一、神、識的性質與功能

與慧遠將「神」規定為形上實體相同，宗炳首先亦強調「神」的超越特質：

> 今稱「一陰一陽之謂道」、「陰陽不測之謂神」者，蓋謂至無為道，陰陽兩渾，故曰「一陰一陽」也。自道而降，便入精神，常有於陰

〔註 47〕其生平，見：梁・沈約：《宋書》（臺北，鼎文書局，1980 年）卷 93〈隱逸傳〉，頁 2278-2279；唐・李延壽：《南史》（臺北，鼎文書局，1976 年）卷 75〈隱逸傳〉，頁 1860-1861。

〔註 48〕《宋書》，同注 47，頁 2278。

〔註 49〕《高僧傳・慧遠傳》，同注 4，頁 214。

〔註 50〕劉宋・宗炳：〈明佛論〉，《弘明集》卷 2，同注 1，頁 119。

〔註 51〕同注 50，頁 69。

陽之表，非二儀所究，故曰「陰陽不測」耳。君平之說「一生二」，謂神明是也。若此二句，皆以明無，則以何明精神乎！

神也者，妙萬物而爲言矣。若資形以造，隨形以滅，則以形爲本，何妙以言乎！〔註52〕

如前所見，慧遠已經借用《易・說卦》「神也者，妙萬物而爲言者也」之說來描述「神」。〔註53〕宗炳同樣也藉此將「神」規定爲超越於「形」上之存在，以此論證「神」不「隨形以滅」。他又援引《易・繫辭》「陰陽不測之謂神」之說，以及漢・嚴遵《老子指歸》以「神明」詮釋《老子》「一生二」的說法，〔註54〕來進一步支持「神」的形上超越性。就此而言，可知「神」雖在「道」之下，卻在是萬物之上、「陰陽之表，非二儀所究」的超越存在。宗炳不但認爲「神」是形上的超越存在，並且順此指出「神」在生死輪迴中保持不滅的特質：

然群生之神，其極雖齊，而隨緣遷流，成麤妙之識，而與本不滅矣。〔註55〕

他指出：（1）「群生之神，其極雖齊」，形而上的眾生之「神」在本質上是相同無別的；（2）但是，「神」在「隨緣遷流」的輪迴過程中，形成了「麤妙之識」；（3）眾生或粗或妙之「識」「與本不滅」，與「神」共同成爲在輪迴中不滅的存在。看來「識」似乎是附著於「神」之上，隨之輪迴生死的事物或特質。此與郗超所說「曾關於心，戢而不忘，爲識。識者，經歷累劫，猶萌之於懷，雖昧其所由，而滯於根」的說法是頗類似的。〔註56〕然則在生死輪迴中不滅的，便不只是眾生普遍相同的、形上的「神」而已，也包括眾生各自粗妙差別不同的「識」。而此「麤妙之識」，還具有解釋賢愚差別的作用，下文續云：

今雖舜生於瞽，舜之神也，必非瞽之所生，則商均之神，又非舜之所育。生育之前，素有麤妙矣。既本立於未生之先，則知不滅於既死之後矣。又不滅則不同，愚聖則異，知愚聖生死不革不滅之分矣。

〔註52〕同注50，頁73、75。

〔註53〕同注8。

〔註54〕《易・繫辭上》，同注8，頁562。西漢・嚴遵著，王德有點校：《老子指歸》（北京，中華書局，1997年）卷2〈道生一篇〉：「一以虛，故能生二。……不可逐以聲，不可逃以形：謂之神明。」頁18。

〔註55〕同注50，頁73。

〔註56〕同注14。

故云：精神受形，周遍五道，成壞天地，不可稱數也。夫以累瞳之質，誕于頑瞽，嚚均之身，受體黃中，愚聖天絕，何數以合乎！豈非重華之靈，始麤於在昔，結因往劫之先，緣會萬化之後哉！〔註 57〕

他指出，雖然舜生於瞽、商均生於舜，但「舜之神也，必非瞽之所生」、「商均之神，又非舜之所育」，而是在其「生育之前，素有麤妙矣」，否則無法解釋父子之間的相異。也就是說，舜之「累瞳之質，誕于頑瞽」，而其子「嚚均之身，受體黃中」，此種「愚聖天絕」的現象只能說是「重華之靈，始麤於在昔，結因往劫之先，緣會萬化之後」，是舜之「靈」或「神」在過去造業所致之報。應該注意的是：既說舜、均之「神」「愚聖則異」而有不同，又說彼等之「神」在「生育之前，素有麤妙矣」，則「神」似乎是眾生各自不同、有所差異的；此似與前文「群生之神，其極雖齊」之說矛盾。事實上，順前文脈絡來看，可知此處所謂「神」在「生育之前，素有麤妙矣」，是指前述「隨緣遷流，成麤妙之識」而言；換言之，眾生之間有所差別的實應是「識」而不是「神」，只是因爲「識」附於「神」「與本不滅」一起輪迴，故宗炳在此混而言之。〔註 58〕如前所說，慧遠曾說「數有精麤，故其性各異；智有明闇，故其照不同」，〔註 59〕認爲眾生之差異是由「情」、「識」的不同所造成。宗炳亦認爲眾生之差異在於「識」，與慧遠相同，不過他對「神」、「識」關係之說明則更爲詳細。

而宗炳認爲：此被「識」所附之「神」，即是眾生在輪迴中不滅的「主體」。如前引文所言，可知「神」「既本立於未生之先，則知不滅於既死之後矣」；因此說「精神受形，周遍五道，成壞天地，不可稱數也」，「神」即是在輪迴之中不滅不壞之主體。輪迴中的眾生因「識」之精粗造成各自的區別，那麼形而上的不滅之「神」本身的功能是什麼？宗炳有云：

夫精神四達，並流無極，上際於天，下盤於地。聖之窮機，賢之研微，逮于宰、賜、莊、嵇、吳札、子房之倫，精用所之，皆不疾不行，坐徹宇宙。而形之臭腐，甘嗜所資，皆與下愚同矣，寧當復稟

〔註 57〕同注 50，頁 73-74。

〔註 58〕小林正美接受津田左右吉之說，認爲宗炳所說之「神」具有「輪迴轉生之當體」與「法身涅槃」二義，並認爲此處輪迴當體之「神」有個別差異，而能成佛之「神」則是眾生齊一的。小林正美：《六朝佛教思想の研究》（東京，創文社，1993 年），頁 229-231。筆者看法不同。

〔註 59〕同注 11。

之以生，隨之以滅耶！又宜思矣。〔註60〕

由此觀之，「神」或「精神」之功能包括一般所說之思考作用，宗炳即用「精神四達，並流無極，上際於天，下盤於地」諸語來形容「神」思考時不受侷限的情形。「聖之窮機，賢之研微」都是以此「神」的思想功能爲基礎，可知「神」實亦是眾生能思想之「主體」。如前所述，慧遠曾說「神滯其本，而智昏其照」，〔註61〕隱約指出「神」本有明照能力；宗炳說「神」具有思考能力，可能亦與慧遠之說有關。

由上所述，可知宗炳對於「神」概念的界定方式大致與慧遠相同：「神」是形而上的超越存在，是眾生輪迴生死的「主體」，具有能思之能力。他指出，〈明佛論〉所言「神之不滅，及緣會之理，積習而聖，三者鑒於此矣」，〔註62〕「神」的概念即是全論展開的基礎；此亦與慧遠以「神」貫串其思想體系相同。不同之處，在於宗炳對於「識」的作用以及「神」、「識」關係有更著重的說明，此即與他對「神」輪迴解脫過程之說明有關。

二、輪迴：心、神受染與情、識相續

關於眾生「主體」之「神」輪迴生死的作用過程，宗炳亦多有說明。與慧遠一樣，他亦認爲「情」是引發生死的根源：

> 夫生之起也，皆由情兆。今男女構精，萬物化生者，皆精由情構矣。情構於己，而則百眾神，受身大似，知情爲生本矣。至若五帝三后，雖超情窮神，然無理不順；苟昔緣所會，亦必循俯入精化，相與順生而敷萬族矣。況今以情貫神，一身死壞，安得不復受一身，生死無量乎！〔註63〕

「生之起也，皆由情兆」、「情爲生本」，「情」之「構於己」即是眾生「受身」輪迴的根本原因。對此，下文進一步解釋：「以情貫神」是眾生「一身死壞」、「復受一身」，「生死無量」的根源；換言之，眾生之所以輪迴生死，實是主體之「神」受「情」牽引影響之結果。既云「情」貫串於主體之「神」，則「情」似乎與「識」同樣都是附著於「神」之上事物或性質。如前所見，慧遠主張

〔註60〕同注50，頁75-76。
〔註61〕同注17，頁227。
〔註62〕同注50，頁74。
〔註63〕同注50，頁78-79。

「化以情感，神以化傳」，〔註 64〕在說明「情」爲生死遷化根源時特別強調其「感」物之作用；宗炳則未標明此義，只是指出「以情貫神」的作用而已。

論及「情」之影響時，宗炳也提及「心」概念，而有「心」爲主體之說：

> 眾變盈世，群象滿目，皆萬世已來精感之所集矣。故佛經云：「一切諸法，從意生形。」又云：「心爲法本，心作天堂，心作地獄。」義由此也。是以清心潔情，必妙生於英麗之境；濁情滓行，永悖於三塗之域。〔註 65〕

此處引《維摩詰經》「一切諸法，從意生形」與《般泥洹經》「心爲法本，心作天堂，心作地獄」之說爲根據，〔註 66〕來說明「心」在輪迴過程中的「主體」作用：若「清心潔情」，必轉生於善趣；反之，若「濁情滓行」，則必淪落於三惡道。然則「心」即是決定眾生輪迴的「主體」，而影響轉生方向的關鍵則是「情」，即「潔情」或「濁情」對「心」影響的差異。前文既云「神」是「周遍五道，成壞天地」的眾生「主體」，而「以情貫神」乃是眾生流轉生死的原因；此處又說「心」是能作天堂、地獄之「主體」，而「情」之清濁是影響「心」流轉方向之關鍵。兩相比照，可知「神」也就是「心」，是受「情」所貫串牽引之眾生「主體」。此與前述慧遠的說法是一致的。如前所言，「心」、「神」意涵相通本是當時學者普遍接受的說法，宗炳顯然亦採取此一觀點。又，宗炳引此經文說明「心」之「主體」性，事實上相同的經文也曾被郗超引用於相同目的；〔註 67〕可見宗炳的理論基本上與當時佛教界的一般見解是相應的。

前文提及「群生之神，其極雖齊，而隨緣遷流，成麤妙之識」，此又云「以情貫神」；此二者都是附加於「神」之上的事物或性質，彼此有何關係？此處宗炳續云：

> 雖然，夫億等之情，皆相緣成識，識感成形，其性實無也。〔註 68〕

此云「億等之情，皆相緣成識」，可知「識」由「情」所相緣而生；又說「識

〔註 64〕同注 11。

〔註 65〕同注 50，頁 81。

〔註 66〕吳・支謙譯：《佛說維摩詰經》卷 1：「一切諸法，從意生形。」《大正藏》卷 14，頁 523a；失譯：《般泥洹經》卷 1：「心之行，無不爲，得道者亦心也。心作天，心作人，心作鬼神、畜生、地獄，皆心所爲也。」《大正藏》卷 1，頁 181a。

〔註 67〕同注 14，頁 639、648。

〔註 68〕同注 50，頁 81。

感成形」，可知由「情」所起之「識」再感發成眾生之「形」。由此可以看出「神」、「情」、「識」、「形」之間的發展序列。如前所見，慧遠重視的是「神」、「形」之間的「體用」連繫，宗炳則給出了一個關於發生模式的說明。

關於眾生淪落生死，也就是「心」、「神」主體受「情」牽引生「識」的過程，宗炳如此說明：

> 今心與物交，不一於神，雖以顏子之微微，而必乾乾鑽仰，好仁樂山，庶乎屢空。皆心用乃識，必用用妙接、識識妙續，如火之炎炎，相即而成爓耳。今以悟空息心，心用止而情識歇，則神明全矣。則情識之構，既新故妙續，則悉是不一之際，豈常有哉！使庖丁觀之，必不見全牛者矣。佛經所謂變易離散之法，法識之性空、夢幻、影響、泡沫、水月，豈不然哉！〔註69〕

若「心與物交」，眾生「心」、「神」主體受外物影響，則「不一於神」，此「心」、「神」主體便失去其原有的本質。宗炳指出，在此情形下即使如顏回之努力也只能「庶乎屢空」，無法眞正回歸「神」原有之「一」。具體而言，「心與物交，不一於神」將造成「心用乃識」的結果，也就是在「心」、「神」主體上產生「識」之作用，此即是前文所說「群生之神，其極雖齊，而隨緣遷流，成麤妙之識」的過程。如前所言，此中應有「億等之情，皆相緣成識」的中間環節，此處則省略之。下文說：但此主體之「心」上所生之「識」只是「用用妙接、識識妙續」，猶如「火之炎炎，相即而成爓」的；換言之，「識」實是念念相續而無實體的。下文又再強調「情識之構，既新故妙續，則悉是不一之際，豈常有哉」，指出「情」與「識」都是新故相續而非實體之存在；宗炳認爲，此即是佛法所說「性空」之義。然而「心」、「神」主體所生起之「情」、「識」雖然都是相續而「性空」的，但「心」、「神」卻是形上的不變「實體」。顯然宗炳所說的「性空」也只限於「情」、「識」，以及「質味聲色，復是情僞之所影化」的外物之範疇，〔註70〕眾生「主體」之「心」、「神」則是不空的。不主張主體性空，這也是初期學者常見的立場。

就此觀之，宗炳認爲「心」、「神」受「情」、「識」牽引影響，是造成生死輪迴的原因。但從「心與物交，不一於神」的說法看來，宗炳實有主張「神」本性清淨、只是受「情」、「識」污染而輪迴生死之意。對此下文還會論及。

〔註69〕同注50，頁82。
〔註70〕同注50，頁83。

三、解脫：識之作用與唯神境界

如上所見，「識」能引起「神」生死輪迴之作用，似乎只有負面功能。但其實「麤妙之識」有別，宗炳認爲，解脫的過程也不可缺乏「識」的助力。他說：

> 夫至治則天，大亂滔天，其要心神之爲也。堯無理不照，無欲不盡，其神精也；桀無惡不肆，其神悖也。桀非不知堯之善、知己之惡，惡已亡也，體之所欲，悖其神也。而知堯惡亡之識，常含於神矣。若使不居君位，千歲勿死，行惡則楚毒交至，微善則少有所寬，寧當復不稍滅其惡，漸修其善乎！則向者神之所含知堯之識，必當少有所用矣。又加千歲而勿已，亦可以其欲都澄，遂精其神如堯者也。〔註 71〕

此云「至治則天，大亂滔天，其要心神之爲也」，此可證實「心」、「神」概念確實等同，並確知「心」、「神」乃是決定善惡方向之「主體」。此處又云堯、桀之別在於堯「其神精也」而桀「其神悖也」，似乎認爲他們的「神」本身有善惡之別。但如前所述，宗炳其實認爲「群生之神，其極雖齊」，差別在於「麤妙之識」；故此處所說「神精」、「神悖」之別，應是指「神」是否受情、識牽引污染，即是否「心與物交，不一於神」而言。下文即釋云「桀非不知堯之善、知己之惡，惡已亡也，體之所欲，悖其神也」，指出所謂「神悖」即是指「體之所欲」違逆「神」原有本質，可爲上文所言之證。

應注意的是，宗炳認爲「桀非不知堯之善、知己之惡，惡已亡也」，即使其惡如桀也能知道人善己惡，並且厭惡自己的爲惡失善。宗炳將此種「善善惡惡」的傾向劃歸於「識」的範疇，認爲桀之「知堯惡亡之識，常含於神矣」，是與主體之「神」共同存在並一起輪迴不滅的。下文即云若桀「千歲勿死」，則「神之所含知堯之識，必當少有所用矣」，甚至「又加千歲而勿已，亦可以其欲都澄，遂精其神如堯者也」；換言之，「神」所含能夠「善善惡惡」的「知堯之識」，最終將成爲使桀改過向善的力量。「知堯之識」即是輪迴中眾生能夠修行解脫的根源。下文云：

> 今以不滅之神，含知堯之識，幽顯於萬世之中，苦以創惡，樂以誘善，加有日月之宗，垂光助照，何緣不虛己鑽仰，一變至道乎！自

〔註 71〕同注 50，頁 76-77。

恐往劫之桀紂，皆可徐成將來之湯武。況今風情之倫，少而汎心於清流者乎！由此觀之，人可作佛，其亦明矣。〔註72〕

擁有「不滅之神，含知堯之識」作爲在萬世輪迴中流轉的「主體」，是眾生終究能得解脫的原因。宗炳認爲，「人可作佛」的思想基礎即在於此。然則「識」在解脫過程中確實具有重要的功能。宗炳又云：

識能澄不滅之本，稟日損之學，損之又損，必至無爲，無欲欲情。唯神獨照，則無當於生矣。無生則無身，無身而有神，法身之謂也。〔註73〕

具體而言，此向善惡惡之「識」之所以能是解脫的重要動力，原因在於它能「澄不滅之本」，即澄清眾生不滅「主體」之「神」。如前所述，眾生流轉生死，原因在於「以情貫神」，由於「億等之情，皆相緣成識，識感成形」，因此「生死無量」，久處輪迴而不得出；此一過程正是「心與物交，不一於神」、「神」受到「情」染污的結果。解脫的過程則與之相反：「識能澄不滅之本」，能夠「損之又損，必至無爲」，使主體之「神」回復到原來不受「情」牽引污染的「無欲欲情」境界。當「神」不再受「情」染污之時，便「唯神獨照」而「無當於生」，再也不會引發受生輪迴的循環。彼時「無生則無身」，此種「無身而有神」的解脫境界，便稱之爲「法身」。可知「神」也是眾生解脫之「主體」，當它解脫之時便稱爲「法身」。可以看出，宗炳所說的解脫作用與輪迴過程的方向正相反：主體之「神」受「情」污染而流轉受身，是輪迴的根源；主體之「神」不受「情」之污染而不再受身，則是解脫之境。然則流轉與還滅正是「神」之染淨所致；此與慧遠所說一致，也與當時佛教界普遍看法相同。

如前所見，「知堯之識」在「神」解脫過程中有著重要地位。但解脫之時「唯神獨照」，彼時唯有「無身而有神」的「法身」存在，此向善之「識」亦將被消除。宗炳云：

夫聖神玄照，而無思營之識者，由心與物絕，唯神而已。故虛明之本，終始常住，不可彫矣。〔註74〕

與眾生「心與物交，不一於神」相反，解脫者「心與物絕」，不受外物牽引，是

〔註72〕同注50，頁78。
〔註73〕同注50，頁79。
〔註74〕同注50，頁81-82。

「唯神而已」的存在。解脫者「聖神玄照，而無思營之識」，已經沒有一切「識」的作用，唯有「虛明之本，終始常住」，也就是解脫「主體」之「神」常住不滅。可知向善之「識」在解脫之時亦將消失。那麼，解脫者「唯神獨照」、「唯神而已」、「無身而有神，法身之謂也」又是何種情形？此處未明言。由前文的討論，可知「神」是超越的形上存在；既云解脫者「無身而有神」，可以推知「法身」亦當是純粹形上的存在。就此觀之，宗炳的解脫境界與慧遠所說「冥神絕境，故謂之泥洹」是一致的，都將解脫視爲「神」的實存狀態。

由上所述，可知宗炳認爲解脫即是「主體」之「神」不再受「情」污染牽引的境界，此與慧遠所說相同；不同之處，在於宗炳特別強調向善之「識」在解脫過程中的重要性。但基本上，他認爲輪迴與解脫作用是「主體」「心」、「神」之染污或清淨變化所致，此一思想模式仍與慧遠相同，亦是當時佛教學者之普遍共識。宗炳的「神不滅」理論，在本質上亦是「主體」思想之應用。由此可以看出，「神不滅」思想的發展方向根本上確是由「主體」思想的類型所決定。

四、宗炳的本淨思想與《涅槃經》

如上所述，宗炳認爲輪迴與解脫實是「主體」之「神」的染淨變化所招致。與慧遠相同，在其論述中亦可以看出「本性清淨」思想之意味。再如此文所說：

> 甚矣！僞有之蔽神也。今有明鏡於斯，紛穢集之，微則其照藹然，積則其照朏然，彌厚則照而昧矣。質其本明，故加穢猶照，雖從藹至昧，要隨鏡不滅；以之辨物，必隨穢彌失，而過謬成焉。人之神理，有類於此。僞有累神，成精麤之識，識附於神，故雖死不滅。漸之以空，必將習漸至盡，而窮本神矣，泥洹之謂也。〔註75〕

宗炳以「鏡」爲喻說明「僞有之蔽神」。正如塵土附著於「明鏡」，必將損害明鏡原有的能照功能；塵埃所積彌厚，則鏡之所照益不明。鏡是「本明」的，此明照能力不會喪失，但所積之塵埃亦將隨鏡存在，使得鏡之辨物作用「隨穢彌失，而過謬成焉」。人之「神」亦如是：「僞有累神，成精麤之識」，「神」由於被外在「僞有」所迷惑，而形成「精麤之識」。「識附於神，故雖死不滅」，

〔註75〕同注50頁83-84。

由於「識」附著於「神」，一如塵附於鏡，使得「神」漸漸失去原有本質，而輪轉生死「雖死不滅」，此即輪迴的根源。反之，修行之要即在於「漸之以空」以「窮本神」，即去除附著於「神」上之「識」以回復「神」原來的功能，一如去除鏡上之塵以回復鏡之明照功能，此即「泥洹」境界。由此譬喻看來，宗炳確實認爲「神」本來清淨無染，「情」、「識」的污染則是後來附加的；正如「鏡」是本明的，「塵」是外在的附著物一樣。此說無疑已具有「本性清淨」思想的特質。

宗炳之「本淨思想」，顯然較慧遠明顯。有學者認爲，其說可能受到當時已譯出的六卷本《泥洹經》（418）以及北本《涅槃經》（421）之影響。〔註76〕不過，就〈明佛論〉論述文字看來，似乎未見援引《涅槃經》佛性思想的確切證據。而如前所述，本淨思想不但在慧遠思想中已隱約可見，事實上康僧會也早就已有相同說法，甚至他也使用了「婬邪污心，猶鏡處泥，穢垢污焉」的譬喻，〔註77〕與宗炳所說若合符節。或許應該說，將「心」、「神」說爲眾生之「本性清淨」之「主體」，乃是中國佛教自始以來便已有的思想傾向，宗炳之說亦只是此一傾向的實例之一。

結　語

本章對慧遠、宗炳的「神不滅」思想進行分析，指出其「神不滅」論述實以「主體」思想爲基礎。慧遠與宗炳都認爲：「心」、「神」是眾生輪迴與解脫的「主體」，而輪迴與解脫乃是主體染淨的變化所致。「心」、「神」受「情」、「識」牽引影響，是造成生死輪迴的原因；反之若「神」不再受「情」污染牽引，便是解脫境界。慧遠主張「心」、「神」是本來清淨的形上「實體」，「神」、「形」雖然二元但有著「體用」關係，此是他在理論思維上的創見。宗炳對於「神」概念的界定方式與慧遠大致相同，不同之處，在於他對「神」、「識」關係以及「識」在輪迴解脫中的作用有更詳細的說明。

可以發現，他們都將輪迴與解脫作用歸之於「主體」之「心」、「神」的染淨，此一思想實具有相當近似後世「眞常」思想的特色。但此一「主體」

〔註76〕中西久味：同注15，頁74-75；伊藤隆壽：〈梁武帝『神明成佛義』の考察——神不滅論から起信論への一視點〉，氏著：《中國佛教の批判的研究》（東京，大藏出版株式會社，1992年），頁242-245。

〔註77〕同注19。

模式其實是初期佛教學者的普遍共見，此是他們的「神不滅」思想的眞正背景。可知所謂「神不滅」理論本質上乃是「主體」思想在「神不滅」問題上的運用，因此若將所謂「神」解釋為「靈魂」，便窄化了「神」作為主體的意義。

觀察慧遠與宗炳之思想，便可知道「神不滅」理論的發展終究是佛教「主體」思想發展的環節之一，它的發展方向取決於佛教思想界對於「主體」問題的思考方式。而接下來新譯經典思想的導入，將使學者們對於「主體」問題有不同的思考，「神不滅」理論的方向也將改變。

第五章　僧肇的心概念與神明觀
——無我說與主體思想

由於大乘中觀之學的傳入，使中土佛教界開始能依中觀思想理解「無我」之義，此是鳩摩羅什（344-413）所帶來的重要影響。正如僧叡所言：「此土先出諸經，於識神性空，明言處少，存神之文，其處甚多。《中》、《百》二論，文未及此，又無通鑒，誰與正之？」直至羅什來華「於今始聞宏宗高唱」。〔註1〕但羅什的思想，究竟屬於西域而非中國傳統。據《高僧傳》記載：

> 什雅好大乘，志存敷廣，常歎曰：「吾若著筆作大乘阿毘曇，非迦旃延子比也。今在秦地，深識者寡，折翮於此，將何所論。」乃悽然而止。〔註2〕

迦旃延子即迦多衍尼子（Kātyāyanīputra），是撰寫有部根本論書《阿毘達磨發智論》的著名論師。羅什所習之大乘中觀思想，原爲對抗有部之實有思想而發；因此他自信地認爲「若著筆作大乘阿毘曇，非迦旃延子比也」。然而，中土的學術環境與西方不同，「今在秦地，深識者寡」，論成又有誰能了解其中批判有部思想的妙處？故羅什終究「悽然而止」。可知羅什的學術實不屬中國傳統。因此本文將不討論其主體思想。

一般認爲，僧肇（384-414）師承羅什的中觀思想，擺脫並超越了「六家七宗」時期玄學化的般若學風，是中土首位能較精確理解般若奧義的學者；

〔註1〕後秦・僧叡：〈毗摩羅詰提經義疏序〉，梁・僧祐著，蘇晉仁、蘇鍊子點校：《出三藏記集》（北京，中華書局，1995年）卷8，頁312。

〔註2〕梁・慧皎著，湯用彤校注：《高僧傳》（北京，中華書局，1997年）卷2〈鳩摩羅什傳〉，頁53。

羅什便曾稱讚僧肇爲秦人中「解空第一」者。〔註3〕羅什、僧肇對於般若思想的傳介與發揚，是中國佛教史之大事，學者論之已詳。僧肇既爲羅什高足，對於輪迴解脫之主體問題亦當有不同於前人的見解，但過去似乎少有學者注意及此。本章擬以此爲進路，就僧肇「心」、「神明」等相關概念進行分析，說明他雖然繼承羅什的中觀無我學說，但仍然深受中國傳統「主體」實有思想之影響。

僧肇思想中的玄、佛交會問題向來是學者關注焦點：湯用彤認爲《肇論》之命意遣詞多襲取《老》、《莊》，仍屬玄學之系統，〔註4〕呂澂也認爲其思想與玄學劃不清界限，〔註5〕此問題迄今仍舊引發學者爭論。本章的討論，或可對此問題提供另一觀點。

第一節　無我與心識相傳

僧肇關於「無我」的論述，見於其《注維摩詰經》：

> 是身無主爲如地。肇曰：夫萬事萬形皆四大成，在外則爲土木山河，在內則爲四支百體。聚而爲生，散而爲死；生則爲內，死則爲外。內外雖殊，然其大不異，故以內外四大，類明無我也。如外地，古今相傳，強者先宅，故無主也；身亦然耳，眾緣所成，緣合則起，緣散則離，何有眞宰常主之者？主、壽、人，是一我，義立四名也。
>
> 是身無我爲如火。肇曰：縱任自由謂之我。而外火起滅由薪，火不自在；火不自在，火無我也。外火既無我，內火類亦然。
>
> 是身無壽爲如風。肇曰：常存不變謂之壽。而外風積氣飄鼓，動止無常；動止無常，風無壽也。外風既無壽，內〔風〕類可知。
>
> 是身無人爲如水。肇曰：貴於萬物而始終不改謂之人。而外水善利萬形，方圓隨物，洿隆異適，而體無定；體無定，則水無人也。外水既無人，內水類可知。〔註6〕

〔註3〕慧達：〈肇論序〉：「童壽歎言：解空第一，肇公其人。」《大正藏》卷45，頁150c。其生平，參見《高僧傳》卷6〈僧肇傳〉，同注2，頁248-252。

〔註4〕湯用彤：《漢魏兩晉南北朝佛教史》（北京，中華書局，1997年），頁237。

〔註5〕呂澂：《中國佛學源流略講》（臺北，里仁書局，1998年），頁109。

〔註6〕後秦．僧肇：《注維摩詰經．方便品》，《大正藏》卷38，頁341b-c。以下隨文注明品名頁數。

依經文，主（pati）、壽（jīva）、人（pudgala）本即「我」（ātman）之同義字。僧肇亦順經意說明「無我」：此身「眾緣所成，緣合則起，緣散則離」，並無「眞宰常主之者」，故「無主」；此身「不自在」、不得「縱任自由」，故「無我」；此身「動止無常」、不得「常存不變」，故「無壽」；此身「體無定」、不得「始終不改」，故「無人」。可知僧肇一方面將「我」理解爲常存不變、始終不改的「實體」，另一方面也強調它縱任自由、眞宰常主的「主宰」之義；眾生由四大所成，其中並無如此「實體」、「主宰」，故說無我。此意僧肇多有發揮：

> 是身爲空，離我我所。肇曰：我，身之妙主也；我所，自我之外，身及國財妻子萬物盡我所有。智者觀身，身內空寂，二事俱離也。（〈方便品〉，頁 342a）
>
> 法無有人，前後際斷故。肇曰：天生萬物以人爲貴，始終不改謂之人，故外道以人名神，謂始終不變。若法前後際斷，則新新不同；新新不同，則無不變之者；無不變之者，則無復人矣。（〈弟子品〉，頁 346a）
>
> 身亦無我。肇曰：釋無我義也。四大和合，假名爲身耳，四大既無主，身我何由生？譬一沙無油，聚沙亦無也。主、我一物異名耳。（〈文殊師利問疾品〉，頁 376a）
>
> 云何爲離？離我、我所。肇曰：我爲萬物主，萬物爲我所，若離我、我所，則無法不離。（同上，頁 376c）
>
> 德守菩薩曰：我、我所爲二。因有我故，便有我所；若無有我，則無我所。是爲入不二法門。肇曰：妙主常存，我也；身及萬物，我所也。我所我之有也，法既無我，誰有之者？（〈入不二法門品〉，頁 397a）

此不但說無我，亦說無我所。「主、我一物異名」、「眞宰主其起滅者」、「我爲萬物主」云云是就「主宰」義說「我」；「始終不改謂之人」則指「實體」而言；「我，身之妙主也」、「妙主常存，我也」可說兼有二義。僧肇即由否定「實體」、「主宰」來論證無我。此種對「我」概念的理解以及「無我」的論法前有所承：羅什已指出「凡言我，即主也」、「眾生、神、主、我，是一義耳」，並說「四大是身之本。本既無主，故身亦無我也」，〔註 7〕僧肇的見解顯然出

〔註 7〕同注 6，〈弟子品〉，頁 354b；〈觀眾生品〉，頁 383b；〈文殊師利問疾品〉，頁

自羅什的影響。

關於無我之論證，如引文所說「緣合則起，緣散則離，何有眞宰常主之者」、「身內空寂」、「新新不同，則無不變之者」、「四大和合，假名爲身耳，四大既無主，身我何由生」，皆是就四大五陰緣起和合的角度，來說明眾生假合故無「實體」、「主宰」。進一步看，「身我何由生」所否定的是「人我」，「法既無我」更涉及了對「法我」的否定；僧肇所述，其實是中觀人我、法我二空之思想。他又說：

> 無我、無人、無眾生、無壽命，空、無相、無作、無起。肇曰：法從因緣生，緣則無自性，無自性則無主，無主則無我、人、壽命，唯空、無相、無作、無起，此深經之所順也。
>
> 決定無我，無有眾生。肇曰：不悟緣起，故有邪見之迷、封我之惑。若如說行，則得明慧，明見十二因緣根源所由，故能離諸邪見，得無生忍，無復吾我眾生之想也。……。（〈法供養品〉，頁 416b、c）

「我」（ātman）、「眾生」（sattva）亦同義。僧肇云：眾生因爲「不悟緣起」，故有我、眾生之邪見封惑；若知「十二因緣根源所由」，便能無復吾我眾生之妄想。此是「人無我」之意。但僧肇除了分析「緣起」論證無「人我」之外，更指出「法從因緣生，緣則無自性」，緣起諸法本身也是「無自性」的，此即「法無我」之意。如他所說：

> 當起法想。肇曰：我想，患之重者，故除我想而起法想。法想於空爲病，於我爲藥，昇降相靡，故假之以治也。
>
> 起唯法起，滅唯法滅。肇曰：釋法想也。五陰諸法，假會成身，起唯諸法共起，滅唯諸法共滅，無別有眞宰主其起滅者也。既除我想，唯見緣起諸法故名法想。
>
> 當作是念：此法想者亦是顚倒，顚倒者是即大患，我應離之。肇曰：法想雖除我，於眞猶爲倒，未免於患，故應離之。（〈文殊師利問疾品〉，頁 376b-c）

經文所謂「法想」，是指說一切有部之法體實有思想。有部主張「和合假、假依實」，認爲諸法假合的「人我」雖虛妄不實，但組成人我的「法我」或「極微」（aṇu）則是實有的。如《阿毘達磨大毘婆沙論》便云：「我有二種：一者

376a。

法我，二者補特伽羅我。善說法者，唯說實有法我。法性實有，如實見故，不名惡見。外道亦說實有補特伽羅我。補特伽羅非實有性，虛妄見故，名爲惡見。」〔註8〕針對有部而起的大乘中觀派，則進一步在「人我空」之外更主張「法我空」；正如羅什所說：「有二種論：一者大乘論，說二種空：眾生空、法空。二者小乘論，說眾生空。」〔註9〕主張我、法二空是大乘中觀思想的特色，僧肇的「無我」論述受羅什影響，正顯示出此一特質。僧肇認爲，如有部一般分析「五陰諸法，假會成身，起唯諸法共起，滅唯諸法共滅」來論證無我，雖能去除「我想」，但不免仍有以「緣起諸法」爲實的「法想」之見。「我想」是患之重者，必須藉由「起法想」以「除我想」，但是「法想於空爲病」、「法想雖除我，於眞猶爲倒，未免於患，故應離之」，故不可離我想卻執著於法想。換言之，只分析諸法緣起而說無我是不究竟的，必須進一步認識到諸法本身同樣性空。此與他「即萬物之自虛，豈待宰割以求通」的思想完全一致，〔註 10〕顯然「不眞空」的性空思想才是僧肇「無我」理論的根基。此一說法，事實上成爲後來中國佛教對於「無我」的標準解釋。

除此之外，僧肇也說我、無我不二：

> 於我、無我而不二，是無我義。肇曰：小乘以封我爲累，故尊於無我。無我既尊，則於我爲二。大乘是非齊旨，二者不殊，爲無我義也。(〈弟子品〉，頁 354b)

> 見我實性者，不復起二，是爲入不二法門。肇曰：非我出於我耳。見我實性者，我本自無，而況非我也！(〈入不二法門品〉，頁 398a)

若以「我」爲累而「尊於無我」，則無我與我便歧異爲二。但僧肇認爲，「無我」或「非我」本「出於我」，割裂二者不是正確的看法。何故？「我」之實性本空，故說「我本自無」；「無我」、「非我」只是「我」之性空之形容，並非離此性空之「我」而別爲一物。若見「我」爲空而執實於「無我」，便失去了無我的眞義。因此僧肇說「我本自無，而況非我」：我之性空，此空亦空；又說「我」之性空即是「非我」，「二者不殊」方是大乘的「無我義」。此正是

〔註 8〕五百羅漢造，唐・玄奘譯：《阿毘達磨大毘婆沙論》卷 9，《大正藏》卷 27，頁 41a。

〔註 9〕東晉・慧遠問，後秦・鳩摩羅什答：《鳩摩羅什法師大義・問實法有并答》，《大正藏》卷 45，頁 136c。

〔註10〕後秦・僧肇：《肇論・不眞空論》，《大正藏》卷 45，頁 152b。以下隨文注明篇名頁數。

他一貫「即僞即眞」、「即萬物之自虛」的主張。〔註 11〕此處亦顯見中觀性空思想的影響。

僧肇的「無我」思想可說是其性空理論的延伸，已如上述。但既主張無我，則要如何解釋眾生的生死輪迴、作業受報問題？輪迴業報的過程沒有「實體」可以成立嗎？他的答案是肯定的：

> 無我無造無受者。肇曰：諸法皆從緣生耳，無別有眞主宰之者，故無我也。夫以有我，故能造善惡，受禍福法；既無我，故無造無受者也。
>
> 善惡之業亦不亡。肇曰：若無造無受者，則不應有爲善獲福，爲惡致殃也。然眾生心識相傳，美惡由起，報應之道，連環相襲，其猶聲和響順，形直影端。此自然之理，無差毫分，復何假常我而主之哉！（〈佛國品〉，頁 333a）

雖然沒有「能造善惡，受禍福法」的能造能受者，但卻不表示亦無「爲善獲福，爲惡致殃」之事。僧肇認爲，眾生「心識相傳」即是輪迴與業報的基礎，不僅「美惡由起」，「報應之道，連環相襲」也依心識之相續而成立。因此，眾生雖無「實體」性的「眞主宰」、「常我」，但「心識」的生滅相續仍足可爲作業受報的「主體」。如此一來，根據眾生心識作用的相續便可解釋眾生的生死業報，再不需要借助實體性的「我」或「神」概念。須指出的是，此說也被羅什的其他弟子所採用，如《名僧傳抄》所收〈無神我事〉一文：

> 未知眾生爲有神耶？爲無神耶？無神者，恐空修梵行，修善造惡，誰受報應？答曰：眾生雖無常住之神，而有善惡之心。善惡之心，爲萬行之主，天堂地獄，以心爲本。因果相續，由斯以生。……無常心者，念念常遷。我有古今之異，前心不待後心；而後心因前而有，生死以之無窮，果報以之不絕。〔註 12〕

此文據考爲慧觀所作。〔註 13〕他也以爲眾生並無「常住之神」，但有「善惡之心，爲萬行之主」。此「心」雖是「念念常遷」的「無常心」，但「因果相續」、「生死以之無窮，果報以之不絕」即依此成立；「心」雖相續不絕，但只是念念相續的心識作用，「前心不待後心」，其中並無實體性的常我。此與僧肇所

〔註 11〕同注 10。
〔註 12〕梁・寶唱著，日本・宗性抄：《名僧傳抄》，《卍續藏經》第 134 冊，頁 8d-9a。
〔註 13〕湯用彤：同注 4，頁 452。

言一致，可能是羅什的弟子群中流行的觀點。

僧肇、慧觀皆以念念相續之「心」、「心識」來說明輪迴業報，此一現象有很重要的意義。如前所述，由於羅什對中觀思想的傳介，中土學者始能依中觀標準對「無我」之旨有所領會，僧肇「無我」思想即是具體的例子。但改變尚不止此。如果無我之說是「破」，則僧肇「心識相傳」的理論便是「立」。它改變了過去訴諸「實體」性的不滅之「神」來解說輪迴業報的傳統作法，提出以心識作用的相續來加以說明的新理論；如此不但更切合佛教無我說的精神，更徹底轉變了「神不滅」問題的思考方向。這是佛教思想史上值得注意的重大發展。

僧肇雖然提出了新的心識相續理論，卻也未全然擺脫傳統「神不滅」論法的影響：

> 是身不實，四大爲家。肇曰：……自此下獨明身之虛僞，眾穢過患，四大假會，以爲神宅，非實家也。
>
> 爲老所逼。肇曰：神之處身，爲老死所逼，猶危人之在丘井，爲龍蛇所逼。……。(〈方便品〉，頁 341c-342a、342b)

「四大假會，以爲神宅」、「神之處身」的講法，看似承認身中有不滅之「神」。但這只是詞語上的襲用現象，對照前述「心識相傳」的理論，可知此「神」應該是指眾生的心神，與「心識」同義。後文將再處理此一問題。

第二節　衆生心：流轉還滅根源

先論僧肇之「心」概念如何爲輪迴業報之基礎。既然「心識相傳」連繫著無我而說，「心」或「心識」當然不是不變的實體：

> 如其心然，罪垢亦然。肇曰：……佛言：眾生垢淨，皆由心起。求心之本，不在三處；心既不在，罪垢可知也。(〈弟子品〉，頁 356a)
>
> 亦非心合，心如幻故。肇曰：身相離則非身，心如幻則非心。身心既無，病與誰合？無合故無病，無病故不可見也。(〈文殊師利問疾品〉，頁 374b)

「心」不在內外中間三處；猶如此身假合性空，「心」也是如幻空無的。但「眾生垢淨，皆由心起」，此如幻空無之心即是善惡的源頭與輪迴報應的根基。

關於「心」之作用，僧肇云「萬事萬形，皆由心成」(〈佛國品〉，頁 338a)、

「萬法云云，皆由心起」(〈弟子品〉，頁 356a)，據此，「心」不只是眾生垢淨之本，一切諸法也都依此「心」而起。然則性空無幻之「心」似乎具有一切存在根源的地位。有學者便認爲僧肇此「心」是從本體上說的，有、無等現象都由此心體所派生；〔註 14〕或認爲他堅持唯心主義的世界觀，主張外物依存於心而起。〔註 15〕但相反地，僧肇也說「心者何也？染有以生」(〈佛國品〉，頁 333a-b)、「心者何也？惑相所生」(〈弟子品〉，頁 353b-c)，似乎主張外物爲「心」之根源，而與前述「萬事萬形，皆由心成」說法相反。面對這看似矛盾的情況，有學者採取調和之說，認爲僧肇既主張「心」產生世界萬有，也說世間萬有決定人的「心」；他事實上統一了「心」、「物」二者，因此說他是唯心或唯物都不全面。〔註 16〕

但是從僧肇所服膺的中觀立場來看，不管「心生萬有」或「心因有起」都是難以成立的。般若思想依緣起性空的觀點拒斥任何對形上根源的追尋，就唯心、唯物的角度討論心、物何者爲宇宙根源更與其思維方式不合；這樣看來，僧肇之說能否被這樣理解值得商榷。確實，僧肇有心、物互起的說法：

> 答曰：以空空。肇曰：夫有由心生，心因有起，是非之域（域），妄想所存，故有無殊論，紛然交競者也。若能空虛其懷，冥心眞境，妙存環中，有無一觀者：雖復智周萬物，未始爲有；幽鑑無照，未始爲無。……故經曰：聖智無知，以虛空爲相，諸法無爲，與之齊量也。故以空智而空於有者，即有而自空矣，豈假屏除然後爲空乎！上空智空，下空法空也。直明法空，無以取定，故內引眞智，外證法空也。(〈文殊師利問疾品〉，頁 372c)

此處說「有由心生，心因有起」。但從上下脈絡來看，這顯然不是對心、物之間派生關係的說明，而是對諸法觀照境界問題的討論。(1)「有由心生，心因有起」，下文接著說「是非之域，妄想所存，故有無殊論，紛然交競者也」；可知「有由心生，心因有起」其實是對眾生處在「是非之域，妄想所存」的說明，僧肇並以此爲世間「有無殊論，紛然交競」的根源。這是指眾生的妄想心境而言，顯

〔註 14〕任繼愈主編：《中國佛教史（第二卷）》（北京，中國社會科學出版社，1997 年），頁 506。

〔註 15〕楊憲邦主編：《中國哲學通史（第二卷）》（北京，中國人民大學出版社，1988 年），頁 263。

〔註 16〕孫炳哲：《肇論通解及研究》，《中國佛教學術論典》第 19 冊（高雄，佛光山文教基金會，2001 年），頁 50-53。

然與心、物的生成問題無關。(2) 原注經文「以空空」，〔註 17〕如僧肇所注是「上空智空，下空法空」、「內引眞智，外證法空」之意。僧肇在此大力發揮「般若無知」之義來解說智空與法空的關係。從注文脈絡來看，顯然「有由心生，心因有起」云云是作爲反例而被提出的：凡夫「有由心生，心因有起」，不能如聖人般「以空智而空於有」，因此心中「妄想所存」，諸般戲論紛然交競。同樣地，在此「有由心生，心因有起」顯然只是一個描述眾生妄想觀照境界的命題，與心、物的存在生成無關。可知從唯心唯物或派生關係的角度來解釋此語是不適當的。

那麼，「有由心生，心因有起」的具體意涵爲何？先看「心因有起」問題：

> 時維摩詰來謂我言：唯，迦旃延，無以生滅心行說實相法。肇曰：心者何也？惑相所生。行者何也？造用之名。夫有形必有影，有相必有心；無形故無影，無相故無心。然則心隨事轉，行因用起。見法生滅，故心有生滅；悟法無生，則心無生滅。迦旃延聞無常義，謂法有生滅之相；法有生滅之相，故影響其心，同生滅也。夫實相幽深，妙絕常境；非有心之所知，非辨者之能言，如何以生滅心行而欲說乎！（〈弟子品〉，頁 353b-c）

可以發現「心」「惑相所生」的論述脈絡，確實與觀察法相的境界問題有關。（1）此處先說「心者何也？惑相所生」，接著指出「有相必有心」故「心隨事轉」，再補充說明「見法生滅，故心有生滅」，迦旃延即因「謂法有生滅之相」，「故影響其心，同生滅也」。然則「惑相」即是事物的「有相」，由此惑相故眾生「有心」；「有相」包括「法有生滅之相」，二乘「見法生滅」是故「心有生滅」。可以發現，此文扣緊「惑相」、「有相」、「生滅之相」來說「有心」、「生滅心」，其實正是從認識、觀照境界的角度來說「心因有起」：迦旃延只能照見諸法之生滅相，故其心有生滅；凡夫只見諸法之惑相、有相，故其有心。在此「心」爲「惑相所生」或「生滅之相」生出「生滅心」，並不是指它們有存在上的派生關係：「有心」不是說心存在，而是說眾生看到諸法的有相、惑相，故其心認爲諸法實「有」；「心有生滅」也並非指迦旃延之心的存在與消滅，而是指他看到諸法生滅相，故其心認爲「法有生滅」。換言之，「有心」、「心有生滅」其實是眾生對於諸法有無、生滅的「認知境界」，與「心」的存在生滅無關。因此，「心因有起」並不是在存有論意義上說「物」生出「心」，

〔註 17〕後秦．鳩摩羅什譯：《維摩詰所說經》，《大正藏》卷 14，頁 544c。

只是就認識觀照的角度說眾生只見諸法表相而有錯誤的認知心。(2) 相對地，僧肇又說「無相故無心」，若「悟法無生，則心無生滅」，這是「實相幽深，妙絕常境」的境界，不能以執取有相、生滅相的「有心」、「生滅心」來理解。很明顯地，「無相故無心」並不是說外在事物不存在則「心」也不存在；由「悟法無生，則心無生滅」一語便可知「無心」、「心無生滅」乃是能觀諸法不生不滅的領悟境界。不執著諸法實有，能照見諸法性空本來無相，此即「無心」；不執取諸法之生滅相，而體悟諸法性空本無生滅去來，此謂「心無生滅」。如此才能領悟幽深的「實相」之境，此即至人的觀照境界。故僧肇亦云：

> 無受行。肇曰：心者何也？染有以生。受者何也？苦樂是行。至人冥眞體寂，空虛其懷，雖復萬法並照，而心未嘗有；苦樂是遻，而不爲受。物我永寂，豈心受之可得！(〈佛國品〉，頁 333a-b)

此處說「心者何也？染有以生」，正與「至人冥眞體寂，空虛其懷」、「萬法並照，而心未嘗有」、「物我永寂，豈心受之可得」之境界對比；聖人「心未嘗有」而冥眞體寂，故與凡夫心「染有以生」有所不同。可見「無心」、「心無生滅」確是指聖人能照見諸法實相性空的「觀照境界」，與心不存在或沒有生滅無關。綜而言之，僧肇所說「有心」、「無心」、「心有生滅」、「心無生滅」其實是凡聖之心認識諸法的不同境界，而不是指心的存在生滅；所謂「心因有起」只是說凡夫見法有相、生滅相，故生起相應的錯誤知見，實與唯物思想無關。

其次，「有由心生」又應如何解釋？僧肇在〈答劉遺民書〉中云：

> 且夫心之有也，以其有有；有不自有，故聖心不有有。不有有，故有無有；有無有故，則無無。無無故，聖人(心)不有不無。不有不無，其神乃虛。何者？夫有也無也，心之影響也；言也象也，影響之所攀緣也。有無既廢，則心無影響。影響既淪，則言象莫測。(〈答劉遺民書〉，頁 156a。「人」字原本作「心」。)

此云「有也無也，心之影響也」，似將諸法的有無生滅皆視爲「心」之產物。但，(1) 此亦說「心之有也，以其有有」，將「心」之「有」解釋爲「有有」，此是何意？下文說「有不自有，故聖心不有有」，這是說：諸法本自性空非有，故聖人之心不將諸法假有視爲實有。對比可知「心之有也，以其有有」是說：凡夫執取假有諸法爲實有，故其「心」是「有」。〔註 18〕然則所謂「心之有」，

〔註 18〕陳・慧達：《肇論疏》：「凡情以有爲有，即心生於有，故云心有生於有有。……

只是指凡夫在妄想認知中執取諸法爲實有，與心的存在與否無關；相對地，聖心「不有有」也不是說聖心不存在，而是指其觀智境界能不執著於假有。此與前述「有心」、「無心」所言相同。（2）稍微有異的是，此處除了說聖心「不有有」外也說「無無」，而說「聖心不有不無」，此似與前文強調至人「心未甞有」、「無相故無心」之說矛盾。但從文脈來看，此「有」、「無」承「有不自有」而來，係指諸法事象層次的有無，可知聖心「不有有」、「無無」、「不有不無」是指不執取此表相上的假有假無；而前文「無相」則是指諸法的實相空相，「無心」實是對實相無相的領悟心，故二處之說其實並不衝突。（3）順此，再看「有也無也，心之影響也」一語：僧肇將心與有無的關係比喻爲形、聲之於影、響，似指存在意義上的生成關係而言。但此語承上文「聖心不有不無。不有不無，其神乃虛」而來，下文接著又以「有無既廢，則心無影響」來描寫聖人境界。已知「聖心不有不無」即不執取假有假無之觀智境界，而此境界又被說爲「有無既廢，則心無影響」；可知「有也無也，心之影響也」其實說的還是凡夫執取假有假無的錯誤認知境界，而與諸法存在根源的問題無關。換言之，僧肇之意爲：眾生心處在妄想認知境界，乃是執著諸法實有實無的原因。再如僧肇所言：

> 螺髻梵王言：仁者心有高下，不依佛慧，故見此土爲不淨耳。肇曰：萬事萬形，皆由心成。心有高下，故丘陵是生也。（〈佛國品〉，頁338a）

此注經文爲「仁者心有高下，不依佛慧，故見此土爲不淨耳」，〔註19〕本是從認知問題的角度，說虛妄分別心是見土不淨的原因；僧肇「萬事萬形，皆由心成」之語亦應在此脈絡下來理解，而不應被視爲是對存在根源問題的說明。綜而言之，「有也無也，心之影響也」、「萬事萬形，皆由心成」只是說妄想心境是執著諸法實有實無的根源，並不是說「心」爲萬物的根源本體；「有由心生」其實只是一個認識境界的問題，實與唯心思想無關。

根據上文的分析，可知「有由心生，心因有起」純粹是認識境界的問題。凡夫只看到諸法的有無生滅相，心中生起相應的錯誤知見，即「心因有起」；

聖能虛心，達有非有，……此明聖心不在有也。」《卍續藏經》第150冊，頁440b。唐・元康：《肇論疏》：「凡論心之所以爲有者，以其謂法而有，故名心有耳。有自不有，故聖心不有有者，有法當體，自非是有，故聖心不以有爲有耳。」《大正藏》卷45，頁186c。

〔註19〕同注17，頁538c。

心中的錯誤妄想知見，反過來成爲執著諸法實有實無的根源，即「有由心生」。在僧肇看來，這是一個不斷循環的過程，〔註 20〕而「內有妄想，外有諸法，此二虛假，終已無得」（〈文殊師利問疾品〉，頁 377c）。「心」在此無疑具有關鍵地位：不論「有由心生」或「心因有起」，「心」都被僧肇預設爲眾生已有的認識知見「主體」，是它執取諸法假相而形成錯誤知見，也是它陷入錯誤知見而執取諸法假相。這樣的「心」作用之循環，導致眾生生死輪迴不絕；此即僧肇說「心識相傳」爲輪迴業報基礎的理論依據：

> 又問：顛倒想孰爲本？答曰：無住爲本。肇曰：心猶水也，靜則有照，動則無鑒。癡愛所濁，邪風所扇，湧溢波蕩，未始暫住。以此觀法，何往不倒！譬如臨面湧泉，而責以本狀者，未之有也。倒想之興，本乎不住，義存於此乎！
>
> 文殊師利，從無住本立一切法。肇曰：無住故想倒，想倒故分別，分別故貪欲，貪欲故有身。既有身也，則善惡並陳；善惡既陳，則萬法斯起。自茲以往，言數不能盡也。若善得其本，則眾末可除矣。（〈觀眾生品〉，頁 386b-c、c）

「心」猶如水般「靜則有照，動則無鑒」，具有趨向流轉或還滅的雙重可能，前引「眾生垢淨，皆由心起」即是此意。但此「心」長久以來爲「癡愛所濁，邪風所扇，湧溢波蕩，未始暫住」，陷溺在癡愛邪見中，「以此觀法，何往不倒」，只能看到顛倒的諸法假相。此即「有由心生，心因有起」的循環。僧肇又云「無住故想倒，想倒故分別，分別故貪欲，貪欲故有身」，認爲此「心」的「未始暫住」、觀法的「何往不倒」，正是受生輪迴的根源；由此而「善惡並陳」、「萬法斯起」、「自茲以往，言數不能盡也」，生死輪迴的歷程無窮無盡。然則對僧肇而言，「心」執著於邪見痴愛，在「有由心生，心因有起」的循環中不得脫出，正是眾生淪落生死輪迴的原因；「心識相傳」作爲輪迴業報基礎的運用模式由此便可理解。

但「心」不只是流轉的根據，「主德者心」（〈佛國品〉，頁 332c），它也是解脫還滅的根源。凡夫「有由心生，心因有起」故生死不絕，「聖心不有不無」便能脫離輪迴的束縛。但此二者只是一心：

> 答曰：直心是道場，無虛假故。肇曰：修心進道，無亂之境，便是

〔註 20〕方立天：〈僧肇評傳〉，氏著：《魏晉南北朝佛教論叢》（北京，中華書局，2002 年），頁 129。

> 道場耳。若能標心爲主，萬行爲場，不越方寸，道自修者，乃眞道場也，曷爲近捨閑境而遠求空地乎！直心者，謂內心眞直，外無虛假；斯乃基萬行之本，坦進道之場也。……。（〈菩薩品〉，頁 363c-364a）
>
> 文殊師利言：有身爲種。肇曰：有身身見。夫心無定所，隨物而變，在邪而邪，在正而正。邪正雖殊，其種不異也。何則？變邪而正，改惡而善，豈別有異邪之正，異惡之善，超然無因，忽爾自得乎！然則正由邪起，善因惡生，故曰眾結煩惱爲如來種也。（〈佛道品〉，頁 391c）

僧肇認爲「心無定所」、「在邪而邪，在正而正」，是中性而不決定的。「心」「邪正雖殊」，但只是同此一心在「變邪而正，改惡而善」；此外便無「異邪之正，異惡之善」，更無其他獨立的善惡根源。如前所述，僧肇認爲「心」是「如幻空無」的，此又云「心」中性而不定善惡，而他正將善惡邪正建立在此中性而空幻的「心」上，不認爲有更本質性的善根源，此與眞常心淨思想不同。雖然「心」只是可善可惡的心識相續，但現在爲惡之心即是「如來種」，是眾生解脫的根源。僧肇說「修心進道」、「標心爲主，萬行爲場」可臻道場，「內心眞直，外無虛假」之「直心」即是「基萬行之本，坦進道之場」，可見「心」在解脫過程中的關鍵性；「主德者心」、「我心無染則萬縛斯解」、「此心乃是萬行之本」（〈佛國品〉，頁 332c、334a、335b）云云也都強調此一觀點。將「心」說爲眾生流轉與還滅的共同根源，此又與眞常唯心的觀點相近。若與慧遠（334-416）比較，可看出二者雖然都以「心」爲決定染淨方向之「主體」，但僧肇所言之眾生「心」只是心識作用之相續，並無「實體」意味，此與慧遠不同。

要附帶一提的是，僧肇也說：

> 十不善道爲種。以要言之，六十二見及一切煩惱皆是佛種。肇曰：塵勞眾生即成佛道，更無異人之成佛，故是佛種也。（〈佛道品〉，頁 392a）

此云「塵勞眾生即成佛道，更無異人之成佛」，故說能夠成佛的眾生本身即是「佛種」。此與後來涅槃師主張的「眾生爲正因」、「六法爲正因」理論十分相似。對這些說法後章另有分析。不能確定僧肇思想是否影響了這些涅槃師，但此現象值得注意。

綜上所述，可知僧肇主張「無我」，但卻以「心」之相續爲眾生生死輪迴與還滅解脫的根源。此心雖空幻不實，對於眾生而言卻具有決定輪迴解脫方向的「主體」意義；此與前此學者們的普遍看法仍然相同。而在他對「聖心」的描述中，此主體則具有「實有」意涵。

第三節　般若：中觀與玄學式的非有非無

如前所見，能解脫生死輪迴的「心」，即「非有非無」的「聖心」。在僧肇的系統中，「聖心」也就是「般若」；故〈般若無知論〉論般若無知，而說「聖心無知，故無所不知。不知之知，乃曰一切知」（〈般若無知論〉，頁 153a）。本節先討論「般若」的相關問題。

僧肇指出，「般若」與佛所得「一切智」相同，二者只有因果之別：

> 以一切智起般若波羅蜜。肇曰：在佛名一切智，在菩薩名般若，因果異名也。然一切智以無相爲相，以此起般若，般若亦無相；因果雖異名，其相不殊也。（〈菩薩品〉，頁 369a）

此一有別於凡夫惑智的最高智慧是「無知而無不知」的：它非世俗知識的「形相、概念、執取」之知，卻是「虛心實照」的「默照、玄鑒」的勝義之知。〔註 21〕僧肇在《注維摩詰經》中一再提及「聖智無知而萬品俱照」（〈注維摩詰經序〉，頁 327a）、「無知而無不知，謂之智也」（〈佛國品〉，頁 329b）、「菩提無知故無所不知」、「無知而無所不知者，其唯一切智乎」（〈菩薩品〉，頁 363b、365a），在〈般若無知論〉中對此義更有詳盡的論述。對於「般若無知」之義學者已有豐富的研究成果，〔註 22〕故本文不再重複論及，只就「般若」體性問題進行分析。

僧肇如此描述「般若」之體：

> 然其爲物也，實而不有，虛而不無，存而不可論者，其唯聖智乎！何者？欲言其有，無狀無名；欲言其無，聖以之靈。聖以之靈，故虛不失照；無狀無名，故照不失虛。照不失虛，故混而不渝；虛不失照，故動以接麤。是以聖智之用，未始暫廢，求之形相，未暫可得。（〈般若無知論〉，頁 153b）

〔註 21〕李潤生：《僧肇》（臺北，東大圖書公司，2001 年），頁 106-107。

〔註 22〕同注 21，頁 101-131。參見：劉貴傑：《僧肇思想研究——魏晉玄學與佛教思想之交涉》（臺北，文史哲出版社，1985 年），頁 87-98；涂豔秋：《僧肇思想研究》（臺北，東初出版社，1996 年），頁 171-224；許抗生：《僧肇評傳》（南京，南京大學出版社，1998 年），頁 207-222。

所以者何？菩提者，不可以身得，不可以心得。肇曰：自此下大明菩提義也。道之極者稱曰菩提，秦無言以譯之。菩提者，蓋是正覺無相之眞智乎！其道虛玄，妙絕常境。……故其爲道也，微妙無相，不可爲有；用之彌勤，不可爲無。故能幽鑑萬物而不曜，玄軌超駕而弗夷，大包天地而罔寄，曲濟群惑而無私。……。然則無知而無不知，無爲而無不爲者，其唯菩提大覺之道乎！（〈菩薩品〉，頁 362c）

此以「非有非無」的雙遣法來說明「般若」體性。「般若」是「實而不有，虛而不無」，不可說定是有是無的。何故？僧肇云「欲言其有，無狀無名；欲言其無，聖以之靈」：從般若之體「無狀無名」而言，是「不有」；從般若有「聖以之靈」的妙用而言，是「不無」。此意他又以「微妙無相，不可爲有；用之彌勤，不可爲無」來表達：從般若之體「微妙無相」而言，是「不有」；從般若之用「用之彌勤」而言，是「不無」。進一步說，因爲般若「不有」，故能「照不失虛」、「混而不渝」；因爲般若「不無」，故能「虛不失照」、「動以接麁」，因而能有「幽鑑萬物而不曜，玄軌超駕而弗夷」等等神妙功能。綜而言之，般若「求之形相，未暫可得」故「不有」，「聖智之用，未始暫廢」故「不無」，因此只能用「非有非無」來表現它超越有無的特性。

僧肇運用的，看似是中觀「非有非無」的論法。《中論》駁斥俗人執著實有實無的斷常二見，云：「定有則著常，定無則著斷，是故有智者，不應著有無」、「一切法空故，何有邊、無邊、亦邊亦無邊、非有非無邊？」而主張緣起性空的中道觀，認爲「眾因緣生法，我說即是無，亦爲是假名，亦是中道義」。〔註 23〕僧肇對此義深有所得，他在〈不眞空論〉中便說「《中觀》云：物從因緣故不有，緣起故不無。……夫有若眞有，有自常有，豈待緣而後有哉！譬彼眞無，無自常無，豈待緣而後無也！……欲言其有，有非眞生；欲言其無，事象既形。象形不即無，非眞非實有。然則不眞空義，顯於茲矣」（〈不眞空論〉，頁 152b-c）；在《注維摩詰經》中也說「欲言其有，有不自生；欲言其無，緣會即形。會形非謂無，非自非謂有」、「有亦不由緣，無亦不由緣。以法非有無，故由因緣生」（〈佛國品〉，頁 332c-333a）。這是就緣起性空的角度說諸法「不眞空」。俗見所謂有、無是不依緣起、自性恆存的實有實無。一切法因緣而起則「有不自生」，故無自性恆存之實有，故云「非有」；一切法

〔註 23〕龍樹造，後秦・鳩摩羅什譯：《中論》〈觀有無品〉、〈觀涅槃品〉、〈觀四諦品〉，《大正藏》卷 30，頁 20b、36a、33b。

因緣而起則「緣會即形」，故無恆存不變的實無，故云「非無」。然則「非有非無」即是「不眞空」，是指諸法性空而言。

僧肇所說般若「實而不有，虛而不無」看似即是此義。但進一步細察，便會發現二種「非有非無」意義其實並不相同。中觀所說以及僧肇在〈不眞空論〉中所闡述的「非有非無」是說「欲言其有，有非眞生；欲言其無，事象既形」，亦即一切法緣起性空，故無自性恆存不變的「實有」、「實無」；但〈般若無知論〉等文所說之「般若」「非有非無」卻是指「欲言其有，無狀無名；欲言其無，聖以之靈」、「微妙無相，不可爲有；用之彌勤，不可爲無」，亦即般若雖「非有」形狀名相但卻「非無」靈妙的功能作用。顯然，「非有非無」的意義在此有很大的歧異。依中觀，諸法緣起無自性故「非有」，但僧肇只說般若無形無相、「求之形相，未暫可得」爲「非有」；依中觀，諸法緣起無自性故「非無」，但僧肇亦只說般若妙用無窮、「聖智之用，未始暫廢」爲「非無」。而僧肇以「無狀無名」、「微妙無相」爲「非有」，顯然只是說般若「非有形有相」，並不是說般若非實有；以「聖以之靈」、「用之彌勤」爲「非無」，顯然也只是說般若「非無靈妙作用」，而不是說般若非實無。然則對僧肇而言，說「般若」「非有非無」不但並不表示般若緣起無自性，相反地，「般若」既然無形無相不可見聞卻又妙用無窮，則它可能還是某種超越的存在。事實上，僧肇關於「般若」「非有非無」的論法，顯然不屬於中觀學派，而是道家或玄學思想影響下的產物。王弼（226-249）《老子注》便云：

> 谷神，谷中央〔無〕者也。無形無影，無逆無違，處卑不動，守靜不衰，〔物〕以之成而不見其形，此至物也。……欲言存邪，則不見其形；欲言亡邪，萬物以之生，故綿綿若存也。無物不成，而不勞也，故曰用而不勤也。
>
> 無狀無象，無聲無響，故能無所不通，無所不往。……欲言無邪，而物由以成。欲言有邪，而不見其形，故曰：無狀之狀，無物之象也。〔註 24〕

王弼此處所注者即「道」。「道」是「無形無影」、「無狀無象，無聲無響」、不可致詰的超越存在，但它「無物不成」、「無所不通，無所不往」，乃是萬有的存在根源。王弼也用「非有非無」的方式來描述道體的此一特性：「欲言存邪，

〔註 24〕曹魏・王弼：《老子注》〈第 6 章〉、〈第 14 章〉，王弼著，樓宇烈校釋：《王弼集校釋》（臺北，華正書局，1992 年），頁 16-17、31-32。

則不見其形；欲言亡邪，萬物以之生」、「欲言無-邪，而物由以成。欲言有邪，而不見其形」。欲說道體是「有」，它卻「不見其形」，無形相可見；欲說道體是「無」，但「萬物以之生」、「物由以成」，它卻又有無限的妙用。故道是「非有非無」的。當然，「非有」只是說道不可聞見，而不是說它不存在；「道」作爲萬有根源乃是形而上的實存之體。不難發現，僧肇關於般若「非有非無」的論法與王弼對道體「非有非無」的論法可說如出一轍。僧肇所說「欲言其有，無狀無名；欲言其無，聖以之靈」、「微妙無相，不可爲有；用之彌勤，不可爲無」，不論在思想意涵上或文字表達上，都與王弼十分雷同。可以肯定地說，僧肇在此方面確實受到王弼影響。

而這絕不只是語彙或修辭層次的借用而已。僧肇用玄學式、而非中觀之「非有非無」來論般若之體，這便使「般若」在他的思想系統中缺乏性空的意涵，但卻儼然如形上之「道」一般具有實存的意味。此尚可由其他材料印證。僧肇力辨「般若」與「性空」之別：

> 經云：眞般若者，清淨如虛空，無知無見，無作無緣。斯則知自無知矣，豈待返照然後無知哉！若有知性空而稱淨者，則不辨於惑智；三毒四倒亦皆清淨，有何獨尊於般若？若以所知美般若，所知非般若；所知自常淨，故般若未嘗淨，亦無緣致淨，歎於般若。然經云般若清淨者，將無以般若體性眞淨，本無惑取之知，本無惑取之知，不可以知名哉！（〈般若無知論〉，頁 153c）

僧肇認爲，「般若」並非因其「性空而稱淨」，否則般若性空，便與性空之惑智沒有分別；如果從性空角度理解般若清淨，則「三毒四倒」也性空清淨，「有何獨尊於般若」？顯然僧肇認爲般若超越在諸法之上，他反對以「性空」來形容般若，認爲此是將般若貶低至與諸法平等的地位。僧肇又進一步說：「所知非般若」，般若所照的實相性空並不等於「般若」，因此「所知自常淨，故般若未嘗淨」，不能以實相性空清淨來理解般若清淨。他認爲，般若的「體性眞淨」並非指性空，而是指「本無惑取之知」。可以看出，僧肇刻意劃清「般若」與「實相」、「性空」之界限，認爲般若並非性空，若以性空理解般若便貶低了它的崇高性。〔註 25〕又說：

〔註 25〕唐・元康：《肇論疏》：「若以聖人實有般若之知，但以其體性是空，故曰無知者，非今無知之本意也」、「若以眞諦所知之境無相故，歎美能知之智爲無知者，亦非也。所知自常淨，般若未嘗淨者：眞諦自空，般若非空也」，同注 18，頁

難曰：聖智之無，惑智之無，俱無生滅，何以異之？答曰：聖智之無者，無知；惑智之無者，知無。其無雖同，所以無者異也。何者？夫聖心虛靜，無知可無，可曰無知，非謂知無；惑智有知，故有知可無，可謂知無，非曰無知也。無知，即般若之無也；知無，即眞諦之無也。是以般若之與眞諦，言用即同而異，言寂即異而同。同故無心於彼此，異故不失於照功。……內有獨鑒之明，外有萬法之實。萬法雖實，然非照不得，內外相與以成其照功，此則聖所不能同，用也。內雖照而無知，外雖實而無相，內外寂然，相與俱無，此則聖所不能異，寂也。……故經云：甚奇世尊，於無異法中而說諸法異。又云：般若與諸法，亦不一相，亦不異相，信矣。（同上，頁 154b-c）

此更明言「般若」非「性空」。他說「聖智之無者，無知；惑智之無者，知無」，而「無知，即般若之無也；知無，即眞諦之無也」。但般若與眞諦「其無雖同，所以無者異也」，雖然都稱之爲「無」，但「無」之意義不同。「眞諦之無」是「知無」，即是實相性空；但「般若之無」是「無知」，只是「聖心虛靜，無知可無」而已，此則非性空之「無」。換言之「般若」雖是「無」，卻不是性空。然則僧肇雖認爲般若、實相「俱無生滅」，卻刻意區別二者，認爲般若並非如諸法一樣「性空」。下文雖說「般若之與眞諦」「言寂即異而同」，又說「內雖照而無知，外雖實而無相，內外寂然，相與俱無，此則聖所不能異，寂也」，認爲「般若」與「眞諦」在「內外寂然，相與俱無」或「寂」之方面一致；但從般若之「無」是「內雖照而無知」，而眞諦實相之「無」則是「外雖實而無相」看來，可知說二者「相與俱無」也只是在名言上同稱爲「無」而已，根本上「般若之無」是「內雖照而無知」，並不是「眞諦之無」所指的「外雖實而無相」的無相性空實相。綜而觀之，僧肇確實認爲「般若」非「實相」，並且認爲「般若」超越於諸法之上，是不可用性空描述的存在。此與前述僧肇不用中觀「非有非無」，卻用玄學式「非有非無」來理解「般若」的情形正相呼應。可以看出他主張智慧主體實有的思想傾向。

但這並不符合般若思想的精神。在般若或中觀系統中，「般若」與諸法一樣是性空的。僧肇在〈般若無知論〉中援引經文「經云：般若義者，無名無說，非有非無，非實非虛。虛不失照，照不失虛」（〈般若無知論〉，頁 153c），

179a。參見：洪修平釋譯：《肇論》（高雄，佛光出版社，1996 年），頁 114-115。

此即他說般若「非有非無」之根據。學者指出，此是約《大品》〈三假品〉、〈等空品〉等諸文之意而說。〔註26〕經文云：

> 佛告須菩提，般若波羅蜜亦但有名字，名爲般若波羅蜜。……須菩提，般若波羅蜜、菩薩、菩薩字亦如是，皆和合故有。是亦不生不滅，但以世間名字故說。是名字不在內、不在外、不在中間。……菩薩摩訶薩行般若波羅蜜、般若波羅蜜字，菩薩、菩薩字，有爲性中亦不見，無爲性中亦不見。菩薩摩訶薩行般若波羅蜜，是法皆不作分別。……如是須菩提，菩薩摩訶薩眾生不可得故，般若波羅蜜亦不可得。當作是學。
>
> 復次須菩提，我無所有乃至知者、見者無所有故，當知檀那波羅蜜無所有，尸羅波羅蜜、羼提波羅蜜、毘梨耶波羅蜜、禪那波羅蜜、般若波羅蜜無所有。般若波羅蜜無所有故，當知虛空無所有；虛空無所有故，當知摩訶衍無所有；摩訶衍無所有故，當知無量無邊阿僧祇無所有；無量無邊阿僧祇無所有故，當知一切諸法無所有。是般若波羅蜜，非此非彼、非高非下、非等非不等、非相非無相、非世間非出世間、非有漏非無漏、非有爲非無爲、非善非不善、非過去非未來非現在。……何以故？般若波羅蜜性無所有不可得，所用法不可得，處亦不可得。
>
> 佛告欲界色界諸天子：諸天子，空相是深般若波羅蜜相。無相、無作、無起、無生無滅、無垢無淨，無所有法無相，無所依止虛空相，是深般若波羅蜜相。〔註27〕

經文指出，「般若波羅蜜」是「和合故有」的，它只是「但有名字」、「但以世間名字故說」的假名；「空相是深般若波羅蜜相」，般若本身也是性空的。因爲般若本自性空，因此說「般若波羅蜜亦不可得」、「般若波羅蜜性無所有不可得」，又說「般若波羅蜜無所有」，正如「一切諸法無所有」。般若與實相性空，看似主客有別，但如《大智度論》所說「諸法實相，是般若波羅蜜」，〔註28〕二者實

〔註26〕塚本善隆編：《肇論研究》〈肇論とその譯註〉（京都，法藏館，1955年），頁29、99。

〔註27〕後秦・鳩摩羅什譯：《摩訶般若波羅蜜經》卷2〈三假品〉，《大正藏》卷8，頁230c、230c-231a、231b、232a；卷6〈等空品〉，頁263c；卷10〈法稱品〉，頁292c；卷14〈問相品〉，頁325b。

〔註28〕龍樹造，後秦・鳩摩羅什譯：《大智度論・釋般若相義第三十》，《大正藏》卷

無能、所之異。正如印順法師所詮釋：「說爲般若證眞理，不過是名言安立以表示它，而實理智是一如的，沒有智慧以外的眞理，也沒有眞理以外的智慧。……能所不可得，所以能證智與所證理，也畢竟空寂。」〔註 29〕換言之，般若即是諸法實相，其畢竟空寂亦無不同。

以此爲基準檢視僧肇之說，便可發現與般若思想不合之處。首先，經文用「非此非彼、非高非下、非等非不等、非相非無相」等雙遣句法來描述般若，又說般若「有爲性中亦不見，無爲性中亦不見」，都在說明般若之性空不可得；可知所謂般若「非有非無」原是指般若性空而言。僧肇的玄學式「非有非無」解釋其實不符合經文原意。奇怪的是，僧肇對於「非有非無」的不眞空之義深有所會，並能運用在解說諸法性空之上；但在解釋般若時卻不以此說明其體性空寂，反而借助玄學對道體的描述方式。如此「般若」當然缺乏性空意涵，反而有形上實存的意味。此一現象，似可反映出他對於外境性空雖然深有領會，但論及內在的「般若」時，則不免仍受到中國傳統思想、特別是道家思想的影響，傾向將「心」、「聖智」理解爲實存的智慧之主體。

其次，如前所述，「空相是深般若波羅蜜相」、「諸法實相，是般若波羅蜜」，般若不僅與諸法同樣性空，更即是諸法實相；僧肇區別般若與性空的主張顯然與此相違。進一步看，僧肇所言亦有矛盾與誤解之處：（1）前引文中說「若有知性空而稱淨者，則不辨於惑智；三毒四倒亦皆清淨，有何獨尊於般若」，認爲說般若性空則貶低般若；但他在《注維摩詰經》中卻說「邪見彼岸，本性不殊，曷爲捨邪而欣彼岸乎」、「夫能悟惱非惱，則雖惱而淨；若以淨爲淨，則雖淨而惱。是以同惱而離淨者，乃所以常淨也」（〈弟子品〉，頁 351b）。既然「本性不殊」，爲何不說般若與惑智同樣性空？認爲般若獨尊於三毒四倒，豈不自陷於「以淨爲淨，則雖淨而惱」的錯誤？

（2）僧肇說「所知非般若」，故「所知自常淨」而無緣「歎於般若」。但〈般若無知論〉後文引《放光》云「五陰清淨故，般若清淨」（〈般若無知論〉，頁 154a），〔註 30〕即是以諸法之實相性空清淨來說般若清淨，與此處所言正相矛盾。而此處所引經「眞般若者，清淨如虛空，無知無見，無作無緣」其實

25，頁 195c。

〔註 29〕印順：《般若經講記》（新竹，正聞出版社，2003 年），頁 197。

〔註 30〕西晉．無羅叉譯：《放光般若經》卷 9〈無作品〉：「佛言：以五陰清淨故，般若波羅蜜清淨。」《大正藏》卷 8，頁 67a。塚本善隆：同注 26，頁 30、99；原誤作〈明淨品〉。

也出自同處：經云「佛言：虛空不生不滅無所有，是故虛空清淨。……以諸法不生不滅、不著不斷故，般若波羅蜜清淨」，〔註31〕顯然更是以諸法性空清淨爲般若之清淨。可見僧肇區別性空清淨與般若清淨是不合經義的。

（3）僧肇說「無知，即般若之無」非「知無，即眞諦之無」，與中觀「諸法實相，是般若波羅蜜」的思想不合。此可由僧肇論「般若無知」的論據再檢視。〈般若無知論〉開頭他引經文「《放光》云：般若無所有相，無生滅相」來證成般若是「無相之知，不知之照」（〈般若無知論〉，頁153a）；原經文是：〔註32〕

> 佛言：般若波羅蜜如虛空相，亦非相亦不作相。須菩提言：世尊，頗有因緣可知般若波羅蜜相不？以相知諸法不？佛言：如是，須菩提，欲知般若波羅蜜相，如諸法相。何以故？諸法寂故，諸法常淨故。以是故須菩提，般若波羅蜜相，則諸法之相，以空寂故。〔註33〕

「亦非相亦不作相」羅什譯爲「無所有相」，即僧肇所本。經文說「般若波羅蜜相」「如諸法相」、「則諸法之相」，因爲「諸法寂故，諸法常淨故」、「以空寂故」。然則般若之相不但即是諸法性空之相，且般若清淨即是諸法常淨；可知「般若無所有相」原是性空之意。僧肇根據「般若無所有相」一語，認爲「般若之無」是「無知」而非實相性空，顯然誤解了「般若無所有相」之意。

（4）僧肇援引經文「般若與諸法，亦不一相，亦不異相」來支持「般若」非「眞諦」之說；據考，〔註34〕原經文是「諸法無相，非一相非異相。若修無相，是修般若波羅蜜」。〔註35〕然則「非一非異」只是對「諸法無相」的「八不中道」表述，並不是說般若與諸法性空非一非異；且經文說若修諸法無相便是「修般若波羅蜜」，反而證明了諸法性空無相即是般若之相。又同經云：

> 若般若波羅蜜性自離性自空，云何菩薩摩訶薩與般若波羅蜜等，得阿耨多羅三藐三菩提？佛告須菩提：菩薩摩訶薩與般若波羅蜜等，不增不減。何以故？如法性實際，不增不減故。所以者何？般若波

〔註31〕《放光般若經．無作品》，同注30。
〔註32〕塚本善隆：同注26，頁24、98。
〔註33〕同注30，卷12〈阿惟越致相品〉，頁97c。又：同注27，卷18〈夢誓品〉，頁354a。
〔註34〕塚本善隆：同注26，頁35、100。
〔註35〕同注27，卷22〈遍學品〉，頁382c。

> 羅蜜非一非異故。〔註36〕

此處「般若波羅蜜非一非異」是指般若「如法性實際，不增不減」；換言之，般若即是實相性空，此是對「般若波羅蜜性自離性自空」的解說。這同樣說明了般若性空一如諸法實相；僧肇以此證明「般若」非「眞諦」顯然適得其反。可知僧肇的主張確有自相矛盾或不合般若經義之處。

但若說僧肇完全不知或否認般若「空」義，似亦非事實。他說：

> 答曰：以無分別空故空。肇曰：智之生也，起於分別；而諸法無相，故智無分別。智無分別，即智空也；諸法無相，即法空也。以智不分別於法，即知法空已矣；豈別有智空，假之以空法乎！然則智不分別法時，爾時智法俱同一空，無復異空。故曰：以無分別爲智空，故智知法空矣。不別有智空以空法也。
>
> 答曰：分別亦空。肇曰：向之言者，有分別於無分別耳。若能無心分別，而分別於無分別者，雖復終日分別，而未嘗分別也。故曰分別亦空。（〈文殊師利問疾品〉，頁373a、b）

此云「智法俱同一空，無復異空」、「豈別有智空，假之以空法」、「不別有智空以空法也」；看來僧肇也認爲般若是「空」，且般若與諸法「俱同一空，無復異空」，諸法之外不別有獨立自存的「智空」。這便與前述僧肇區分般若與實相性空，認爲般若超越於諸法之上的想法不同，似與般若思想較相合。但仔細觀察，便會發現當他說「智法俱同一空」時，是將「智空」解釋爲「智無分別」，與「法空」之爲「諸法無相」在內涵上有所不同。既說「以無分別爲智空」，則只是將「智空」理解爲「無分別」；此「空」終究不是說般若之體「性空」，只是說般若不分別於諸法而已。下文就般若「無心分別，而分別於無分別」、「雖復終日分別，而未嘗分別」來解釋般若之「分別亦空」，顯然此「空」也不是「性空」，只是指般若無心分別、未嘗分別諸法而已。而所謂「智法俱同一空」，是「智不分別法」的結果，顯然也只是般若不分別諸法的觀照境界，並不是說般若眞的與諸法同樣「無復異空」。由此觀之，僧肇雖說般若是「空」，但並非指般若「性空」，「空」只是他對般若「無知」作用的形容而已。這仍與前述般若「無知」有別於眞諦「性空」的觀點相應。相較而言，羅什注說「慧體空無分別」、「慧異於空則是分別。雖有分別，其性亦空

〔註36〕同注27，卷18〈夢誓品〉，頁355a。

也」，能夠直接點明般若性空之旨；〔註 37〕僧肇之注則與經旨有所差異。

如上分析，可知僧肇並無「般若性空」之說。他雖以「非有非無」說「般若」，但這不是中觀性空，而是玄學式肯定超越實體的非有非無。他認爲「般若」不是實相性空，而是超越於諸法之上，不可用性空描述的存在。他雖然也說般若是「空」，但只是指般若無知，並不是說般若性空。由此看來，他的般若觀確實與中觀思想有所差異。僧肇「般若無知」之說與道家玄學的關係，學者論之已詳。福永光司認爲：僧肇是以莊子思想爲基礎來理解般若的不有不無。〔註 38〕但如戴璉璋指出：僧肇雖然借用玄學的詞語與思維模式，但在思想宗趣方面則並未將玄學的「玄智」與「般若」混雜；〔註 39〕龔雋也認爲：般若之「無知」是反還原論的，而非還原主義或老莊化的。〔註 40〕誠然，僧肇在思想工夫內涵方面深得「般若」之旨，故羅什讚云「吾解不謝子，辭當相挹」；〔註 41〕但若進一步細論他對「般若」體性的看法，則他顯然並未採取般若性空的觀點，而傾向將「般若」視爲實有超越的智慧「主體」。換言之，般若主體所涵具的工夫雖是純粹中觀的，但「主體」本身卻帶有濃厚的實有色彩。由他對玄學論法的借用，可以推測此當是中國肯定主體實有之思想傳統的影響，僧肇與中土思想之淵源於此可見。

回到輪迴與還滅問題。僧肇既以空幻不實之「心」爲決定輪迴解脫的「主體」，卻又認爲「般若」並非性空；如此一來，「心識相傳」理論雖然改變了「神不滅論」中訴諸「實體」的實有論傳統，「般若」不空之說卻又落入實有論的窠臼。這是僧肇思想的問題。「聖心」概念的情形亦是如此。

第四節　聖心與無心心

僧肇視「聖心」與「般若」爲同義詞，同樣也以「非有非無」描述之。對於「聖心」的「非有非無」，僧肇有三種不同的論法。首先：

〔註 37〕同注 6，頁 373a、b。

〔註 38〕福永光司著，邱敏捷譯註：〈僧肇與老莊思想——郭象與僧肇〉，《正觀雜誌》第 26 期（2003 年 9 月），頁 183。

〔註 39〕戴璉璋：〈玄智與般若——依據《肇論》探討玄佛關係〉，氏著：《玄理、玄智與文化發展》（臺北，中央研究院中國文哲研究所，2002 年），頁 319-346。

〔註 40〕龔雋：〈僧肇思想辯證——《肇論》與道、玄關係的再審查〉，《中華佛學學報》第 14 期（2001 年 9 月），頁 148-153。

〔註 41〕《高僧傳》卷 6〈僧肇傳〉，同注 2，頁 249。

> 夫聖心者，微妙無相，不可爲有；用之彌勤，不可爲無。不可爲無，故聖智存焉；不可爲有，故名教絕焉。是以言知不爲知，欲以通其鑒；不知非不知，欲以辨其相。辨相不爲無，通鑒不爲有。非有，故知而無知；非無，故無知而知。是以知即無知，無知即知，無以言異，而異於聖心也。(〈般若無知論〉，頁 153c-154a)

> 道超名外，因謂之無；動與事會，因謂之有。因謂之有者，應夫眞有，強謂之然耳，彼何然哉！故經云：聖智無知而無所不知，無爲而無所不爲。此無言無相寂滅之道，豈曰有而爲有、無而爲無，動而乖靜、靜而廢用耶！(〈答劉遺民書〉，頁 156a-b)

聖心「道超名外，因謂之無；動與事會，因謂之有」，此與前引僧肇所說般若「欲言其有，無狀無名；欲言其無，聖以之靈」相同，皆是以無形無名爲「非有」或「無」，以妙用無窮爲「非無」或「有」。而「聖心者，微妙無相，不可爲有；用之彌勤，不可爲無」一語，更與前引《注維摩詰經》說般若「微妙無相，不可爲有；用之彌勲，不可爲無」完全相同。如前節所述，此是玄學式的、強調超越存在的「非有非無」論法，與般若學的中道性空思想不同；而僧肇以此來描述「聖心」，情形亦與論「般若」體性完全一致。根據前節對「般若」體性的分析，同理可知僧肇所說「非有非無」的「聖心」，亦是缺乏性空意蘊而具有實有色彩的智慧主體。其次：

> 且夫心之有也，以其有有；有不自有，故聖心不有有。不有有，故有無有；有無有故，則無無。無無故，聖人（心）不有不無。不有不無，其神乃虛。何者？夫有也無也，心之影響也；言也象也，影響之所攀緣也。有無既廢，則心無影響。影響既淪，則言象莫測。言象莫測，則道絕群方。道絕群方，故能窮靈極數。窮靈極數，乃曰妙盡。(〈答劉遺民書〉，頁 156a)

前節曾引此討論「有由心生」問題。如前所分析，在此「聖心不有有」是指聖心能夠不將性空假有視爲實有，並非指聖心不存在；同樣地，「無無」亦是指聖心能不將性空假無視爲實無，亦非指聖心存在。可知僧肇說「聖心不有不無」，只是說聖心不將諸法對象執著爲實有實無，而不是說「聖心」本身「非有非無」；而「不有不無，其神乃虛」也只是對「聖心」無執無取的形容，並不表示此心體性空。「聖心不有不無」既是對聖心認識作用的說明，而非對心體本身的描述；因此它與玄學式「非有非無」的情形一樣，均未涉及聖心「性空」的問題。雖然如此，合前文分析結果觀之，可知「聖心」作為「般若」智慧主體，是實有意味強烈的。第三種論法是：

> 答曰：以空空。肇曰：……若能空虛其懷，冥心眞境，妙存環中，有無一觀者：雖復智周萬物，未始為有；幽鑑無照，未始為無。故能齊天地為一旨，而不乖其實；鏡群有以玄通，而物我俱一。物我俱一，故智無照功；不乖其實，故物物自同。(〈文殊師利問疾品〉，頁 372c)

所謂「空虛其懷，冥心眞境，妙存環中，有無一觀」的境界即是「聖心無知，故無所不知」(〈般若無知論〉，頁 153a) 之境：般若聖心非世俗的形相攀緣之知，故云「智無照功」；但能虛心實照諸法平等性空，故云「物物自同」。〔註42〕此云聖人「冥心眞境」故「智周萬物，未始為有；幽鑑無照，未始為無」亦須循此脈絡來了解。「幽鑑無照，未始為無」是說聖心雖無俗智的攀緣分別作用，但非無照見眞諦性空之功能；「智周萬物，未始為有」則是說聖心雖能照見諸法平等性空，卻無俗智的攀緣分別作用。然則所謂聖心「未始為有」其實便是聖心「無知」——無世俗惑知；聖心「未始為無」便是聖心「無不知」——有見眞諦之眞知。這是指聖心般若之認識作用而言，而不是說「聖心」本身「非有非無」。可知此「非有非無」模式與前二種論法一樣，亦與聖心「性空」之問題無關。如前文所見，僧肇認為般若「無知」而非「性空」；由此可知，僧肇所說「無知無不知」之聖心亦非「性空」。又：

> 而今談者，多即言以定旨，尋大方而徵隅，懷前識以標玄，存所存之必當。是以聞聖有知，謂之有心；聞聖無知，謂等大虛。有無之境，邊見所存，豈是處中莫二之道乎！……請詰夫陳有無者：夫智之生也，極於相內；法本無相，聖智何知？世稱無知者，謂等木石太虛無情之流；靈鑒幽燭，形於未兆，道無隱機，寧曰無知？且無知生於無知：無無知也，無有知也。無有知也，謂之非有；無無知也，謂之非無。所以虛不失照，照不失虛，怕然永寂，靡執靡拘。孰能動之令有、靜之使無耶！故經云：眞般若者，非有非無，無起無滅，不可說示於人。何則？言其非有者，言其非是有，非謂是非有；言其非無者，言其非是無，非謂是非無。非有非非有，非無非非無。是以須菩提終日說般若，而云無所說。此絕言之道，知何以

〔註42〕李潤生：同注21。

傳！（〈答劉遺民書〉，頁 156b-c）

此引經云「眞般若者，非有非無」，又說「非有非非有，非無非非無」，似是中觀性空的論法，但內涵實與之大異。文中指斥凡人執著「邊見」故「聞聖有知，謂之有心；聞聖無知，謂等大虛」，下文又說世俗「陳有無者」以爲「智之生也，極於相內」、「世稱無知者，謂等木石太虛無情之流」；對比之下，可知所謂「有心」是指「極於相內」的形相攀緣俗智，「無知」則是指太虛空無、木石無情般的無知無識。僧肇認爲，聖心既非「有心」亦非「無知」：「法本無相，聖智何知」，聖心唯見諸法實相無相，故非「極於相內」的有心俗智；「靈鑒幽燭，形於未兆，道無隱機，寧曰無知」，聖心有靈鑑實相的功能，故亦非木石般無知無識。然則所謂聖心「無有知也，謂之非有；無無知也，謂之非無」，其實是說聖心非俗智有相之知，亦非木石無情無知；此與前述「智周萬物，未始爲有；幽鑑無照，未始爲無」論法相同，都是指聖心「無知」——非有世俗惑智，又「無不知」——非無實相眞智。顯然這也是就認識作用「虛不失照，照不失虛」來說「非無非有」，而非指聖心本身「非有非無」，故亦無聖心「性空」之意涵。此種論法，也見於作者有爭議的〈涅槃無名論〉：〔註 43〕

> 道行曰：心亦不有亦不無。不有者，不若有心之有；不無者，不若無心之無。何者？有心則眾庶是也，無心則太虛是也。眾庶止於妄想，太虛絕於靈照，豈可止於妄想、絕於靈照，標其神道，而語聖心者乎！是以聖心不有，不可謂之無；聖心不無，不可謂之有。不有，故心想都滅；不無，故理無不契。理無不契，故萬德斯弘；心想都滅，故功成非我。所以應化無方，未嘗有爲；寂然不動，未嘗不爲。經曰：心無所行，無所不行，信矣。（〈涅槃無名論・動寂第十五〉，頁 160c）

此云「有心則眾庶是也，無心則太虛是也。眾庶止於妄想，太虛絕於靈照」，

〔註 43〕主張僞作的代表意見，見：湯用彤：同注 4，頁 476-478；石峻：〈讀慧達「肇論疏」述所見〉，張曼濤主編：《三論典籍研究》（臺北，大乘文化出版社，1979 年），頁 295-307。主張不僞者，見：橫超慧日：〈涅槃無名論とその背景〉，同注 26，頁 167-199。相關意見回顧及討論見：邱敏捷：〈〈宗本義〉與〈涅槃無名論〉的作者問題〉，《佛學研究中心學報》第 8 期（2003 年 7 月），頁 45-71。在思想內涵不異的情形下，本文亦引〈涅槃無名論〉作爲參考。

正與前引文「聞聖有知，謂之有心；聞聖無知，謂等大虛」對有心、無心的界說相同。此處將「聖心不有」解說爲「心想都滅」，將「聖心不無」解說爲「理無不契」，也與前引文中說聖心非有世俗惑智爲「非有」、非無實相眞智爲「非無」的論法一致。在差別如此微細的層次上，〈涅槃無名論〉使用了與《注維摩詰經》、〈答劉遺民書〉相同的聖心非有非無論法，或許這是考慮此文作者問題的一條線索。

綜上所述，僧肇所說聖心「非有非無」，意指：（1）無形無名爲「非有」，妙用無窮爲「非無」，（2）不執著諸法實有爲「非有」，不執著諸法實無爲「非無」，（3）非有世俗惑智爲「非有」，非無實相眞智爲「非無」。此皆與中道性空義的「非有非無」無關。「聖心」既等於「般若」，結合前節對「般若」體性的分析來看，可知僧肇亦認爲「聖心」不空。不過，僧肇確實也曾提到「心」之「非有非無」爲性空：

> 道行云：心亦不有亦不無。中觀云：物從因緣故不有，緣起故不無。尋理即其然矣。所以然者，夫有若眞有，有自常有，豈待緣而後有哉？譬彼眞無，無自常無，豈待緣而後無也？（〈不眞空論〉，頁152b-c）

此亦引《道行經》說「心亦不有亦不無」，〔註44〕但符合性空思想的觀點，而與前述論法不同。如前文所見，僧肇認爲「心」空幻不實，「心識相傳」也只是心識的念念相續，此處說「心」性空即符合此一立場。雖然如此，但如前所示，僧肇論及般若聖心時卻又認爲此智慧主體並不性空。顯然眾生的「心」雖性空，但聖人的智慧主體「聖心」卻是實有的。前節已論及此問題。以下再由僧肇論聖人「無心」的角度進行檢視。

僧肇常用「超群數之表，絕有心之境」（〈注維摩詰經序〉，頁327a）、「超三界之表，絕有心之境」（〈方便品〉，頁343a）、「其旨深玄非有心之所得」（〈法供養品〉，頁415a）、「微妙無相，不可以有心知」（〈涅槃無名論·開宗第一〉，頁327a）等等描述來強調佛法至深境界非「有心」所能得知。正如前引文所見，僧肇認爲聖人是「無心」的：

> 無受行。肇曰：心者何也？染有以生。受者何也？苦樂是行。至人冥眞體寂，空虛其懷，雖復萬法並照，而心未嘗有；苦樂是遝，而不爲受。物我永寂，豈心受之可得！（〈佛國品〉，頁333a-b）

〔註44〕東漢·支婁迦讖譯：《道行般若經》卷1〈道行品〉，《大正藏》卷8，頁425c。

> 時維摩詰來謂我言：唯，迦旃延，無以生滅心行說實相法。肇曰：心者何也？惑相所生。行者何也？造用之名。夫有形必有影，有相必有心；無形故無影，無相故無心。……夫實相幽深，妙絕常境；非有心之所知，非辨者之能言，如何以生滅心行而欲說乎！（〈弟子品〉，頁 353b-c）

前節討論「心因有起」時已分析此文。如前所述，「心未嘗有」、「無心」並不是說聖人沒有心或心不存在，而是指聖人之心能照見諸法性空「無相」，即稱此能見無相之心為「無心」。凡夫的「有心」、「生滅心行」執著假有假無，故不能領悟幽深的「實相」；唯有聖人「無心」能見性空，才能到達「冥真體寂」的境地。參照僧肇所云「法相虛玄，非有心之所覩」（〈觀眾生品〉，頁 383c）、「聖無有無之知，則無心於內；法無有無之相，則無數於外。於外無數，於內無心。彼此寂滅，物我冥一」（〈涅槃無名論・妙存第七〉，頁 159c），更可確知「無心」是專對「實相」而說的，它是聖心能照實相性空的觀智境界，與心的存在問題無關。表面上「無心」似與非有非無之「聖心」矛盾，但二者皆指向對實相無相、諸法非有非無的理解，故彼此實無衝突；而「無心」並無「性空」的意涵，此亦與「聖心」情形相同。事實上「無心」即是「聖心」。僧肇又從無封限的角度說「無心」：

> 心行平等如虛空。肇曰：夫有心則有封，有封則不普。以聖心無心，故平等若虛空也。（〈佛國品〉，頁 333b-c）

> 一念知一切法是道場，成一切智故。肇曰：一切智者，智之極也。朗若晨曦，眾冥俱照；澄若靜淵，群象竝鑒。無知而無所不知者，其唯一切智乎！何則？夫有心則有封，有封則有疆。封疆既形，則其智有涯；其智有涯，則所照不普。至人無心，無心則無封，無封則無疆。封疆既無，則其智無涯；其智無涯，則所照無際。故能以一念一時畢知一切法也。（〈菩薩品〉，頁 365a）

相較於凡夫「有心則有封」故「其智有涯，則所照不普」，聖人「無心則無封」故「其智無涯，則所照無際」。由引文可知，聖人的「無心」其實就是「一切智」，亦即「般若」、「聖心」之同義詞；般若的「無知而無所不知」也就是無心的「所照無際」。「般若」是能見真諦的智慧，前文說「無心」是能照實相性空的觀智境界，於此可以得到印證。如前所述，僧肇主張「般若」非性空，然則「無心」之為「般若」對僧肇而言，自然也是實有不空的。此聖心觀智，僧肇又以「虛心」來形容：

> 故經云：聖心無所知，無所不知，信矣。是以聖人虛其心而實其照，終日知而未嘗知也。故能默耀韜光，虛心玄鑒，閉智塞聰，而獨覺冥冥者矣。（〈般若無知論〉，頁 153a-b）

> 夫至人虛心冥照，理無不統。懷六合於胸中，而靈鑒有餘；鏡萬有於方寸，而其神常虛。至能拔玄根於未始，即群動以靜心。恬淡淵默，妙契自然。所以處有不有，居無不無。居無不無，故不無於無；處有不有，故不有於有。故能不出有無，而不在有無者也。（〈涅槃無名論・妙存第七〉，頁 159c）

「虛其心而實其照」、「虛心玄鑒」是般若聖心「無所知，無所不知」的境界，可知「虛心」實與「無心」意涵相通。「虛心」顯然不是說聖心空無，而只是對聖心無執無取的形容，可知「虛心」亦如「無心」缺乏性空的意涵。此處「虛其心而實其照」實脫胎自《老子》「是以聖人之治，虛其心；實其腹，弱其志，強其骨」之文；〔註 45〕雖如學者所說，僧肇之思想內涵與《老子》相去頗遠，〔註 46〕不過僧肇視「虛心」、「般若」爲實有的主體，此則與《老子》一致，而表現出受傳統思想影響的特色。福永光司認爲僧肇不是以「存在之無」來理解「無心」，是正確的觀察。〔註 47〕

不過，僧肇也說聖人沒有心或心不存在。前引文說聖人「物我永寂，豈心受之可得」，可知聖人是沒有「心受」作用的。又云：

> 是即眞實慈也。肇曰：……若能觀衆生空，則心行亦空。以此空心而於空中行慈者，乃名無相眞實慈也。若有心於衆生而爲慈者，此虛誑慈耳，何足以稱乎！

> 行寂滅慈，無所生故。肇曰：七住得無生忍已後，所行萬行皆無相無緣，與無生同體。無生同體，無分別也。眞慈無緣，無復心相。心相既無，則泊然永寂，未嘗不慈，未嘗有慈。故曰行寂滅慈無所生也。（〈觀衆生品〉，頁 384b）

相對於「有心」爲慈之虛誑慈，僧肇說以「空心而於空中行慈者，乃名無相

〔註 45〕《老子・第 3 章》，同注 24，頁 8。

〔註 46〕涂豔秋：同注 22，頁 259。

〔註 47〕福永光司，同注 38，頁 178。但他說僧肇以郭象「無心」爲線索理解般若，又「無心」之無是作用之無，此可商榷。

眞實慈也」；此「心行亦空」的「空心」既與「有心」相反，可知它即是「無心」。僧肇又說「空心」所發的「眞慈無緣，無復心相。心相既無，則泊然永寂」，可知七住以上聖者的是沒有「心行」、「心相」的。聖人既無「心行」亦無「心相」，這是否表示聖心「無心」虛空不實？又：

> 布施、持戒、忍辱、精進、禪定、智慧及方便力，無不具足。肇曰：……七住已上，心智寂滅；以心無爲，故無德不爲。（〈佛國品〉，頁 329b）
>
> 逮無所得，不起法忍。肇曰：忍即無生慧也，以能堪受實相，故以忍爲名。得此忍，則於法無取無得，心相永滅。故曰無所得不起法忍也。（同上）
>
> 不起滅定而現諸威儀，是爲宴坐。肇曰：……大士入實相定，心智永滅，而形充八極。順機而作，應會無方。舉動進止，不捨威儀。其爲宴坐也亦以極矣。（〈弟子品〉，頁 344c）
>
> 深慧菩薩曰：是空、是無相、是無作爲二。空即無相，無相即無作；若空無相無作，即無心意識，於一解脫門即是三解脫門者，是爲入不二法門。肇曰：三行雖異，然俱是無緣解脫，故無心意識也。無緣既同，即三解脫無異。（〈入不二法門品〉，頁 398b）

僧肇說七住以上菩薩「心智寂滅」、「心相永滅」、「心智永滅」，又說入三解脫門則「無心意識」。心意識連言，係指集起、思量、了別等心識功能，〔註 48〕也就是一般泛指的眾生之「心」。僧肇說解脫的聖人沒有「心意識」，且「心智」、「心相」永滅，即是說聖人並無眾生之「心」。如此觀之，「無心」作爲解脫聖心，可能不只是認識上能照實相的般若觀智而已，而確實意指存在上聖人並無凡人之「心」。但這意味著聖人沒有「心」嗎？我們發現，僧肇強調聖人「心智寂滅」的同時，亦指出「眞心」的概念：

> 時維摩詰來謂我言：唯，富樓那，先當入定，觀此人心，然後說法。肇曰：大乘自法身以上，得無礙眞心。心智寂然，未甞不定。以心常定，故能萬事普照，不假推求然後知也。（〈弟子品〉，頁 352c）
>
> 是名無方便慧縛。肇曰：六住以下心未純一，在有則捨空，在空則捨有，未能以平等眞心，有無俱涉。（〈文殊師利問疾品〉，頁 378c-379a）

〔註 48〕世親造，唐・玄奘譯：《阿毘達磨俱舍論》卷 4：「集起故名心，思量故名意，了別故名識。」《大正藏》卷 29，頁 21c。

參照「如來清淨眞心」（〈佛國品〉，頁 332c）、「眞淨心」（〈菩薩行品〉，頁 405a）、如來「乘莫二之眞心，吐不一之殊教」（〈物不遷論〉，頁 151b-c）、「聖人乘眞心而理順，則無滯而不通」（〈不眞空論〉，頁 152a）等說法，可知「眞心」是僧肇慣用語彙。觀察引文：（1）此云「法身以上，得無礙眞心」，六住以下與凡夫則「未能以平等眞心，有無俱涉」；換言之，法身以上聖者才能獲證「眞心」，凡夫無此眞心。（2）既云六住以下「在有則捨空，在空則捨有」，須得「眞心」方可「有無俱涉」，可知「眞心」與能照空有不二之境的觀智有關。引文又說有此「眞心」則「心常定，故能萬事普照，不假推求然後知也」，此正是般若「無知無不知」之義。由此觀之，「眞心」即是能照非有非無中道性空之般若觀智，它等同於前述「無心」。（3）此云得證「眞心」則「心智寂然，未嘗不定」，此即前述僧肇說七住以上「心智」、「心相」永滅、「無心意識」之意。換言之，得證般若觀智或「眞心」的聖者便不再有「心意識」作用。此與眾生擁有「心意識」作用，卻「心未純一」而無「眞心」，正好相反。（4）由此，可知眾生有「心」或「心意識」，但無般若觀智之「眞心」；聖人得此「眞心」，而無一般眾生所有之「心」。顯然眾生之「心」與聖人「眞心」是有區別的。然則說聖人「心智」、「心相」永滅、「無心意識」，只是說他已滅除凡人之「心」，並不表示聖心空虛不存在；聖人另有「眞心」或般若「無心」，它不是被滅除的「心意識」，而是去除「心意識」後所得的眞實境界。聖人有實存的「無心」、「眞心」，此與「無心意識」之間並不矛盾。

由此便可明白，爲何僧肇主張眾生之「心」性空不實，卻又堅持「般若」、「聖心」主體非性空；因爲對他而言，眾生之「心」與聖人的「聖心」確實有所不同。前節曾經指出，僧肇認爲「心」是流轉還滅的「主體」，但流轉還滅俱是同此一「心」的作用：「心無定所，隨物而變，在邪而邪，在正而正。邪正雖殊，其種不異也。」（〈佛道品〉，頁 391c）但參照此處之說，可知眾生在出離流轉趨向解脫時，必須經歷由原本的「心意識」作用改變爲「眞心」的質變。僧肇顯然認爲，只有身爲凡夫時之「心」是性空的，成聖所證得的「般若」、「聖心」便實有而不再性空。僧肇又云：

> 難曰：聖心雖無知，然其應會之道不差；是以可應者應之，不可應者存之。然則聖心有時而生、有時而滅，可得然乎？答曰：生滅者，生滅心也。聖人無心，生滅焉起？然非無心，但是無心心耳。又非不應，但是不應應耳。是以聖人應會之道，則信若四時之質。（〈般

若無知論〉，頁 154b）

俗人以爲「聖心有時而生、有時而滅」。僧肇指出「生滅者，生滅心也」，此即凡夫「見法生滅，故心有生滅」（〈弟子品〉，頁 353c）之心。而聖人領悟實相無相之境，「悟法無生，則心無生滅」（同上），故云「聖人無心，生滅焉起」。但說「聖人無心」只是說無此執著之「生滅心」，並不是說聖人沒有心或聖心不存在；如前文所分析，「無心」本指聖人觀智境界，本無心不存在之意。故僧肇特別指明「然非無心，但是無心心耳」：正如元康所言「非是木石之無心，但是無知之無心，故曰無心心」，〔註 49〕「無心」即是無知之「般若」觀智，並非木石般無心無識之意；爲免讀者誤以爲「無心」是指聖心不存在，故強調實有此「無心」之「心」。由此可知，聖人「無心」或「無心心」是實有而非不存在的，它與聖人沒有「生滅心」並不衝突。此與前文說聖者有「眞心」同時「無心意識」的情形完全一致。此所顯示的正是僧肇的二重「心」之模式：凡人有「心意識」、「生滅心」而無「眞心」、「無心」，聖人有「眞心」、「無心」而無「心意識」、「生滅心」。聖人雖無凡人之心但有眞心，故云有「無心心」。

由聖人有「無心心」的說法，可以看出僧肇主張「聖心」實有不空的傾向。「無心心」之語，令人聯想起前章提及的《小品經》「有心無心」或「非心心」問題：

> 「菩薩當念作是學，當念作是住。當念作是學，入中心不當念是菩薩。何以故？有心無心。」舍利弗謂須菩提：「云何有心無心？」須菩提言：「心亦不有亦不無，亦不能得，亦不能知處。」舍利弗謂須菩提：「何而心亦不有亦不無，亦不能得，亦不能知處者；如是亦不有亦不無，亦不有有心，亦不無無心？」須菩提言：「亦不有有心，亦不無無心。」
>
> 「菩薩行般若波羅蜜時，應如是學，不念是菩薩心。所以者何？是心非心，心相本淨故。」爾時舍利弗語須菩提：「有此非心心不？」須菩提語舍利弗：「非心心可得若有若無不？」舍利弗言：「不也。」須菩提語舍利弗：「若非心心不可得有無者，應作是言：有心、無心耶？」舍利弗言：「何法爲非心？」須菩提言：「不壞不分別。」〔註 50〕

〔註 49〕 唐・元康：《肇論疏》，同注 18，頁 181a。

〔註 50〕 《道行般若經》卷 1〈道行品〉，同注 44，頁 425c-426a；後秦・鳩摩羅什譯：

此是舊譯《道行》與什譯《小品》經文。《小品》云不應執著菩薩心，因爲「是心非心，心相本淨故」。如前章所指出，這是從心之性空的角度說的。所謂「是心非心」，是指心之「性空」、不可得之意；因心之性空，故云「心相本淨」。此「性空」之「心」是非有非無、不可以有無得之的，更不可以爲有一非心之心，故云「非心心不可得有無」。而所謂「不壞不分別」，即是指沒有變異差別之實相「眞如」而言。〔註 51〕然則在《般若經》中，「非心」即是心之性空，此與眞如實相無別；而「非心心」也就是性空的「非心」，經文以「不可得有無」的雙遣法描述之，強調不可執此「非心」、「非心心」爲實有。

比較經文與僧肇之說，可以發現二者不相應之處。（1）《小品》云「非心心不可得有無」，《道行》云「心亦不有亦不無」，此均是用雙遣法說菩薩心之性空。但如前述，僧肇固然有三種「聖心」非有非無的論法，卻無一是性空之義。此即與般若思想不合，而與他主張「聖心」不空有關。（2）《小品》所說「是心非心」、「非心心」，《道行》所說「有心無心」，亦皆是指菩薩心之性空。僧肇則從認識境界說聖心是「無心」、「無心心」，與經文的性空脈絡不同。不過，二者均論聖人之心，故仍可比較。問題在於：僧肇主張聖人「非無心，但是無心心」，對於聖人的「無心」、「無心心」採取肯定態度，認爲這是滅除心意識後所得眞實境界，並非不存在；此即與經文認爲不可追問「有此非心心不」，主張「非心心不可得有無」、「心亦不有亦不無」，要求不可執取「非心」、「非心心」的性空立場相違。簡言之，僧肇肯定實有「無心」、「無心心」，與《般若經》主張「非心」、「非心心」性空不可得的思想正相反。關於僧肇的「無心」說，福永光司認爲它與郭象（約 253-312）「無心」思想一脈相承，〔註 52〕戴璉璋則認爲僧肇「無心」在內涵上是純粹佛教的般若智慧。〔註 53〕確實，僧肇在思想上深得般若之旨，但「無心」體性不空之說則與般若思想顯有相違，而表現出中國傳統肯定主體思想的特色。

僧肇肯定聖人有「無心心」，可能與《道行》「有心無心」的說法有關。此即涉及「心無義」思想。僧肇曾批評「心無者，無心於萬物，萬物未嘗無。此得在於神靜，失在於物虛」（〈不眞空論〉，頁 152a）；學者一般也同意心無

《小品般若波羅蜜經》卷 1〈初品〉，《大正藏》卷 8，頁 537b。

〔註 51〕印順：《如來藏之研究》（新竹，正聞出版社，2003 年），頁 80-81。

〔註 52〕福永光司：同注 38，頁 178。

〔註 53〕戴璉璋：同注 39，頁 299-300。

義「空心不空色」。〔註 54〕但如前章已然指出的，其實心無義所說「無心」也只是「神靜」，並非指心體性空。主張「萬物未嘗無」固不合般若思想，但以「無心於萬物」說心空，也只是將心之空曲解為「於物上不起執心」，〔註 55〕而未得心體「性空」之眞旨。因此「空心不空色」實非心無義之實情，心無義是主張心境二俱不空的。

如前章所言，據陳寅恪考證，心無義「心無」之語即出自前引《道行經》之「有心無心」；梵文原是 cittam（心）acittam（無心），故知「無心」成一名詞而「心無」不成詞，心無義者殆失其正讀，故以為「有『心無』心」。〔註 56〕此是心無義主張「心」體實有之源由。反觀僧肇主張聖人實有「無心心」，其實與心無義主張實有「心無心」十分相似。心無義主張心體實有不空；而僧肇不但肯定心無義「得在於神靜」的不空思想，自己也同樣肯定般若主體或聖心實有不空。這樣看來，僧肇實有「無心心」之說與心無義實有「心無心」如出一轍，他很可能也是誤解了經文「有心無心」之意，故主張聖人實有「無心心」。

由以上分析，可知僧肇所言聖心「非有非無」以及「無心」之義，事實上都肯定聖人心體實有不空。此與他主張「般若」不空之說一致。根本上他認為眾生之「心」與「聖心」不同，前者性空而後者實有。正因如此，他的「心識相傳」理論雖能消除神不滅思想中訴諸「實體」的實有論成分，「般若」、「聖心」不空之說卻又使他未能完全擺脫「主體」實有的陰影。中國固有思想的理論制約在僧肇身上，仍然造成不可忽視的影響。

第五節　神、神明概念及其中土背景

在僧肇思想中，「神」與「神明」概念的意義與地位，亦是與「心」相關而值得注意的問題。他說：

> 夫至虛無生者，蓋是般若玄鑑之妙趣，有物之宗極者也。自非聖明特達，何能契神於有無之間哉！是以至人通神心於無窮，窮所不能滯；極耳目於視聽，聲色所不能制者，豈不以其即萬物之自虛，故物不能累其神明者也。是以聖人乘眞心而理順，則無滯而不通；審

〔註 54〕湯用彤：同注 4，頁 187。

〔註 55〕唐．元康：《肇論疏》，同注 18，頁 171c。

〔註 56〕陳寅恪：〈支愍度學說考〉，氏著：《金明館叢稿初編》（北京，三聯書店，2001 年），頁 164-166。

一氣以觀化，故所遇而順適。（〈不眞空論〉，頁 152a）

此處「契神於有無之間」、「通神心於無窮」、「物不能累其神明」、「乘眞心而理順」云云皆是對聖人般若觀智的描述；因此「神」、「神心」、「神明」等概念當如「眞心」一般與「般若」、「聖心」有關。學者對此已有研究。板野長八認爲：神、神明即是神心、聖心、佛心；它是心之主宰、佛之本質。神明是凡、聖共通的，凡人亦有神明，故皆有佛之本質。此即「虛」之神明、聖心，眾生個別之神則是此心假有不眞的動用影響，並不獨立存在。〔註 57〕村上嘉實認爲：至虛無生的叡智乃是即物自虛的主體，此即神心、神明、眞心。「神」是至人之心，是形上覺悟的主體作用，與凡心不同；凡聖之異，在於聖人有神明而凡人無。「神」即是心中高層次之心，是萬物自虛的主體。〔註 58〕林憲道則認爲：神明是「神」——心、精神以及「明」——智慧般若二者在聖心之中的統一。神明是聖人所獨有，而異於凡人之處。〔註 59〕諸說不同。主要問題大致有二：(1)「神」、「神明」的意涵爲何？ (2)「神」、「神明」是否凡聖共通？以下試作討論。

先論神、神明是否通凡聖問題。就前引文看來，「神」、「神明」確實似是「眞心」，也就是般若、聖心的同義語；若然，則它應該是聖人獨有的。確實，僧肇云：

道遠乎哉？觸事而眞。聖遠乎哉？體之即神。（〈不眞空論〉，頁 153a）

所以俯仰順化，應接無窮；無幽不察，而無照功。斯則無知之所知，聖神之所會也。（〈般若無知論〉，頁 153b）

聖人（心）不有不無。不有不無，其神乃虛。（〈答劉遺民書〉，頁 156a）

「體之即神」之「神」或可視爲一形容詞，但「聖神」具有「無知無不知」的能力，「其神乃虛」是對聖心不有不無的描述，則確實指聖人的般若智慧而言。〈涅槃無名論〉中亦見類似用例，如：「萬機頓赴而不撓其神，千難殊對而不干其慮。動若行雲，止猶谷神。豈有心於彼此，情係於動靜者乎」（〈涅槃無名論・位體第三〉，頁 158c）、「夫至人虛心冥照，理無不統。懷六合於胸中，而靈鑒有餘；鏡萬有於方寸，而其神常虛」（同上〈妙存第七〉，頁 159c），

〔註 57〕板野長八：〈慧遠僧肇の神明觀を論じて道生の新説に及ぶ〉，《東洋學報》30：4（1944 年 8 月），頁 453-461。

〔註 58〕村上嘉實：〈肇論における眞〉，塚本善隆：同注 26，頁 242-245。

〔註 59〕林憲道：〈『肇論』に於ける「神明」について〉，《駒澤大學佛教學部論集》22（1991 年 10 月），頁 327-337。

此常虛之「神」即與聖人之無心、虛心意義相通；又如：「欲以有無題榜，標其方域，而語其神道者，不亦邈哉」（同上〈開宗第一〉，頁 158a）、「蓋是返本之眞名，神道之妙稱者也」（同上〈覈體第二〉，頁 158a）、「豈是以統夫幽極，擬夫神道者乎」（同上〈超境第五〉，頁 159b）、「豈可止於妄想，絕於靈照，標其神道，而語聖心者乎」（同上〈動寂第十五〉，頁 160c），則以「神道」形容「聖心」之至高境界，顯然也是對聖人般若智慧的形容。以上材料，即是學者們主張「神」、「神明」爲佛心、至人之聖心，甚至主張它不共眾生、爲聖人所獨有的根據。

但是，以上材料在解釋上仍有疑義。既云聖人「即萬物之自虛，故物不能累其神明」，這是否表示凡夫有受物累之「神明」？既云般若無知是「聖神之所會」，是否凡夫也有未會般若的非聖之「神」？既云聖心「不有不無，其神乃虛」、「其神常虛」，是否未悟非有非無之境的凡夫也有不虛之「神」？既云聖人「不撓其神」，是否眾生也有爲外物所撓之「神」？既云「自非聖明特達，何能契神於有無之間哉」，則是否眾生也有未契有無之境的「神」？由僧肇說「苟能契神於即物，斯不遠而可知矣」（〈物不遷論〉，頁 151c）來看，既然「契神於即物」是眾生應當追求的目標，則「神」、「神明」應該也是一切眾生本已具有的，只是不能如聖人般無累超越而已。證諸其他材料，可知僧肇確實說眾生有「神」：

> 是身不實，四大爲家。肇曰：……自此下獨明身之虛僞，眾穢過患，四大假會，以爲神宅，非實家也。
>
> 爲老所逼。肇曰：神之處身，爲老死所逼，猶危人之在丘井，爲龍蛇所逼。……。（〈方便品〉，頁 341c-342a、342b）

此云「四大假會，以爲神宅」、「神之處身，爲老死所逼」，顯見僧肇仍然襲用神不滅論的語彙。但如前所言，以「心識相傳」理論觀之，此「神」應該是指眾生的心神，與念念相續的「心識」同義，而非不滅的實體。重點是，由此可知生死輪迴中的一般眾生也有「神」，其內涵正與「心識」相同。又：

> 願取佛國者非於空也。肇曰：……二乘澄神虛無，不因眾生，故無淨土也。（〈佛國品〉，頁 335b）
>
> 是故文殊師利，凡夫於佛法有反復，而聲聞無也。所以者何？凡夫聞佛法能起無上道心，不斷三寶；正使聲聞終身聞佛法力無畏等，永不能發無上道意。肇曰：……夫涅槃者，道之眞也，妙之極也。

二乘結習未盡，闇障未除，如之何以垢累之神，而求眞極之道乎！

以其三有分盡，故假授涅槃，非實涅槃也。（〈佛道品〉，頁 392c）

既云二乘「澄神虛無」，顯然「神」並非爲解脫聖人所專有，凡夫至二乘也都有「神」；既云二乘有「垢累之神」，顯然「神」未必是解脫者的般若聖心，也有所謂「垢累」之神。由此觀之，「神」不但是通凡聖，而且在意涵上是包容解脫清淨與迷惑垢累二者的。再看僧肇論法施之義所說：

何用是財施會爲。肇曰：夫形必有所礙，財必有所窮。故會人以形者不可普集，施人以財者不可周給。且施既不普，財不益神。未若會群生於十方而即之本土，懷法施於胸中而惠無不普。

謂以菩提起於慈心。肇曰：夫財養養身，法養養神。養神之道，存乎冥益。冥益之義，豈待前後！……然則菩薩始建德於內，群生已蒙益於外矣。何必待哺養啓導，然後爲益乎！

如是善男子，是爲法施之會。肇曰：若能備上諸法，則冥潤無涯。其爲會也，不止一方；其爲施也，不止形骸。不止形骸，故妙存濟神；不止一方，故其會彌綸。斯可謂大施，可謂大會矣。（〈菩薩品〉，頁 368a、b-c、370a）

此云財施不普，且「財不益神」，對於眾生之「神」並無幫助。反之，菩薩法施「法養養神」、「妙存濟神」，群生之「神」才由此能夠眞正蒙益。既云「益神」、「養神」、「濟神」，顯然眾生必有此「神」可濟可養，否則此文所言便無著落。由此亦可證眾生確實也有「神」。至於「神明」，僧肇云：

夫聖人功高二儀而不仁，明逾日月而彌昏，豈曰木石瞽其懷，其於無知而已哉！誠以異於人者神明，故不可以事相求之耳。（〈般若無知論〉，頁 153b）

此聖人「異於人者神明」之說，學者早已指出是襲自王弼：

何晏以爲聖人無喜怒哀樂，其論甚精，鍾會等述之。弼與不同，以爲聖人茂於人者神明也，同於人者五情也。神明茂，故能體沖和以通無；五情同，故不能無哀樂以應物。然則聖人之情，應物而無累於物者也。今以其無累，便謂不復應物，失之多矣。〔註 60〕

王弼云「聖人茂於人者神明」，因「神明茂」故能至「體沖和以通無」之境，

〔註 60〕西晉・陳壽著，劉宋・裴松之注，盧弼集解：《三國志集解》（臺北，藝文印書館，1958 年）卷 28〈魏書・鍾會傳〉注引何劭《王弼傳》，頁 681。

此是以「神明」的特殊性來說明聖人的特殊處。雖然王弼之說立基於聖人天成的立場，所謂聖人「神明茂」實是智慧自備、非學而得、出乎自然，〔註61〕但這並不表示「神明」爲聖人所獨有；眾人同樣也有「神明」，只是不若聖人之特茂而已。若王弼「聖人茂於人者神明」所言「神明」是凡聖皆具的，只是在特茂與否上有差異，則僧肇脫胎於此的聖人「異於人者神明」一語也可以如此解釋。如前所見，有學者認爲僧肇所言「神明」是聖人獨有的，理由是王弼所說凡聖差異在「神明」之「茂」，但僧肇所說凡聖差異則在「神明」之「異」，此與王弼不同，乃是聖人獨有「神明」而與眾生有別之意。〔註62〕但「茂」、「異」之間是否眞有此種意義上的差異？此甚可商榷。如前所言，僧肇既云聖人「即萬物之自虛，故物不能累其神明」（〈不眞空論〉，頁152a），則已暗示凡夫有受物累之「神明」。再參照前述「神」不限於聖人之般若聖心，凡夫二乘亦有「垢累之神」的情形，則將僧肇所言「神明」解釋爲凡聖共具，只不過聖人之「神明」境界非凡人「神明」所能比擬，應是更合理的解釋。

若「神」、「神明」是凡聖共具的，那麼其具體內涵爲何？是否如板野氏所言，是眾生內在的心之主宰、佛之本質？此將自虛之「神明」視爲眾生已有的佛之本質，是以眞常思想或佛性論的觀點詮釋僧肇思想。但是，如前文分析，已知僧肇認爲凡人之「心」如幻空無，只是念念心識相續；此空幻之心中似乎不能有實存的心之主宰或佛之本質。雖然僧肇也說「眞心」實存非空，但此是七住以上聖者始得的境界，是不與眾生共的；僧肇既說凡夫二乘只有「垢累之神」，則「神」顯然不能是眾生本具的「常虛」佛心，常虛之眞心其實唯有聖者可得。似此，由僧肇論「心」的體系看來，將「神明」視爲凡聖共具的佛心佛性是難以成立的。

由引文觀察，僧肇所言「神」、「神明」應即是「心」之意：（1）如前所見，所謂「神」、「神明」在解脫聖者而言，即等同於「眞心」、「聖心」；而對一般凡夫而言，此「神」則是念念相續的「心識」。二者雖不同，其爲「心」則一。（2）順此，此二種「神」、「神明」的差別，正相應於僧肇二種「心」的差別：聖人常虛之「神」、「神明」即是般若「聖心」、「眞心」，眾生之「垢累之神」或「神明」則是念念相續的「心識」作用。此二種「神」、「神明」

〔註61〕湯用彤：〈王弼聖人有情義釋〉，氏著：《魏晉玄學論稿》（上海，上海古籍出版社，2001年），頁69-70。

〔註62〕林憲道：同注59，頁333。

的差別，與前文所說聖人之心是「無心」、「眞心」，有別於凡人之心是「生滅心」、「心意識」的二重「心」之模式相合。可知「神」、「神明」的意涵即是「心」。眾生心與聖心有別，故眾生與聖人之「神」、「神明」亦有不同；雖有不同，但由凡入聖只是此一心神的質變轉化，故可說心、神明凡聖共通。

進一步看，僧肇也常在非思想論證的脈絡中使用「神」一詞，如：「若動而靜，似去而留。可以神會，難以事求」（〈物不遷論〉，頁 151b）、「伏惟陛下，叡哲欽明，道與神會。……而陛下聖德不孤，獨與什公神契」（〈涅槃無名論・表上秦主姚興〉，頁 157a）、「大秦天王俊神超世，玄心獨悟。……每尋翫茲典，以爲棲神之宅」（〈注維摩詰經序〉，頁 327b）；此皆是以「神」泛指心靈、精神之意，與前文推斷相合。又如：

> 有出家大士，厥名提婆，玄心獨悟，俊氣高朗，道映當時，神超世表。……有天竺沙門鳩摩羅什，器量淵弘，俊神超邈。鑽仰累年，轉不可測，常味詠斯論，以爲心要。
>
> 斯仁王也，心遊大覺之門，形鎮萬化之上。外揚羲和之風，內盛弘法之術，道契神交，屈爲形授。公以宗匠不重，則其道不尊，故蘊懷神寶，感而後動。……嗚呼哀哉！道匠西傾，靈軸東摧。朝曦落曜，寶岳崩頹。六合晝昏，迷駕九迴。神關重閉，三途競開。……悠悠盲子，神根沈溺；時無指南，誰識冥度？……投足八道，遊神三向。玄根挺秀，宏音遠唱。……霜結如冰，神安如岳。外跡彌高，內朗彌足。……如彼維摩，跡參城坊。形雖圓應，神沖帝鄉。〔註 63〕

除了「神寶」、「神關」是對佛法妙境的形容之外，此處「神」的用法都指向心靈、精神之意。合前文之例觀之，「可以神會」、「道與神會」、「與什公神契」、「棲神之宅」、「道契神交」、「遊神三向」云云之「神」即是心神、精神之意；「俊神超世」、「神超世表」、「俊神超邈」、「神安如岳」、「神沖帝鄉」云云是對羅什等人高超精神境界的描述；「神根沈溺」則是對凡人之心迷惑陷溺的形容。在此僧肇對於「神」的運用雖無思想的意涵，但其用法實與理論思辯之時無異。「神」即是「心」，它可以是至人靈妙的精神境界，也可以是輪轉眾生迷惑的心；至人與凡人之神雖然不同，但「神」用以指稱「心」的根本意

〔註 63〕後秦・僧肇：〈百論序〉，《出三藏記集》卷 11，同注 1，頁 402-403；〈鳩摩羅什法師誄并序〉，唐・道宣：《廣弘明集》（臺北，新文豐出版公司影印四部叢刊本，1986 年）卷 23，頁 331-332。

義則是一致的。僧肇以「神」、「神明」指稱「心」的思想性用法，事實上即是其通俗用法的延伸。

以「神」、「神明」指稱「心」，並非僧肇在術語上的創造。致書僧肇論般若無知之義的劉遺民（劉程之，359-415）便云：

> 遠法師頃恒履宜，思業精詣，乾乾宵夕。自非道用潛流，理爲神御，孰以過順之年，湛氣若茲之勤。
>
> 夫心數既玄，而孤運其照；神淳化表，而慧明獨存。〔註 64〕

在論辯思想的場合，劉遺民以「心數既玄」、「神淳化表」相對成文來形容般若智慧，顯然在此「心」即是「神」。在不涉思想討論的場合，劉遺民也以「理爲神御」來推崇慧遠的修爲境界，在此「神」顯然也是指心靈精神而言。凡此皆與僧肇用法一致。

前章已經指出，以「神」、「神明」泛稱心靈或精神，原是魏晉時人共通普遍的語彙用法。而且不論就漢語原有的用法，或就早期譯經的用法而言，「心」、「神」往往在意涵上是相通而可以相互替代使用的。前章所見的早期佛教學者，也往往以「心」、「神」指稱眾生之「主體」。僧肇與劉遺民自也不例外，顯然他們的「神」概念其實即是當時語言習慣的沿用。由於「神」本指「心」，故可作爲描述境界高下時所指的對象，因此僧肇可用他來兼指聖人與凡人之「心」。而當時「神」的用法除了指「心」之外，也有指人之聰明智慧之意。如：

> 何晏七歲，明惠若神，魏武奇愛之。因晏在宮內，欲以爲子。晏乃畫地令方，自處其中。人問其故？答曰：「何氏之廬也。」魏武知之，即遣還。（〈夙惠〉2）
>
> 庾園客詣孫監，值行，見齊莊在外，尚幼，而有神意。庾試之曰：「孫安國何在？」即答曰：「庾稚恭家。」庾大笑曰：「諸孫大盛，有兒如此！」又答曰：「未若諸庾之翼翼。」還，語人曰：「我故勝，得重喚奴父名。」（〈排調〉33）〔註 69〕

何晏（193？-249）之夙惠被稱爲「明惠若神」、孫放的聰明稱爲「有神意」，在此「神」則有表示聰明智慧之意。此意淵源甚遠，如：《易．繫辭》云「子

〔註 64〕東晉．劉遺民：〈劉遺民書問〉，同注 10，頁 155a、b。

〔註 69〕劉宋．劉義慶編，余嘉錫箋疏：《世說新語箋疏》（臺北，華正書局，1989 年），頁 589、804-5。

曰：知幾，其神乎」，〔註66〕《莊子・應帝王》云「鄭有神巫曰季咸，知人之死生、存亡、禍福、壽夭，期以歲月旬日，若神」；〔註67〕此皆是以「神」來形容智慧聰明之深遠。前引僧肇所說「聖遠乎哉？體之即神」（〈不眞空論〉，頁153a），以「神」作爲對聖人境界的形容語，其實即是繼承了此一用法。此雖非僧肇以「神」指稱精神的主要意義，但同樣以中國本有的語彙傳統和魏晉時的語言習慣爲背景。

「神明」的情形亦類似：

> 何平叔云：「服五石散，非唯治病，亦覺神明開朗。」（〈言語〉14）
> 王尚書惠嘗看王右軍夫人，問：「眼耳未覺惡不？」答曰：「髮白齒落，屬乎形骸；至於眼耳，關於神明，那可便與人隔？」（〈賢媛〉31）
>
> 戴安道中年畫行像甚精妙。庾道季看之，語戴云：「神明太俗，由卿世情未盡。」戴云：「唯務光當免卿此語耳。」（〈巧藝〉8）
>
> 顧長康畫裴叔則，頰上益三毛。人問其故？顧曰：「裴楷俊朗有識具，正此是其識具。」看畫者尋之，定覺益三毛如有神明，殊勝未安時。（〈巧藝〉9）
>
> 王子猷詣謝萬，林公先在坐，瞻矚甚高。王曰：「若林公鬚髮並全，神情當復勝此不？」謝曰：「脣齒相須，不可以偏亡。鬚髮何關於神明？」林公意甚惡。曰：「七尺之軀，今日委君二賢。」（〈排調〉43）
> 任育長年少時，甚有令名。……童少時神明可愛，時人謂育長影亦好。自過江，便失志……。（〈紕漏〉4）〔註68〕

在此「神明」顯然亦是指人的精神。〔註69〕「神明」的此一意義亦源自於先秦時期，如：《莊子・齊物論》云「勞神明爲一而不知其同也」；〔註70〕《荀子・解蔽》云「心者，形之君也，而神明之主也」；〔註71〕此中「神明」皆是

〔註66〕唐・李鼎祚著，清・李道平纂疏：《周易集解纂疏・繫辭下》（北京，中華書局，1998年），頁648。

〔註67〕清・郭慶藩編：《莊子集釋・應帝王》（臺北，萬卷樓圖書有限公司，1993年），頁297。

〔註68〕同注65，頁74、700、720、810、912。

〔註69〕徐復觀：《中國藝術精神》（臺北，學生書局，1998年），頁154-157。

〔註70〕《莊子・齊物論》，同注67，頁70。

〔註71〕清・王先謙：《荀子集解》（北京，中華書局，1997年），頁397。

指人的心靈、精神作用，與「心」之意涵相通。魏晉人的「神明」概念即承此而來。不過，觀察引文，戴逵畫像被評為「神明太俗」，而顧愷之畫用「益三毛如有神明」來表現裴楷的識具，支遁鬚髮不全「何關於神明」，任育長少年聰慧則云「神明可愛」；由此觀之，「神明」在此不但指精神，且與心靈精神之境界、識具、聰慧高下程度有關。此一情形與「神」指人之精神，亦指人之聰明智慧類似。此由顏之推（531-約 590 後）的《顏氏家訓》更可看出：

近世有兩人，朗悟士也，性多營綜，略無成名。……惜乎，以彼神明，若省其異端，當精妙也。（〈省事〉）

若其愛養神明，調護氣息，愼節起臥，均適寒暄，禁忌食飲，將餌藥物，遂其所稟，不為夭折者，吾無間然。（〈養生〉）〔註 72〕

「神明」在此便指人之精神，亦指其智慧聰明。如前所引，僧肇說聖人「物不能累其神明」（〈不眞空論〉，頁 152a）、「異於人者神明，故不可以事相求之耳」（〈般若無知論〉，頁 153b），不但以「神明」來指心、精神，且特別用在形容聖人精神境界的場合；這正是因為魏晉人所言「神明」本在指稱精神之外尚有描述其智慧境界的意義，故僧肇可以用「神明」來指稱聖人般若智慧的高超精神境界。林憲道認為僧肇「神明」的意義包括心精神以及智慧般若二者，此是正確的；卻不知以「神明」兼指精神及其智慧程度本是魏晉人通用的語言習慣，僧肇只是沿用此一說法而已。「神明」既指心靈、精神，亦可用以表現此精神所擁有的智慧境界，對僧肇而言，正是描述聖人之「心」的合適選擇。

但是，既云戴逵「神明太俗」，可知「神明」所指之智慧境界並不限於聖人；俗人雖無智慧，其或智或愚之程度境界亦可用「神明」來形容。換言之，凡人亦有「神明」。此即與「神明」概念通凡聖之問題有關。王弼即沿用了時人對「神明」的用法：如前所見，他認為「聖人茂於人者神明」，但聖人之神明特茂於凡人，並不表示凡人無神明，聖人凡人之精神及境界皆可用「神明」表現。同樣地，僧肇認為聖人「異於人者神明」，但眾生其實另有為物所累的神明，二者之精神與境界雖不同，但皆可以「神明」稱之；在此僧肇亦是承繼了魏晉人的一般神明觀。必須指出的是，魏晉人認為人有不同精神樣貌或「神明」的想法，實出自當時盛行的「才性論」思潮的影響。此是從人的「材

〔註 72〕北齊‧顏之推著，王利器集解：《顏氏家訓集解》（北京，中華書局，1996 年），頁 327、356。

質」一面來看各自殊異的精神與智慧程度，而不措意於尋求精神內在的普遍本質。牟宗三稱此爲「順氣而言」的人性論，如其所言，此種「才性論」所要說明的「是人之差別性或特殊性」。〔註73〕既從差異性的角度看人之精神智慧，則主張聖人之「神明」異於凡人是當然的。王弼所說「聖人茂於人者神明」即反映了此一觀點。我們雖然不能遽然認定僧肇的「心」、「神明」理論也受到才性論思想影響，但是從思想上來看：僧肇認爲聖心與凡心不同，否認有共於凡聖眾生的普遍「心」，此與才性論著重於人性差別的觀點相應；從概念使用上來看，僧肇認爲聖人之「神明」與凡人有異，此更與魏晉人從才性論觀點使用「神明」的習慣一致。至少可以說，僧肇對於「神明」概念的理解與使用確實受到魏晉本土思想的影響。

不過，僧肇的「神明」概念仍然有不同於傳統觀點之處。如前所見，王弼所說的聖人「神明」是智慧天成的，此是當時普遍接受的「聖人不可學至」的思想。〔註74〕但僧肇要求眾生「契神於即物」（〈物不遷論〉，頁151c），則認爲聖人「神明」是可以達成的修行目標。此是中土傳統與佛教思想之間的差異。《世說》記載：

> 佛經以爲祛練神明，則聖人可致。簡文云：「不知便可登峰造極不？然陶練之功，尚不可誣。」（〈文學〉44）〔註75〕

佛教主張眾生修行則能成佛，此與魏晉人認爲聖人天成、不可學至的想法大相逕庭；故簡文帝雖肯定佛法「陶練之功」，但對於是否可「登峰造極」尚覺可疑。對此，僧肇的想法則純屬於佛教一系，而與王弼等人的傳統思想不同。此中印二大思想傳統的衝突，則如湯用彤所言，要待僧肇同學竺道生（372？-434）及謝靈運（385-433）提出頓悟新說，發揚聖人不可學但能至的新觀念，方告解決。〔註76〕

由上所述，可知僧肇所言之「神」、「神明」概念根本上即是「心」之同義詞。「神」、「神明」是凡聖共具的，但聖心與凡心有異，故聖人與凡人之「神明」亦不同。「神」、「神明」本是中土傳統概念，亦是魏晉人習用語彙，僧肇對於「神」、「神明」的理解與使用方式顯然繼承自此本土傳統。

〔註73〕牟宗三：《才性與玄理》（臺北，臺灣學生書局，1997年），頁46-51。
〔註74〕湯用彤：〈謝靈運辨宗論書後〉，同注61，頁104-106。
〔註75〕同注67，頁229。
〔註76〕湯用彤：同注74，頁103-109。

結　語

根據前文分析，可知僧肇承繼了鳩摩羅什的大乘中觀思想，對於中觀「無我」之義深有所會。他提出「心識相傳」理論，認爲眾生之「心」雖然性空不實，卻是能抉擇流轉或還滅方向的「主體」，因而是輪迴業報的基礎與解脫的根源；此說捨棄以「實體」性的不滅之「神」來解說輪迴業報的傳統作法，改變了「神不滅」問題的思考方向。但另一方面，他認爲「般若」與「聖心」不是實相性空，而是不可用性空描述的實有智慧主體；此則未能完全擺脫「主體」實有思想的陰影，而與中觀思想有所差異，顯是中國本土思想傳統的影響。而僧肇以「神」、「神明」概念爲「心」之同義詞，用以兼指聖人與眾生之心，認爲凡聖皆有「神」、「神明」，唯其「神」、「神明」有異；此亦繼承自中國本土的語彙習慣，而與魏晉時的才性論思想若合符節。

由此看來，佛教中觀學說與中國本有的思想傳統，在僧肇思想中同樣佔有極重要的位置。僧肇身爲首位能較精確理解般若奧義的學者，對於佛教理論的掌握確實遠超過前人；不獨般若思想如此，在「神不滅」問題方面亦可見其突破。但身爲中國學者，他在意識底層亦不免以傳統思想作爲其思考背景；般若不空、主體實有、神明概念的沿用等現象，便是此一思想背景的影響。僧肇思想中的玄佛交會或佛教中國化現象，於此可見。

對於我們關切的輪迴主體問題而言，僧肇「心識相傳」理論爲神不滅思想的發展給出了新的方向，是極重要的突破。在後章將指出，稍後的初期涅槃師或以相續不斷的「眾生」、「心」、「神明」爲正因佛性，並以之說明眾生的生死輪迴；彼等雖以《涅槃經》爲根據，但捨棄「實體」概念，以眾生或心識之相續解釋生死業報之作法則與僧肇一致。雖不能確定僧肇理論是否影響了涅槃師，但「神不滅」問題的解答方式自僧肇開始有此轉變，則是確切的事實。

第六章　涅槃經的佛性說與正因概念
——神不滅與佛性思想交涉的理論基礎

大乘《大般涅槃經》的傳入，是六朝佛教發展史上的一重大轉折。佛性思想的提出，被認爲是中國佛教「由空入有」的關鍵；竺道生（372？-434）孤明先發，根據六卷《泥洹經》提出「一切眾生悉有佛性」、「闡提成佛」、「大頓悟」等主張，更深深影響了日後中國佛教思想的方向與性格。其後，南朝學者們對《涅槃經》之研究持續盛行不輟，後世或以「涅槃宗」或「涅槃師」來概括此一時期的研究者。〔註 1〕據吉藏（549-623）《大乘玄論》，當時有十一家正因佛性說，唐・均正（慧均僧正）《大乘四論玄義》則舉出本三家、末十家正因佛性說，〔註 2〕其時《涅槃經》研究之盛況可見一斑。

仔細觀察當時佛性諸說，便可發現一奇特的現象：許多涅槃師似乎都有以不滅之「神」來解說「正因佛性」的傾向；例如，依均正《大乘四論玄義》所引：「梁武蕭天子義：心有不失之性，眞神爲正因體。已在身內，則異於木石等非心性物。此意因中已有眞神性，故能得眞佛果」，「中寺小安法師云：心上有冥轉不朽之義，爲正因體」。〔註 3〕對此，學者們其實早已注意到了；湯用彤在指出上述現象後，便說：「按晉末已來，神不滅之爭至爲熱烈。而《涅槃》《勝鬘》講求者多。佛性之說亦多異解。此中疑有相互之關係。」呂澂也指出，當

〔註 1〕布施浩岳將涅槃宗史分爲初、盛、末三期，末期包括陳末迄於唐初的發展。由於此時《涅槃經》的研究多依附於其他宗派之下，故本文依一般觀點，以南北朝爲涅槃宗史之範圍。見：布施浩岳：《涅槃宗の研究（前篇）》（東京，國書刊行會，1973 年），頁 15-19。

〔註 2〕隋・吉藏：《大乘玄論》，《大正藏》卷 45，頁 35b-c；唐・均正：《大乘四論玄義》，《卍續藏經》第 74 冊，頁 46a-47a。

〔註 3〕《大乘四論玄義》，同注 2，頁 46c-d。

時佛性的思想與神不滅問題有關。〔註 4〕然而，究竟爲何「神不滅」可以用來解說「佛性」？「佛性」與不滅之「神」在觀念上有什麼樣的相合或關連之處，使當時人流行作這樣的詮釋？此現象應如何解釋？此一問題迄今爲止似乎仍未見完整解答。多數學者只是認爲，這是一種對《涅槃經》佛性義的曲解，是中國傳統靈魂不滅思想的殘餘混雜，而沒有進一步探究二者之關係。

這或許是因爲，許多當代學者認爲《涅槃經》所說的「佛性」，乃是「中道」、「第一義空」。此一說法自然有文本上的支持，也有古遠的詮釋傳統。〔註 5〕但以中道佛性第一義空的觀點爲標準，不但「神不滅」與「佛性」的交涉現象令人難以索解，甚至涅槃師們以「眾生」、「六法」、「心」、「避苦求樂」、「當果」、「得佛之理」等爲正因佛性的種種說法，〔註 6〕也會是令人詫異不解的。以此爲標準，學者們批判「神不滅」、「佛性」的夾雜自有其理據，只是若以此爲出發點，要解釋此二者之間的交涉現象，甚至涅槃師們正因佛性說的出現背景，顯然都有困難。或許，問題的關鍵在於：當時的涅槃師對《涅槃經》的佛性思想有其不同於後世的詮釋方式，正是在此詮釋方式之下，以不滅之「神」解釋「佛性」被認爲理所當然。

若是如此，那麼要解決此一問題，便必須回歸南朝涅槃師對佛性的理解方式，由此出發，來探察神不滅與佛性交涉的理論根據。而涅槃師們的「正因佛性」觀念源出《涅槃經》，因此分析涅槃師思想便應當以探究《涅槃經》的佛性說爲基礎。本章擬就《涅槃經》的佛性說與正因概念進行探討，以探求「神不滅」與「佛性」思想交涉之理論基礎。以下幾章則將在此基礎上，說明南朝涅槃佛性諸說的理論背景與特色，以說明「神不滅」思想轉向「佛性」理論之過程。

第一節　涅槃經的佛性思想

大乘《大般涅槃經》梵本不存，現存漢譯有三種：(1)《大般泥洹經》六卷，

〔註 4〕 湯用彤：《漢魏兩晉南北朝佛教史》(北京，北京大學出版社，1997 年)，頁 508；呂澂：《中國佛學源流略講》(臺北，里仁書局，1998 年)，頁 168。

〔註 5〕 例如：隋・吉藏：《大乘玄論》：「非眞非俗中道爲正因佛性。」，同注 2，頁 37a；隋・智顗：《妙法蓮華經玄義》：「法性實相即是正因佛性。」《大正藏》卷 33，頁 802a。

〔註 6〕 《大乘玄論》，同注 2。諸說詳見本文的分析。

法顯（？-423？）於 418 年譯出，世稱「法顯本」或「小本」，相當於北本前分五品部分。（2）《大般涅槃經》四十卷，北涼・曇無讖（384-433）於 421 年譯出，稱爲「北本」，（3）《大般涅槃經》三十六卷，慧嚴（363-443）、慧觀（卒於 452-458）、謝靈運（395-433）等人，依北本所改治，又稱「南本」。南、北本之間只有品目開合與文字修飾之別，差異微乎其微。〔註 7〕南朝涅槃師宗習者乃是南本，但就文獻角度考慮，北本與原本較爲接近，故本文仍以北本爲分析依據。

《涅槃經》言常住佛性，屬於「如來藏思想」經典。此經卷帙浩繁，本非一人一時之作，其佛性說也難免有前後不一的情形；因此學者雖對《涅槃經》的佛性觀進行過充分的探討，說法仍有不一之處。〔註 8〕以下試就《涅槃經》前後各部分的思想演進，特別是「眾生如何可能有佛性」的角度進行分析。

一、前分的佛性說

《北本》前十卷五品，世稱「前分」，是《涅槃經》最爲早出的部分，屬於「初期如來藏經典」之一。〔註 9〕此處的佛性說以〈如來性品〉爲主，亦富含初期如來藏思想所具有的「神我」意味：

> 我者即是如來藏義，一切眾生悉有。佛性即是我義。如是我義，從本已來常爲無量煩惱所覆，是故眾生不能得見。
>
> 善男子，今日如來所說眞我，名曰佛性。
>
> 一切眾生悉有佛性。以佛性故，眾生身中即有十力、三十二相、八十種好。〔註 10〕

〔註 7〕《涅槃經》各本之傳譯、修治及文字異同之概況，見：湯用彤，同注 4，頁 425-430；屈大成：《大乘《大般涅槃經》研究》（臺北，文津出版社，1994 年），頁 9-45、59-71。

〔註 8〕關於《涅槃經》的佛性說研究，可參考：印順：《如來藏之研究》（新竹，正聞出版社，2003 年），頁 115-146、251-274；牟宗三：《佛性與般若》（臺北，學生書局，1977 年），頁 177-257；釋恆清：〈大般涅槃經的佛性論〉，氏著：《佛性思想》（臺北，東大圖書公司，1997 年），頁 1-71；Liu Ming-Wood, "The doctrine of Buddha-nature in the Mahayana Mahaparinirvana-sutra," Journal of the International Association of Buddhist Studies （Wisconsin）, vol. 5 （1982 年）, pp. 63-94. ；屈大成：同注 7，頁 144-187。

〔註 9〕依印順法師之判分，初期如來藏經典，主要有：《大方等如來藏經》、《大般涅槃經》前分、《大方等無想經》、《大法鼓經》、《央掘魔羅經》、《勝鬘師子吼一乘大方便方廣經》、《不增不減經》等。見：印順：同注 8，頁 115-116。

〔註 10〕北涼・曇無讖譯：《大般涅槃經》〈如來性品四之四〉、〈四之五〉、〈四之六〉，

「佛性」即是「如來藏」、「我」之同義詞。一切眾生皆有佛性，因此，眾生身中也都存在著佛所擁有的「十力、三十二相、八十種好」。只是眾生被煩惱所覆，因此這些德相未能顯現。應注意的是，「十力三十二相八十種好」本是佛陀所獨有的德相；而此處說因爲眾生有佛性，所以也具有這些不共德相，這就表示，所謂「佛性」乃是指「佛之性質」或「佛之體性」而言：眾生有佛性，意味著眾生擁有和佛陀相同的性質體性，因此身中也已具足佛陀所有神力妙相。〔註 11〕以眾生具足如來體性來說明眾生有佛性或如來藏，在其他初期如來藏經典中也是相同的說法。〔註 12〕

「佛性」即是佛之體性，這一點也可以從其原語看出。根據學者考證，「佛性」一詞的原語主要是 buddha-dhātu。〔註 13〕dhātu 漢譯爲「界」，原爲成分、要素之意。〔註 14〕佛教對此語的用法是多義的：除成分、要素義之外，成分相同之物自成一類，故「界」有種類義，如《俱舍論》云「法種族義是界義，如一山中有多銅鐵金銀等族，說名多界」，便是以種類義釋十八界之「界」義。界亦有「因」義，如《俱舍論》又云「此中種族是生本義」。〔註 15〕在《涅槃經》中，「佛性」的意義便以成分、要素之意爲基礎：「佛性」即「佛界」，意味著「佛之成分」或「佛之要素」；是故說一切眾生悉有佛性，即是說眾生擁有佛之成分或要素，亦即，擁有佛之「性質體性」並與佛爲同一種類。就前

《大正藏》卷 12，頁 407b、412c、419a。以下徵引本經，只註明品名及頁數。「一切眾生悉有。佛性即是我義」一句，現代學者多依《大正藏》斷爲「一切眾生悉有佛性，即是我義」。依梁・寶亮集《大般涅槃經集解》，可知此句在南朝時並非被如此理解。見：《大正藏》卷 37，頁 448a。此處依《集解》斷句。

〔註 11〕Liu Ming-Wood 已先主張，《涅槃經》的佛性是「佛之性質」（the nature of buddha）。同注 8，頁 66-68。

〔註 12〕如：東晉・佛陀跋陀羅譯：《大方等如來藏經》：「我以佛眼觀一切眾生，貪欲恚癡諸煩惱中，有如來智如來眼如來身，結加趺坐儼然不動。善男子，一切眾生，雖在諸趣煩惱身中，有如來藏常無染污，德相備足如我無異。」《大正藏》卷 16，頁 457b-c。劉宋・求那跋陀羅譯：《大法鼓經》：「一切眾生悉有佛性，無量相好莊嚴照明。」《大正藏》卷 9，頁 297b；《央掘魔羅經》：「常性是佛性。於一切眾生所，無量相好清淨莊嚴。」《大正藏》卷 2，頁 526b。

〔註 13〕水谷幸正：〈佛性について〉，《印度學佛教學研究》4：2=8（1956 年 3 月），頁 243-246；篠田正成：〈佛性とその原語〉，《印度學佛教學研究》11：1=21（1963 年 1 月），頁 223-226。

〔註 14〕荻原雲來：《漢譯對照梵和大辭典》（臺北，新文豐出版公司，1988 年）上冊，頁 641。

〔註 15〕世親造，唐・玄奘譯：《阿毘達磨俱舍論》卷 1，《大正藏》卷 29，頁 5a。

分的立場而言，眾生本已具足佛之一切體性，只是「爲諸無量億煩惱等之所覆蔽，不識佛性；若盡煩惱，爾時乃得證知了了」，〔註16〕據此可以說眾生本有的「佛體性」是日後成佛的根據或原因，也可說引申有「因性」義。在此，所謂因性義是依據眾生本有佛體性爲基礎才能成立，顯然佛性的根本意義是已然完備的佛之性質體性。〔註17〕以具足的佛之「性質、體性」來說「佛性」，這與後世將佛性理解爲眾生潛在的、未完成的成佛能力或可能性，說法有所不同。〔註18〕像這樣主張眾生身中已有完美的如來德性，並且以「我、眞我」稱之，初期的如來藏說被認爲是與婆羅門教的「梵我一如」思想十分類似的。〔註19〕

《涅槃經》前分以佛體性爲佛性，還可以從經文作者自設問難的角度來觀察。例如：

> 迦葉菩薩白佛言：世尊，若一切眾生有佛性者，佛與眾生有何差別？如是說者多有過咎。若諸眾生皆有佛性，……如是等人若同佛性，何故不同如來涅槃而般涅槃？
>
> 迦葉菩薩白佛言：世尊，實無有我。……若使一切皆有佛性，是常住者應無壞相；若無壞相，云何而有刹利、婆羅門、毘舍、首陀及旃陀羅、畜生差別？今見業緣種種不同、諸趣各異，若定有我，一切眾生應無勝負。以是義故，定知佛性非是常法。若言佛性定是常者，何緣復說有殺、盜、婬、兩舌、惡口、妄言、綺語、貪、恚、邪見？〔註20〕

〔註16〕〈如來性品四之四〉，頁408b。

〔註17〕印順法師云：「眾生身中有如來藏，主要是說明本有如來德性，所以眾生有成佛的可能。」見印順：同注8，頁134。高崎直道云：「『佛性』是等於『佛的本質』或『本性』的意思。一切眾生皆有與『佛』同樣之本性，而此本性，使眾生將來能夠成佛，把這個意思，說明爲『佛之因』、『成佛之因』。」見高崎直道等著，李世傑譯：《如來藏思想》（臺北，華宇出版社，1985年），頁2。高崎氏又云，佛、如來的「本性」（dharmatā）可能即是佛界（dhātu），亦即佛性一語的原意。見：高崎直道：《如來藏思想の形成》（東京，春秋社，1974年），頁149。

〔註18〕〈如來性品四之五〉云：「我身即有佛性種子。」頁410c。此似以「佛性」爲「種子」。但六卷《大般泥洹經》相應的部分譯作「能知我身有，微妙法身種」（《大正藏》卷12，頁886a）。由「佛性」與「法身」譯語之相應，可知佛性是指佛之本性。見：高崎直道：《如來藏思想の形成》，同注17，頁154。

〔註19〕印順：同注8，頁112-113、133。

〔註20〕〈如來性品四之七〉、〈四之四〉，頁423a、407c。

迦葉菩薩的疑問是：如果說眾生有佛性，那麼「眾生」與「佛」有何差別？如果眾生有佛性，爲何不像如來那樣涅槃？如果眾生有常住不壞的佛性，爲何眾生還會淪落六道諸趣、有種種差異？如果眾生有佛性，爲何還會有種種惡業？因此這種說法「多有過咎」。可以看出，這樣的疑問之所以產生，根本上是因爲把「佛性」理解爲佛之性質、體性之故。由於「佛性」是佛體性，所以眾生擁有佛性便意味著眾生已經具足佛陀的所有智慧功德解脫；在此前提之下，「佛與眾生有何差別」、「已經清淨解脫的眾生，又如何可能有惡業輪迴」此類問題的出現才是合理的。可見，在此處「佛性」被理解爲佛之體性，若非如此，此類疑問的提出便無可解釋。

「眾生如何可能有佛性」這一問題是非常重要的，筆者認爲，它可以被視爲貫穿全部《涅槃經》的中心議題之一。前文已見到，前分解答的方式是主張佛性「從本已來常爲無量煩惱所覆，是故眾生不能得見」。佛祖這樣回答上述迦葉的問題：

> 善男子，一切眾生亦復如是。不能親近善知識故，雖有佛性皆不能見。而爲貪、婬、瞋恚、愚癡之所覆蔽故，墮地獄、畜生、餓鬼、阿修羅、旃陀羅、刹利、婆羅門、毘舍、首陀。……貪、婬、瞋恚、愚癡覆心，不知佛性。如彼力士寶珠在體謂呼失去。眾生亦爾……善男子，如來如是說諸眾生皆有佛性，喻如良醫示彼力士金剛寶珠。是諸眾生爲諸無量億煩惱等之所覆蔽，不識佛性；若盡煩惱，爾時乃得證知了了。……如來祕藏其味亦爾，爲諸煩惱叢林所覆，無明眾生不能得見。一味者喻如佛性，以煩惱故出種種味，所謂地獄、畜生、餓鬼、天、人、男、女、非男非女、刹利、婆羅門、毘舍、首陀。〔註21〕

佛陀以「力士額珠」爲喻說明眾生確有佛性，只是被種種煩惱所覆蔽，因而不能得見，猶如力士寶珠只是陷入皮膚之中不能得見；這一說法也常見於初期如來藏經典。〔註22〕若能修行斷盡煩惱，則於佛性「證知了了」。我們看到，佛陀並沒有對迦葉的提問方式表示異議，只是主張眾生佛性爲煩惱所覆，並以此來解釋爲何眾生雖有佛性但卻仍舊與佛不同。這樣看來，前分確實認爲

〔註21〕〈如來性品四之四〉，頁408a-b。

〔註22〕如：《大方等如來藏經》：「一切眾生如來之藏常住不變，但彼眾生煩惱覆故。」同注12，頁457c。《大法鼓經》：「諸煩惱藏覆如來性，性不明淨。若離一切煩惱雲覆，如來之性淨如滿月。」同注12，頁297b。《央掘魔羅經》：「而是佛性煩惱中住，如瓶中燈，瓶破則現。」同注12，頁526b。

眾生「本有」完備的「佛性」，亦即佛之體性，只是被煩惱所覆因而仍非佛。經文又說，佛性被煩惱所覆，故而出地獄、畜生、餓鬼、天、人等種種味，這種說法則具有以「佛性」爲生死輪迴主體的意味；初期如來藏思想被認爲「神我」色彩濃厚，原因在此。〔註23〕

這樣的主張自然與佛教向來標舉「無常、苦、空、無我」的說法衝突。依傳統「無我」標準，眾生有「佛性眞我」的說法是難以被接受的。對此，前分除了辯稱「一切無常、一切皆苦、一切皆空、一切無我，是名不了義」之外，〔註24〕也有調和的說法。〈如來性品四之五〉提出「無二之性即是實性，我與無我，性無有二，如來祕藏其義如是」之說。此是何意？後文釋云：

> 所謂佛性，非是作法，但爲煩惱客塵所覆。若刹利、婆羅門、毘舍、首陀能斷除者，即見佛性成無上道。譬如虛空，震雷起雲，一切象牙上皆生花，若無雷震，花則不生，亦無名字。眾生佛性亦復如是，常爲一切煩惱所覆不可得見，是故我說眾生無我；若得聞是大般涅槃微妙經典，則見佛性，如象牙花。〔註25〕

這是說，眾生佛性被煩惱覆蓋，不能得見，是故說眾生「無我」；如果去除煩惱便能見佛性，亦即「我」；因此「我與無我，性無有二」是說眾生煩惱所覆的「無我」狀態與得見佛性的有「我」狀態，並非有二。之所以如是說，是因爲眾生「無我」並非眞的無我，佛性「非是作法」，只是此眞我佛性煩惱覆障而已，而此眞我佛性見或不見，並無二致。故後文云：「眾生亦爾，無有天眼，在煩惱中而不自見有如來性，是故我說無我密教。所以者何？無天眼者不知眞我，橫計我故。」〔註26〕「無我」只是如來密教，實則眾生都是具足如來體性的。可以看到，此種說法仍以眾生本有佛性，煩惱覆故不見之說爲根基。

〔註23〕劉宋・求那跋陀羅譯：《勝鬘師子吼一乘大方便方廣經》：「生死者，依如來藏。以如來藏故，說本際不可知。世尊，有如來藏故說生死，是名善說。」《大正藏》卷12，頁222b；《楞伽阿跋多羅寶經》：「如來之藏是善不善因，能遍興造一切趣生，譬如伎兒變現諸趣。」《大正藏》卷16，頁510b。元魏・菩提流支譯：《不增不減經》云：「如來藏者即是法身，……即此法身，過於恒沙無邊煩惱所纏，從無始世來，隨順世間，波浪漂流，往來生死，名爲眾生。」《大正藏》卷16，頁467a-b。印順法師指出：「如來法身流轉而成爲眾生，是如來藏法門的通義。」見：印順：同注8，頁134-136。

〔註24〕〈如來性品四之三〉，頁402b。

〔註25〕〈如來性品四之五〉，頁411a-c。

〔註26〕同上，頁415c。

對於「眾生如何可能有佛性」問題，〈如來性品四之七〉的解釋則略有不同。本品中，純陀提出了如來是否「本無今有」的疑問，但討論焦點很快轉移到三乘差別方面。佛陀說：

聲聞緣覺菩薩亦爾，同一佛性，猶如彼乳。所以者何？同盡漏故。……是諸眾生久後自解一切三乘同一佛性。……譬如金礦，淘鍊滓穢，然後消融成金，之後價直無量。善男子，聲聞緣覺菩薩亦爾，皆得成就同一佛性。何以故？除煩惱故，如彼金礦除諸滓穢。以是義故，一切眾生同一佛性無有差別。〔註27〕

此雖論三乘，實則也論及一切眾生佛性。佛陀在此用淘鍊金礦爲喻，說明一切眾生皆能「成就同一佛性」，猶如礦石除去滓穢，所得乃是同一眞金。此處用提鍊礦石所出的眞金，來比喻一切凡夫三乘漏盡之後成就的同一佛性，這不但表示，眾生所有的佛性是諸漏皆盡的佛體性，而且此一佛性乃是漏盡之後才能得到的，因此，佛性不只是「佛體性」之義，甚至還是成佛時方得有的「佛果性」了。這似乎顯示，前分後半部在面對「眾生如何可能有佛性」問題時，逐漸採取了「眾生未來才有佛性」的說法；這便預示了「續譯」部分的佛性觀點。初期如來藏思想主張眾生本有如來體性，只是爲煩惱覆障；此在義理上雖可以自圓其說，但要說眾生已經完全具足佛所有功德智慧，卻非人人都能信受。《涅槃經》的「續譯」部分，對此一問題便有截然不同的處理方式。

二、續譯部分的佛性說

《涅槃經》「續譯」各部分的佛性說法亦有不同，依品目前後大致可分爲三個部分：(1)〈現病〉、〈聖行〉、〈梵行〉、〈嬰兒行〉、〈光明遍照高貴德王菩薩品〉諸品，(2)〈師子吼菩薩品〉，(3)〈迦葉菩薩品〉(含〈憍陳如品〉)。

(一)〈現病品〉至〈德王品〉

此部分的佛性觀，最突出之處是引入「虛空」概念來比喻「佛性」：

佛性無生無滅、無去無來；非過去、非未來、非現在；非因所作、非無因作；非作、非作者；非相、非無相；非有名、非無名；非名非色、非長非短、非陰界入之所攝持，是故名常。善男子，佛性即是如來，如來即是法，法即是常。……一切有爲皆是無常，虛空無

〔註27〕〈如來性品四之七〉，頁422b-423a。

為是故為常，佛性無為是故為常。虛空者即是佛性，佛性者即是如來，如來者即是無為，無為者即是常。〔註28〕

「佛性」是無生滅去來諸相的常法，何以故？經文用「虛空」為比喻說明。「虛空」是三無為法之一；與一切因緣生滅的有為法不同，虛空不屬於因緣造作的範疇，因此是常法。〔註29〕同樣的，「佛性」之為常法也因它是無為法之故。把「佛性」理解為「無為法」，淡化了「前分」「眞我佛性說」的神我色彩。

「佛性」屬於「無為」之範疇，但它仍然被理解為「佛之體性、性質」。這不但從經文「如來非是凡夫、聲聞、緣覺、菩薩，是名佛性」的說法可知，由德王菩薩「一闡提等有佛性者，是等云何復墮地獄？世尊，若使是等有佛性者，云何復言無常樂我淨？」的提問方式也能看出。〔註30〕此處指明「佛性」是佛不同於凡夫三乘之性質，提出「一闡提」具有佛性卻仍會落入地獄的矛盾；這些說法、疑問皆與前分所見相同。另一處經文云：「慈者乃是不可思議諸佛境界，不可思議諸佛境界即是慈也，當知慈者即是如來。善男子，慈者即是眾生佛性。」〔註31〕雖然以「慈」為眾生佛性，但也表明此種「慈」屬於諸佛境界。經文又云：「眞知義者，知諸眾生悉有佛性。佛性義者，名為阿耨多羅三藐三菩提。」〔註32〕此則以佛所證得的「阿耨多羅三藐三菩提」，即「無上正等正覺」為佛性的義涵。無上正覺是唯佛一人獨具的無上智慧；〔註33〕以此為「佛性」，更顯示經文以佛性為佛所擁有的完美性質。可見，此部分佛性觀念的內涵仍與前分相通，只是已經不再出現「眞我」、「三十二相、八十種好」這類說法，而代之以佛性無為的觀點。

同樣的，「眾生如何可能有佛性」的問題仍然為經文作者所關注。迦葉菩薩便問：「法若常者，則不可得，猶如虛空，誰有得者？世尊，如世間物，本

〔註28〕〈聖行品七之四〉，頁445c。

〔註29〕世友著，唐・玄奘譯：《阿毘達磨品類足論》卷1：「無為云何？謂三無為。一虛空，二非擇滅，三擇滅。」《大正藏》卷26，頁692c。對於「虛空」各派說法不一；《涅槃經》大致以虛無的空間為「虛空」，如云「世間無物名為虛空」，〈梵行品八之三〉，頁464b；「無物者，即是虛空……世間中無罣礙處，名為虛空」，〈迦葉菩薩品十二之五〉，頁581a。學者或以為《涅槃經》以虛空比喻佛性即是以佛性為「中道」、「第一義空」，恐係誤讀。

〔註30〕〈光明遍照高貴德王菩薩品十之五〉，頁514c；〈十之二〉，頁493b。

〔註31〕〈梵行品八之一〉，頁456b。

〔註32〕〈梵行品八之三〉，頁463c。

〔註33〕龍樹著，後秦・鳩摩羅什譯：《大智度論》卷85：「唯佛一人智慧，名阿耨多羅三藐三菩提。」《大正藏》卷25，頁656b。

無今有，名爲無常。道亦如是，道若可得，則名無常。法若常者，無得無生，猶如佛性無得無生。……云何如來說言可得？」佛陀回答：

> 道與菩提及以涅槃，悉名爲常。一切眾生常爲無量煩惱所覆，無慧眼故，不能得見。而諸眾生爲欲見故，修戒定慧，以修行故，見道菩提及以涅槃，是名菩薩得道菩提及涅槃也。道之性相實不生滅，以是義故不可捉持。〔註34〕

迦葉的問題是：有爲法本無今有，才有得或不得的問題；如果「道」是無爲法，如何能說人可得？此處雖非專論佛性，但也提到「佛性無得無生」的疑慮，也就是說，佛性是無爲法，按理應該人不能得才是。佛陀則以煩惱所覆來說明：無爲的「道、菩提、涅槃」（或「佛性」）確實是常法，問題在於眾生被煩惱覆蓋，「無慧眼故，不能得見」；相反地，若因修行能「見」道、菩提、涅槃，便稱爲「得」道、菩提及涅槃。這看似與前分說法相同，但實質上卻有很大的差異。（1）前分的煩惱覆蓋，是指「眞我佛性」被煩惱所覆，因此眾生不自見有如來藏並且輪轉生死；但在此處，「道」或「佛性」是無爲法，被煩惱所覆蓋的乃是眾生。關鍵在於無爲法的性質：因爲是常法，無所謂煩惱覆障，因此所覆障的只能是眾生。（2）同理，因爲無爲法「實不生滅」、「不可捉持」，因此修行者並非眞能「得」道，所說得道其實只是「見」道。可以發現，佛陀事實上同意迦葉常法不可得的觀點。這樣的說法，其實改變了前分所說「眾生有佛性」的意義，佛性雖然恆常不斷，但卻是「非內非外」，〔註35〕已經不是等同於眾生的「眞我」，嚴格說來是某種獨立存在的無爲法，已經不是有爲眾生所能擁有的。如此一來，「眾生如何可能有佛性」的問題便須要再作說明。

先看「涅槃」：面對「涅槃之性本無今有」的質疑，佛陀用相同的回答方式：「涅槃之體非本無今有。……有佛無佛，性相常住；以諸眾生煩惱覆故，不見涅槃，便謂爲無。菩薩摩訶薩以戒定慧勤修其心，斷煩惱已，便得見之。當知涅槃是常住法，非本無今有，是故爲常。」〔註36〕換言之，傳統認爲斷煩惱才得的「涅槃」，其實也是常住法。下文更提出「作因、了因」的概念來解釋：

> 善男子，復有二因，一者作因，二者了因。如陶師輪繩，是名作因，如燈燭等照闇中物，是名了因。善男子，大涅槃者，不從作因，而

〔註34〕〈梵行品八之三〉，頁465c。
〔註35〕〈光明遍照高貴德王菩薩品十之二〉，頁493c。
〔註36〕〈光明遍照高貴德王菩薩品十之一〉，頁491c-492a。

有唯有了因。了因者，所謂三十七助道法、六波羅蜜，是名了因。〔註 37〕

「了因」的概念事實上是就眾生而言的。涅槃是無爲的常法，因此是「不從因生，體非是果」的；〔註 38〕只有就人的角度而來說，因爲能照見此常住涅槃，「三十七助道法、六波羅蜜」才被稱爲「了因」。更後出的〈師子吼品〉、〈迦葉品〉中更可見到此一觀點的發展。

而「佛性」由於同時又是佛的體性，因此問題比較複雜。〈德王品十之六〉提出了以下問題：

世尊，如佛所說：何等名爲一闡提耶？謂斷善根。如是之義亦復不然。何以故？不斷佛性故。如是佛性，理不可斷，云何佛說斷諸善根？……無常可斷，故墮地獄；常不可斷，何故不遮？佛性不斷，非一闡提，如來何以作如是說，言一闡提？……有佛性者，若聞不聞、若戒非戒、若施非施、若修不修、若智非智，悉皆應得阿耨多羅三藐三菩提。……佛性亦爾，若不聞、不戒、不施、不修、不智，不得阿耨多羅三藐三菩提者，無有是處。〔註 39〕

德王的問題有二：第二個問題是關於「佛性」即「佛體性」的疑問：如前引「佛性義者，名爲阿耨多羅三藐三菩提」，既然如此，眾生悉有佛性就表示已有「阿耨多羅三藐三菩提」，那麼不論如何都應該得到無上正覺，又何須修行？此種疑問，是前分就已出現的。至於第一個問題，則針對「佛體性」與「無爲法」之間的矛盾：如果佛性是無爲常法，一闡提斷佛性的說法便不能成立；但如果闡提不斷佛性，而佛性即是如來所有德性，爲何「不遮」而仍有種種罪惡？也就是說，如果佛性是佛之體性，並且是不可斷的常法，而眾生已經有此佛性，那麼眾生便應該已經解脫，不可能再有罪惡。這同樣是「眾生如何可能有佛性」的質疑。佛陀的解釋則是：

善男子，如汝所言：若一闡提有佛性者，云何不遮地獄之罪。善男子，一闡提中無有佛性。善男子，譬如有王聞箜篌音，其聲清妙，心即耽著，喜樂愛念，情無捨離。即告大臣：「如是妙音從何處出？」大臣答言：「如是妙音從箜篌出。」王復語言：「持是聲來。」爾時

〔註 37〕同上，頁 492c。

〔註 38〕〈光明遍照高貴德王菩薩品十之四〉，頁 505a。

〔註 39〕〈光明遍照高貴德王菩薩品十之六〉，頁 518a-b。

> 大臣即持箜篌置於王前而作是言：「大王當知，此即是聲。」王語箜篌：「出聲！出聲！」而是箜篌，聲亦不出。爾時大王即斷其絃，聲亦不出。取其皮木，悉皆析裂，推求其聲，了不能得。爾時大王即瞋大臣：「云何乃作如是妄語！」大臣白王：「夫取聲者法不如是，應以眾緣善巧方便，聲乃出耳。」眾生佛性亦復如是，無有住處，以善方便故得可見。以可見故，得阿耨多羅三藐三菩提。〔註40〕

此處以箜篌發出樂音來比喻眾生與佛性的關係：正如樂音其實並不存在於箜篌之中，眾生佛性同樣也「無有住處」，並不存在眾生之中；又如箜篌「以眾緣善巧方便」才能發出樂音，眾生的佛性也是「以善方便故得可見」。〔註41〕這其實是合理的推論：(1) 既然佛性是「非內非外」的無爲法，當然「無有住處」，不爲眾生所有。(2) 既然佛性「不可捉持」，所謂「得」其實只是「見」，而眾生現在被煩惱覆蓋，故只有修行後「以善方便故得可見」、「得解脫故，得見佛性」，〔註42〕換言之，只有成佛之後才能「得」(見)「佛性」。這其實是主張，眾生現在並無佛性，有(見)佛性是未來之事；猶如箜篌本來無聲，善巧方便然後出聲。然則佛性固然是「無爲法」，也是「佛體性」，但更是眾生未來才得有(見)的「佛果性」。如此一來，便回答了德王的疑問：因爲眾生現在並無此「佛性」，所以仍有罪惡而不能解脫。

這是十分重要的發展：前分「眾生具足佛體性」的說法，必須面對「眾生如何可能有佛性」的質疑；續譯部分導入無爲法概念後，走向了「眾生未來才有佛性」的方向。而這正是接下來〈師子吼品〉要大力宣揚的。

(二)〈師子吼菩薩品〉

本品向來被視爲《涅槃經》佛性議論的重心，「正因」觀念便出現於此。但由於「正因」的特殊意涵有必要被獨立討論，故此處擬先分析〈師子吼品〉中對「佛性」自身的看法。在〈師子吼品十一之一〉中，進行了對「佛性」意涵的正式問答：

> 云何爲佛性？以何義故，名爲佛性？何故復名常樂我淨？若一切眾生有佛性者，何故不見一切眾生所有佛性？

〔註40〕同上，519b。

〔註41〕關於「箜篌喻」的分析，參見：Liu Ming-Wood, 同注8，頁81-82；屈大成：同注7，頁165-167。

〔註42〕〈梵行品八之三〉，頁467b。

佛性者名第一義空，第一義空名爲智慧。所言空者，不見空與不空。智者見空及與不空，常與無常，苦之與樂，我與無我。空者一切生死，不空者謂大涅槃；乃至無我者即是生死，我者謂大涅槃。見一切空，不見不空，不名中道；乃至見一切無我，不見我者，不名中道。中道者名爲佛性。以是義故，佛性常恒無有變易，無明覆故，令諸眾生不能得見。聲聞緣覺見一切空，不見不空，乃至見一切無我，不見於我；以是義故，不得第一義空。不得第一義空故，不行中道，無中道故，不見佛性。……如汝所問，以何義故，名佛性者，善男子，佛性者，即是一切諸佛阿耨多羅三藐三菩提中道種子。〔註 43〕

「佛性者名第一義空」的說法被認爲是《涅槃經》「中道佛性說」的主文。然而，經文又云「第一義空名爲智慧」，究竟此處「第一義空」是何義？從這段文字整體來看，恐怕「第一義空」不是通於一切法的「非有非無」之「實相」、「空性」，而應該是唯佛獨具的「兼見有無」之「空智」。（1）此處所說的中道不是對空、不空的「雙遣」，而是「雙見」、「雙收」，此點學者早已辨明。〔註 44〕（2）經云「第一義空名爲智慧」，以下又說智者必須同時雙見「生死」、「大涅槃」二面的「空及與不空，常與無常，苦之與樂，我與無我」，並指出如果只偏見「一切空，不見不空」便「不名中道」，而「中道者名爲佛性」。這完全是指觀察的智慧而言。換言之，「佛性」即「第一義空」即是「智慧」，是指雙收兼見生死法與涅槃法的智慧觀照方式；此種兼見的智慧便稱爲「中道」，也就是「佛性」；「佛性」、「第一義空」、「中道」都是此種雙見生死與涅槃的智慧。（3）經文說聲聞緣覺偏見空，「以是義故，不得第一義空。不得第一義空故，不行中道，無中道故，不見佛性。」此言二乘沒有「第一義空」與「中道」；如果是通於一切法的實相、空性，二乘如何會沒有？而經文一再強調「佛性者不可思議，乃是諸佛如來境界，非諸聲聞緣覺所知」，〔註 45〕可知這中道佛性乃是佛陀所獨有的不共智慧。事實上，從《涅槃經集解》來看，南朝的涅槃師們正是這樣理解這段文字的。〔註 46〕（4）因此，「佛性常恒無有變易，無明覆故，令諸眾生不能得見」是說

〔註 43〕〈師子吼菩薩品十一之一〉，頁 523a-c。

〔註 44〕印順：同注 8，頁 258-259；牟宗三：同注 8，頁 200-202；釋恆清：同注 8，頁 54-57。

〔註 45〕〈師子吼菩薩品十一之一〉，頁 526b。

〔註 46〕如：道生云：「答問佛性體也。要當先見不空，然後見空，乃第一義。第一義空，已有不空矣。佛始見之，故唯佛是佛性也。」「不偏見者，佛性體也。」

眾生被無明所覆，是故無法得到此種中道智慧。

可以發現，〈師子吼品〉特別突出「中道智慧」爲佛性內涵。中道智慧也是佛所獨有的「佛體性」之一，而本品也仍常見到「佛性者，所謂十力、四無所畏、大悲、三念處」、「一切覺者名爲佛性。」之類說法；〔註 47〕是故此說可視爲對「佛體性」之說的擴大。不過，由於此智慧是凡夫二乘所無，因此在「佛體性」之外「佛果性」的意味更加明顯。然而，經文說「佛性者，即是一切諸佛阿耨多羅三藐三菩提中道種子」這豈不是以佛性爲「因性」？下文續云：

> 眾生起見凡有二種：一者常見，二者斷見。如是二見不名中道，無常無斷乃名中道。無常無斷，即是觀照十二因緣智；如是觀智，是名佛性。二乘之人雖觀因緣，猶亦不得名爲佛性。……是觀十二因緣智慧，即是阿耨多羅三藐三菩提種子。以是義故，十二因緣名爲佛性。善男子，譬如胡瓜名爲熱病。何以故？能爲熱病作因緣故。十二因緣亦復如是。善男子，佛性者，有因、有因因、有果、有果果。有因者即十二因緣，因因者即是智慧，有果者即是阿耨多羅三藐三菩提，果果者即是無上大般涅槃。〔註 48〕

此處明言所謂「中道」乃是離常斷二見的觀照方式，此便是「觀照十二因緣智」，同時也就是「佛性」，二乘則沒有此佛性。此與上文所說不異。對照「觀十二因緣智慧，即是阿耨多羅三藐三菩提種子」與上引「佛性者，即是一切諸佛阿耨多羅三藐三菩提中道種子」，更可以確定「佛性」就是「觀智」。不過，爲何說佛性是正覺種子？此由以下對佛性因果的說明可知。佛性可分成四重因果：「有因者即十二因緣，因因者即是智慧，有果者即是阿耨多羅三藐三菩提，果果者即是無上大般涅槃。」（1）「十二因緣」說爲佛性，是因爲十二因緣雖非觀智，卻能生出此種「觀智佛性」；猶如胡瓜雖非熱病，但「能爲熱病作因緣」故被稱爲熱病。這是在擴大引申的意義上說的，十二因緣實非佛性，而是佛性的「因」。（2）「觀智」乃觀十二因緣而得，因「因」而有，

僧亮（道亮）云：「佛照境之智，是果性也。」「舉不偏之見，以顯照無不周，所以稱佛也。」僧宗云：「以覺了爲佛，下（不）改名性，爲第一義空；舉境以辨果智之用也。」「今明善識第一之與空者，即名佛果能照之智慧也。」寶亮云：「故明佛果眾德，唯以第一義空爲體也。」「佛果佛性，方是解中道之理耳。」都以佛性中道第一義空爲佛之果地智慧。梁·寶亮集：《大般涅槃經集解》，《大正藏》卷 37，頁 544a-c。

〔註 47〕〈師子吼菩薩品十一之一〉，頁 525c、527c。

〔註 48〕〈師子吼菩薩品十一之一〉，頁 523c-524a。

故稱為「因因」。（3）觀智所得無上正覺乃是「果」，（4）得成正覺而能證大涅槃，故為「果果」。在這裡，「佛性」的意涵稍稍被擴大解釋：「觀智」是本品特別強調的佛性義，「阿耨多羅三藐三菩提」與「大涅槃」也都是佛之「體性」，稱為佛性自然沒有問題；「十二因緣」則在更為寬泛的意義上也說為「佛性」。值得注意的是，佛性四重因果中，「觀智」、「阿耨多羅三藐三菩提」與「大涅槃」都是唯佛獨有的，凡夫二乘擁有的只是引申說為佛性的「十二因緣」法而已，嚴格來說，凡夫並沒有佛性。可知前文所見「佛性者，即是一切諸佛阿耨多羅三藐三菩提中道種子」的說法，是指「一切諸佛」因為具有觀智佛性，因此得到阿耨多羅三藐三菩提；這是就佛的境地來說的，凡夫眾生並沒有這種中道種子。是故下文又說：

> 是故我於諸經中說，若有人見十二緣者，即是見法；見法者，即是見佛；佛者，即是佛性。何以故？一切諸佛，以此為性。……下智觀者，不見佛性，以不見故得聲聞道。中智觀者，不見佛性，以不見故得緣覺道。上智觀者見不了了，不了了故，住十住地。上上智觀者見了了故，得阿耨多羅三藐三菩提道。以是義故，十二因緣名為佛性。佛性者即第一義空，第一義空名為中道，中道者即名為佛，佛者名為涅槃。〔註 49〕

此云「佛者，即是佛性」、「一切諸佛，以此為性」，因為觀十二因緣所得之智慧即是佛的境界體性，因此若能正確觀察十二因緣，便能見法、見佛。二乘甚至十地菩薩都沒有這種觀智，唯有上上智的佛能夠體得，故說「佛性者即第一義空，第一義空名為中道，中道者即名為佛，佛者名為涅槃」；中道、第一義空、佛性即是佛的智慧體性，因此佛性與佛可說沒有差別。

本品另有一些佛性因果的說法：

> 善男子，是因非果如佛性，是果非因如大涅槃，是因是果如十二因緣所生之法，非因非果名為佛性。非因果故，常恒無變。
>
> 佛性者，亦色非色、非色非非色，亦相非相、非相非非相。……云何為因？以了因故。云何為果？果決定故。云何非因非果？以其常故。
>
> 涅槃無因，而體是果。是因非果，名為佛性。……何故名因？以了因故。〔註 50〕

〔註 49〕〈師子吼菩薩品十一之一〉，頁 524a-b。
〔註 50〕〈師子吼菩薩品十一之一〉、〈十一之二〉，頁 524a、526a、頁 530a。

第一段引文由於下文沒有解釋，故學者們對此頗有異見。但若參照其餘兩段文字，可知「是因非果如佛性，是果非因如大涅槃」是指佛性爲涅槃之「了因」。如上節所見，了因以照見爲義；這是說由佛性了因能照見涅槃常果。可以發現，這與上文所說「觀智」「因因」能得「涅槃」「果果」意義是相通的，是故佛性之爲「了因」相當於佛性之爲「觀智」。而「非因非果名爲佛性」應該是說佛性自身是非因緣造作之無爲法，相對來說「是因是果如十二因緣所生之法」可能是指十二因緣流轉的有爲法眾生。〔註 51〕本品與續譯第一部分一樣，仍舊強調佛性的無爲法特質，如云「佛性者非陰界入，非本無今有，非已有還無」、「佛性者非內非外」、「眾生佛性，不破不壞、不牽不捉、不繫不縛，如眾生中所有虛空」等。〔註 52〕換言之，作爲佛性的「中道智慧」，本身也是無爲常法。

我們看到，在突出「中道智慧」、「觀智」爲佛性的同時，〈師子吼品〉不但繼承了前分佛性爲「佛體性」的說法，以及續譯第一部分佛性無爲的觀點，在強調唯佛擁有中道第一義空的同時，也更強化了佛性爲「佛果性」的意涵。相應於此，本品公然地宣稱一切眾生未來才有佛性，也就不足爲奇：

> 「若佛與佛性無差別者，一切眾生何用修道？」佛言：「……佛與佛性雖無差別，然諸眾生悉未具足。……一切眾生定得阿耨多羅三藐三菩提故，是故我說一切眾生悉有佛性。一切眾生眞實未有三十二相八十種好。……有者凡有三種：一未來有，二現在有，三過去有。一切眾生未來之世，當有阿耨多羅三藐三菩提，是名佛性。……以是義故，我常宣說一切眾生悉有佛性，乃至一闡提等亦有佛性。一闡提等無有善法，佛性亦善；以未來有故，一闡提等悉有佛性。何以故？一闡提等定當得成阿耨多羅三藐三菩提故。善男子，譬如有人家有乳酪。有人問言：『汝有蘇耶？』答言：『我有。』酪實非蘇，以巧方便定當得故，故言有蘇。眾生亦爾，悉皆有心。凡有心者，定當得成阿耨多羅三藐三菩提。以是義故，我常宣說一切眾生悉有佛性。……一切眾生定當得成阿耨多羅三藐三菩提故，是故我說一切眾生悉有佛性。」〔註 53〕

〔註 51〕參見：印順：同注 8，頁 260-261。

〔註 52〕〈師子吼菩薩品十一之一〉，頁 526b；〈十一之二〉，頁 530b、531b。

〔註 53〕〈師子吼菩薩品十一之一〉，頁 524b-c、525c。

師子吼所問的正是「眾生如何可能有佛性」的問題，這個困難正是因爲「佛性」等於「佛體性」所引發的。本品的解決方式則是乾脆宣示：只有佛有佛性，眾生現在並沒有「三十二相八十種好」等佛性；以往經文說「一切眾生悉有佛性」，其實是說「一切眾生未來之世，當有阿耨多羅三藐三菩提，是名佛性」。也就是說，眾生成佛之時所得的正覺名爲佛性，那是成佛時才有的；現在說眾生悉有佛性，只是說他們「定當得成阿耨多羅三藐三菩提」、未來必定會有此佛性，現在其實是沒有佛性的。經文把所謂「有」擴大解釋成「未來有」：猶如有酪並非有酥，但因爲酪經過煉製未來可以出酥，因此可以權宜地說有酥；眾生現在雖然沒有佛性，但卻有「心」，只要適當的修行，未來便能夠成佛得到佛性，故權宜地說有佛性。可以看到，這是對《涅槃經》前分佛性思想的完全扭轉與揚棄：眾生「本有」具足佛體性的說法，在此已經被眾生「未來有」佛性的說法代替了；依傳統講法，即是由「本有」轉向「始有」說。這樣的說法所見非止一處，如：

> 如來常住則名爲我；如來法身無邊無礙，不生不滅，得八自在，是名爲我。眾生眞實無如是我及以我所，但以必定當得畢竟第一義空，故名佛性。善男子，大慈大悲名爲佛性，……大喜大捨名爲佛性，……佛性者名大信心，……佛性者名一子地，……佛性者名第四力，……佛性者名十二因緣，……佛性者名四無礙智，……佛性者名頂三昧，……善男子，如上所說種種諸法，一切眾生定當得故，是故說言一切眾生悉有佛性。〔註 54〕

除了十二因緣，此處提到的種種「佛性」，都是佛陀的不共體性，經文明言眾生現在是沒有的。但眾生終當得到這些體性，故權宜地先說眾生有佛性。〔註 55〕又如以下的問答：

> 「若一切眾生有佛性者，即當定得阿耨多羅三藐三菩提，何須修習八聖道耶？……一切眾生不須修道，以佛性力故應得阿耨多羅三藐三菩提，不以修習聖道力故。……」……「一切眾生雖復有之，要須修習無漏聖道然後得見。……眾生佛性亦復如是，非此非彼。以定得故，言一切有。……眾生佛性亦復如是，亦復非是本無今有，

〔註 54〕〈師子吼菩薩品十一之六〉，頁 556c-557a。

〔註 55〕關於「眾生有佛性」即是「眾生未來有佛性」之分析，見：Liu Ming-Wood，同注 8，頁 69-73。

> 非內非外、非有非無、非此非彼、非餘處來、非無因緣，亦非一切眾生不見，有諸菩薩時節因緣和合得見。時節者，所謂十住菩薩摩訶薩修八聖道，於諸眾生得平等心，爾時得見，不名爲作。......有佛無佛，法界常住。善男子，若言佛性住眾生中者，善男子，常法無住，若有住處，即是無常。……如來法身，亦無住處。法界、法入、法陰、虛空，悉無住處。佛性亦爾，都無住處。」……「善男子，一切眾生不退佛性故，名之爲有。阿毘跋致故，以當有故，決定得故，定當見故，是故名爲一切眾生悉有佛性。」〔註 56〕

問題仍是針對「眾生如何可能有佛性」的困難而發。佛陀的回答則結合了「無爲佛性」以及眾生「未來有佛性」的論點：佛性是非內非外的無爲法，但「以定得故，言一切有」。重點是，佛性是「法界常住」的無爲法，它是「都無住處」的，因此並不住在眾生之中。但若眾生中沒有佛性，又「非是本無今有」，那麼正如續譯第一部分所問的，無爲佛性如何可得？而本品一樣也以「見」來解釋「得」：不是眾生都不能見佛性，但只有菩薩修行至一定境界「時節」，彼時「因緣和合」方能得見。因爲是「見」，「不名爲作」，因此說眾生未來「定得」（見）並不與佛性無爲的特質矛盾。可以看到，《涅槃經》如何一路從佛性無爲的觀點推演出眾生未來「以當有故，決定得故，定當見故，是故名爲一切眾生悉有佛性」。

在另一處，面對師子吼「若諸眾生有佛性者，何因緣故，一闡提等斷諸善根墮于地獄」、「眾生佛性亦應如是本無後有。以是義故，一切眾生應無佛性」的質疑，佛陀說：

> 一切眾生實有佛性。……汝言眾生若有佛性，不應假緣如乳成酪者。是義不然。何以故？若言五緣成於生蘇，當知佛性亦復如是。譬如眾石，有金有銀，有銅有鐵。俱稟四大，一名一實，而其所出，各各不同。要假眾緣，眾生福德，爐冶人功，然後出生。是故當知本無金性。眾生佛性，不名爲佛，以諸功德因緣和合得見佛性，然後得佛。汝言眾生悉有佛性，何故不見者。是義不然。何以故？以諸因緣未和合故。善男子，以是義故，我說二因：正因、緣因。正因者名爲佛性，緣因者發菩提心；以二因緣，得阿耨多羅三藐三菩提，如石出金。……一切眾生定當得成阿耨多羅三藐三菩提。以是義故，我經中說：一切眾

〔註 56〕〈師子吼菩薩品十一之六〉，頁 554a、555b-556a。

生乃至五逆、犯四重禁及一闡提，悉有佛性。〔註57〕

經文最後再度強調「一切眾生定當得成阿耨多羅三藐三菩提」，是眾生「悉有佛性」的眞義。如果眾生未來才有佛性，豈不是說眾生本來其實沒有佛性？但經文卻堅持「一切眾生實有佛性」的立場。從佛性是常住無爲法的觀點來說，這是可以理解的；但本文的解釋似乎卻更加深了讀者「一切眾生應無佛性」信念。此處用由乳出酥、由石出金爲喻，說明眾生必須「以諸功德因緣和合得見佛性」，現在所以未見乃因「諸因緣未和合故」。但是，能出金的眾石「本無金性」，要假眾緣才能得金，這豈不是說因眾緣才能見佛性的眾生也「本無佛性」？（此處「正因者名爲佛性」其實是引申地說，猶如本品以十二因緣爲佛性，其實並非佛性。詳下節。）

可以發現，爲了解決「眾生如何可能有佛性」的困難，《涅槃經》的前後各部分陸續提出新的見解。〈師子吼品〉終究把「眾生悉有佛性」的教說推向「眾生未來當有佛性」，但這樣反而難以說明《涅槃經》原來眾生本有佛性的教義。下面的〈迦葉品〉，則有較爲善巧的處理方式。

（三）〈迦葉菩薩品〉

〈迦葉品〉最爲學者所注意的，是其「佛性不定有無」、「亦有亦無」的觀點；經云：「若有說言一切眾生定有佛性、定無佛性，是人亦名謗佛法僧」，〔註58〕這被認爲是對「中道佛性」的表達。確實，本品明言「眾生佛性是中道」，但接下來的說明是：

> 眾生佛性非內六入、非外六入，內外合故，名爲中道。是故如來宣說佛性即是中道，非內非外故名中道。……或言佛性即是外道，……或言佛性即是內道。是故如來遮此二邊，說言佛性非內非外、亦名內外。是名中道。……或言佛性即是如來金剛之身，三十二相、八十種好。……或言佛性即是十力、四無所畏、大慈大悲及三念處、首楞嚴等一切三昧。……是故如來遮此二邊，說言佛性非內非外、亦名內外。是名中道。……或有說言佛性即是內善思惟，……或有說言佛性即是從他聞法。……是故如來遮此二邊，說言佛性非內非外、亦名內外。是名中道。……復有說言佛性是外，謂檀波羅蜜。……或有說言佛性是內，謂五波羅蜜，……是故如來遮此二邊，說言佛

〔註57〕〈師子吼菩薩品品十一之二〉，頁533a-b、534c。
〔註58〕〈迦葉菩薩品十二之四〉，頁580b。

性非內非外、亦內亦外。是名中道。……或有說言佛性在內，譬如力士額上寶珠。……或有說言佛性在外，如貧寶藏。……是故如來遮此二邊，說言佛性非內非外、亦內亦外。是名中道。〔註59〕

由此看來，所謂「中道」的二面，包括內道或外道、內善思惟或從他聞法等等，涵蓋甚廣；但卻沒有般若中觀「眾因緣生法，我說即是無，亦爲是假名，亦是中道義」之所謂「中道」的意涵。〔註60〕看來本品所說的「中道」只是描述佛性的方式，主旨在提醒讀者勿偏廢或執著於某些面向，但卻不等於佛性，更不是所謂的「中道實相」。至於本品論說佛性「非有非無」、「亦有亦無」的文字，例如：

如來佛性則有二種：一者有，二者無。有者，所謂三十二相、八十種好、十力、四無所畏、三念處、大慈大悲、首楞嚴等無量三昧、金剛等無量三昧、方便等無量三昧、五智印等無量三昧，是名爲有。無者，所謂如來過去諸善、不善、無記業因果報、煩惱、五陰、十二因緣，是名爲無。善男子，如有無，善不善、有漏無漏、世間非世間、聖非聖、有爲無爲、實不實、寂靜非寂靜、諍非諍、界非界、煩惱非煩惱、取非取、受記非受記、有非有、三世非三世、時非時、常無常、我無我、樂無樂、淨無淨、色受想行識非色受想行識、內入非內入、外入非外入、十二因緣非十二因緣，是名如來佛性有無，乃至一闡提佛性有無，亦復如是。〔註61〕

佛性具「有、無」二面，似乎即是所謂「中道實相」。但此處所謂「如來佛性」之「有」是指擁有「三十二相、八十種好」等體性，「無」是指沒有「過去諸善、不善、無記業因果報」諸漏，下文「善不善、有漏無漏」等所說亦不外乎此意；換言之，這是說如來佛性具足佛體性功德，而沒有一切有爲煩惱。此亦可見本品所說「佛性」仍是佛體性，與《涅槃經》一貫的說法一致。然則所謂「如來佛性有無」與般若「中道非有非無」同樣相距甚遠。如來佛性如是，那麼「眾生佛性」又如何？經云：

善男子，眾生佛性非有非無。所以者何？佛性雖有，非如虛空。何以故？世間虛空，雖以無量善巧方便不可得見；佛性可見，是故雖

〔註59〕〈迦葉菩薩品十二之三〉，頁572a-b。

〔註60〕龍樹著，後秦·鳩摩羅什譯：《中論》卷4〈觀四諦品〉，《大正藏》卷30，頁33b。

〔註61〕〈迦葉菩薩品十二之四〉，頁574b。

有，非如虛空。佛性雖無，不同兔角。何以故？龜毛兔角，雖以無量善巧方便不可得生；佛性可生，是故雖無，不同兔角。是故佛性非有非無，亦有亦無。云何名有？一切悉有：是諸眾生不斷不滅，猶如燈焰，乃至得阿耨多羅三藐三菩提，是故名有。云何名無？一切眾生現在未有一切佛法常樂我淨，是故名無。有無合故，即是中道。是故佛説眾生佛性非有非無。〔註62〕

眾生佛性「非有非無」，此是何意？（1）佛性「非有」，是專就它與「虛空」的差異來說的。虛空佛性都是無爲的常法，不同之處在於虛空「不可得見」而「佛性可見」，故說「佛性雖有，非如虛空」。然則，佛性其實是「有」，由後文可知這是指未來當得的無爲佛性而言；而「非有」不過是說「非如虛空之有」而已。（2）佛性「非無」，則是專就它與「兔角」的差異而言。龜毛兔角代表不存在的事物，它與佛性的差別在於兔角「不可得生」而「佛性可生」，故說「佛性雖無，不同兔角」。此處明言佛性是「無」，由後文可知這是指眾生現在沒有佛性而言；而「非無」其實是說「非如兔角之無」。此亦顯示所謂「佛性非有非無」別有所指，與般若學所謂「中道非有非無」其實大不相同。那麼，何謂佛性之「亦有亦無」？（3）佛性之「有」，是說一切眾生猶如燈燄不斷不滅，最後終究能夠得到阿耨多羅三藐三菩提；換言之，是說「眾生未來當有佛性」。（4）佛性之「無」，是說「一切眾生現在未有一切佛法常樂我淨」；換言之，是說「眾生現在沒有佛性」。顯然「佛性亦有亦無」是就眾生有沒有佛性的角度來說的，與所謂「中道亦有亦無」也不相干。

上述經文傳達的佛性觀，歸納來說可表述如下：佛性是佛之體性與果性，眾生有佛性是未來之事，現在則並無佛性；現在眾生佛性雖是「無」，但未來「可生」，未來所得佛性是「有」，雖是無爲法但卻「可見」。這其實與〈師子吼品〉「未來才有佛性」之說一脈相承，唯一的差異在於〈師子吼品〉尚未明白地主張「現在沒有佛性」，〈迦葉品〉則完成了這一步，完成了理論的一致化。至於「非有非無」、「亦有亦無」的說法，實質內容雖然是說眾生現在無佛性，但形式上不妨視爲融會《涅槃經》前後「本有」、「始有」佛性思想的一種善巧作法。

關於「眾生如何有佛性」，本品也有新的表達方法。本品同樣強調佛性「無爲」，特別是「非三世攝」的特質。經云：「虛空無故，非三世攝；佛性常故，

〔註62〕〈迦葉菩薩品十二之三〉，頁572b。

非三世攝。善男子，如來已得阿耨多羅三藐三菩提，所有佛性一切佛法常無變易。以是義故，無有三世，猶如虛空。……虛空無故，非內非外；佛性常故，非內非外。故說佛性猶如虛空。……如世間中無罣礙處，名爲虛空。如來得阿耨多羅三藐三菩提，已於一切佛法無有罣礙，故言佛性猶如虛空。以是因緣，我說佛性猶如虛空。」〔註63〕佛性與虛空都是非三世攝、非內非外、無有罣礙的無爲法。此處所說都是「如來已得阿耨多羅三藐三菩提」的佛性；如前所說，眾生現在沒有佛性。但無爲佛性眾生未來如何能有？前此都是以「見」佛性來解說「得」佛性，本品也未改變這一立場，只是用更巧妙的方式來論說：

> 「佛性是常，三世不攝，三世若攝，名爲無常。佛性未來，以當見故，故言眾生悉有佛性。……」「佛性者常，猶如虛空，何故如來說言未來？」……「善男子，快發斯問！佛性者猶如虛空，非過去、非未來、非現在。一切眾生有三種身，所謂過去、未來、現在。眾生未來具足莊嚴清淨之身，得見佛性，是故我言佛性未來。善男子。……未來身淨，故說佛性。」「如佛所說義如是者，何故說言一切眾生悉有佛性？」「善男子，眾生佛性，雖現在無，不可言無。如虛空性，雖無現在，不得言無。一切眾生雖復無常，而是佛性常住無變。是故我於此經中說，眾生佛性非內非外，猶如虛空非內非外。」〔註64〕

如果佛性「三世不攝」，那麼說眾生「佛性未來」豈不矛盾？佛陀的解答是：佛性固然是無爲法，沒有所謂三世；但眾生是有爲之身，因此有三世之別。因此「佛性未來」不是說佛性屬未來，而是就眾生「未來身淨」時「當見」佛性而說的。三世現象繫屬於眾生，如此便與佛性非三世說沒有衝突。然則佛性是常住法，眾生即使在未來也只是「見」佛性，現在更沒有佛性，爲何仍說一切眾生悉有佛性？經文說「眾生佛性，雖現在無，不可言無」，但佛性的「有」乃是如同虛空一般、非內非外、常住無爲的「有」。這樣的常住佛性，其實已經是某種獨立於眾生之外的存在：說眾生悉有佛性，並不是說眾生擁有佛性，只是說佛性獨立常存；同樣地，眾生未來有佛性，也只是能見佛性。這樣的觀點其實早已蘊涵在續譯第一、二部分的論述之中，只是至此有更清楚的表達。在另一處面對「斷善根人即有佛性，如是佛性，爲是過去？爲是

〔註63〕〈迦葉菩薩品十二之五〉，頁581a。
〔註64〕〈迦葉菩薩品十二之一〉，頁562b-c。

現在？爲是未來？爲遍三世？……若未來者，云何名常？何故佛說一切眾生必定當得？……若斷善根有佛性者，則不得名斷善根也；若無佛性，云何復言一切眾生悉有佛性？若言佛性亦有亦斷，云何如來復說是常？」之質疑，佛陀說：

> 如來十力、四無所畏、大慈大悲、三念處、首楞嚴等，八萬億諸三昧門，三十二相、八十種好、五智印等，三萬五千諸三昧門金剛定等，四千二百諸三昧門，方便三昧無量無邊，如是等法，是佛佛性。如是佛性則有七事：一常、二我、三樂、四淨、五眞、六實、七善。……後身菩薩佛性有六：一常、二淨、三眞、四實、五善、六少見。……如汝先問斷善根人有佛性者，是人亦有如來佛性，亦有後身佛性。是二佛性，障未來故，得名爲無；畢竟得故，得名爲有。……如來佛性，非過去、非現在、非未來。後身佛性，現在未來，少可見故，得名現在；未具見故，名爲未來。如來未得阿耨多羅三藐三菩提時，佛性因故，亦是過去、現在、未來；果則不爾，有是三世有非三世。後身菩薩佛性因故，亦是過去、現在、未來；果亦如是。……九住菩薩佛性六種：一常、二善、三眞、四實、五淨、六可見。佛性因故，亦是過去、現在、未來，果亦如是。是名分別答。八住菩薩下至六住佛性五事：一眞、二實、三淨、四善、五可見。佛性因故，亦是過去、現在、未來，果亦如是。是名分別答。五住菩薩下至初住佛性五事：一眞、二實、三淨、四可見、五善不善。……是五種佛性、六種佛性、七種佛性，斷善根人必當得故，故得言有。〔註65〕

此文可分成幾點來觀察：（1）佛之「佛性」是指「如來十力、四無所畏」等「佛體性」，可概括爲「常、我、樂、淨、眞、實、善」七種妙德。如前所見，這是全部《涅槃經》佛性義的根本意涵。（2）比較來看，後身菩薩佛性少了「我、樂」，並且只是「少見」；九住佛性更只是「可見」，八住至六住佛性無「常」，五住以下甚至「善不善」雜染。這是就修行過程來說明佛性如何慢慢地具足；事實上後身菩薩都只「少見」，唯有佛才能了了證知一切佛性。（3）「如來佛性，非過去、非現在、非未來」，這是說佛所證見的無爲佛性非三世攝。相較之下，「後身菩薩現在未來，少可見故，得名現在；未具見故，名爲

〔註65〕〈迦葉菩薩品十二之三〉，頁570c-517b。「佛性七事」的說法原出自本經〈光明遍照高貴德王菩薩品十之二〉，頁513a。

未來」則是從修行者的角度來說的：因為菩薩現在未來「少可見」，因此說佛性現在；因為尚未「具見」，因此佛性仍是未來之事。實則佛性本身非三世攝，因為菩薩仍屬有為之身才有三世問題。此不異前文所說。(4)「後身菩薩佛性因故，亦是過去、現在、未來；果亦如是」是說：後身菩薩雖無佛性但有「佛性因」，此「因」是三世所攝；而佛性之「果」對菩薩而言是未來之事，故亦為三世攝。九住菩薩以下都是如此。至於為什麼說「如來未得阿耨多羅三藐三菩提時，佛性因故，亦是過去、現在、未來；果則不爾，有是三世有非三世」，則後文另有說明。(5) 關於「一闡提」佛性斷或不斷的問題，經云「是人亦有如來佛性，亦有後身佛性。是二佛性，障未來故，得名為無；畢竟得故，得名為有」：所謂闡提有佛性，是說未來畢竟能得後身、甚至如來佛性；但現在惡業對未來得佛性造成阻礙，故說無佛性。這與前文說眾生佛性「亦有亦無」的講法是一致的。以上的說法看似複雜，其實未脫佛性即佛之體性果性、佛性無為非三世攝、眾生未來才有佛性的基本觀點。

此處說如來佛性「因」「是過去、現在、未來」、「果」「有是三世有非三世」，下文的解釋是：

> 五陰二種：一者因，二者果。是因五陰是過去、現在、未來；是果五陰亦是過去、現在、未來，亦非過去、現在、未來。善男子，一切無明煩惱等結，悉是佛性。何以故？佛性因故。從無明、行及諸煩惱得善五陰，是名佛性從善五陰，乃至獲得阿耨多羅三藐三菩提。〔註66〕

此處佛性因、果特指「因五陰」、「果五陰」。〔註67〕眾生未成佛時，所有五陰屬三世攝；至於佛所擁有的「善五陰」亦三世亦非三世，則沒有說明理由。〔註68〕值得注意的是「一切無明煩惱等結，悉是佛性」的說法；這自是佛性含義的擴大。〔註69〕但為何能夠如此說呢？經文說無明煩惱乃是「佛性因」，從此能得到善五陰，並得成阿耨多羅三藐三菩提。既說「佛性因故」，便表示「佛性」另有

〔註66〕〈迦葉菩薩品十二之三〉，頁571b-c。

〔註67〕〈師子吼菩薩品十一之三〉云「離五陰已無別眾生」，頁537a；因此五陰聚合也就是眾生的代名詞。

〔註68〕〈師子吼菩薩品十一之六〉云「如來三十二相如來色常」、「如來受者，謂畢竟受，第一義受」、「如來想者，名無想想」、「行名壽命，壽因緣故，獲得如來常住壽命」、「識因緣故，獲得如來平等之心」，頁556a-b；或可為此處「善五因」注腳。印順法師指出：「如來藏法門是『法身有色』說。」同注8，頁128。

〔註69〕屈大成：同注7，頁156-157。

意涵：之所以被稱爲「佛性」，是因爲它們是「佛性」的「因」，並不是說它們自身就是佛性；猶如〈師子吼品〉說十二因緣是佛性，實則十二因緣只是佛性「因」而非佛性。而「無明、行及諸煩惱」不也包含於十二因緣的流轉過程？可見以一切無明煩惱爲佛性，也是擴大引申地說；「佛性」的眞正意義仍是它所達成的「果」，也就是佛的體性。同理，本品中說「七眾生若善法、若不善法，若方便道、若解脫道、若次第道，若因若果，悉是佛性」、「未得阿耨多羅三藐三菩提時，一切善不善無記盡名佛性」、「或有佛性，一闡提有，善根人無。或有佛性，善根人有，一闡提無。或有佛性，二人俱有。或有佛性，二人俱無。」等語，〔註70〕也應該視爲是佛體佛性意義的擴大引申。

由上文對《涅槃經》佛性思想的分析，可以看出全經根本上認爲「佛性」即佛之體性，此一立場貫串全經而未改變。但爲了解釋「眾生如何可能有佛性」的困難，前分「本有」具足體性的思想，在續譯部分漸次被眾生「未來當有」佛性的觀點所取代。這一基本立場對於理解《涅槃經》的「正因」觀念，以及涅槃師們的正因佛性說至爲重要。

第二節　涅槃經的正因概念

一、反因中有果

「正因」觀念在〈師子吼品〉中正式提出。它與「反因中有果」的主張不可分離，同時也與《涅槃經》續譯部分主張「眾生未來才有佛性」之說互爲表裡。

「因中有果」意謂在「因」中已經存在、或潛在具有「果」的性質。本經反對「因中有果」的立場在〈德王品十之五〉中已經出現。此處德王提出「心本無繫」、「云何而言心善解脫」的問題，大意是說：分析「心」與所緣之「境」都得不到「貪結」的成分；如果「心本無繫」，「云何貪結能繫於心」，甚至「云何而言心善解脫」？〔註71〕佛陀回答：

心亦不爲貪結所繫，亦非不繫；非是解脫，非不解脫；非有非無；非

〔註70〕〈迦葉菩薩品十二之四〉，頁579b、580c、574c。

〔註71〕〈光明遍照高貴德王菩薩品十之五〉，頁515b-516a。這不妨說是對《勝鬘經》「自性清淨心而有染者，難可了知」問題的解答。同注23，《大正藏》卷12，頁222b。

> 現在非過去非未來。何以故？善男子，一切諸法無有自性故。……有諸外道作如是言：「……以眾緣中本有果性，是故合集而得生果。……當知是中必先有果。……」善男子，一切凡夫無明所盲，作是定說：色有著義，心有貪性，復言凡夫心有貪性亦解脫性，遇貪因緣心則生貪，若遇解脫心則解脫。雖作此說是義不然。有諸凡夫復作是言：一切因中悉無有果。……心亦無因貪亦無因，以時節故則生貪心。如是等輩，以不能知心因緣故，輪迴六趣具受生死。……諸佛菩薩終不定說因中有果、因中無果，及有無果、非有非無果。……善男子，諸佛菩薩顯示中道。何以故？雖說諸法非有非無，而不決定。所以者何？……從緣生故名之爲有，無自性故名之爲無。是故如來說言諸法非有非無。諸佛菩薩終不定說心有淨性及不淨性。淨不淨性，心無住處故。從緣生貪，故說非無；本無貪性，故說非有。善男子，從因緣故，心則生貪；從因緣故，心則解脫。……以是義故，諸佛菩薩不決定說心性本淨、性本不淨。……心亦如是，以因緣故，生於貪結。眾生雖說心與貪合，而是心性實不與合。……以是義故，貪欲之結不能污心。諸佛菩薩永破貪結，是故說言心得解脫。〔註72〕

此以般若學「一切諸法無有自性」之說爲基礎。(1) 說眾生心中本來具有「貪性」、「解脫性」，因而能夠生貪或解脫，這是外道「因中有果」的邪見。(2) 相反地，主張「因中無果」，說心與貪皆「無因」，「時節」到了便自然顯現，這同樣是錯誤邪見。必須注意的是，這裡反對的「因中無果」實際上是「無因說」。(3) 佛陀的立場建立在「諸法非有非無」、「從緣生故名之爲有，無自性故名之爲無」的基礎上；這是中觀般若的「中道」思想，與前述〈迦葉品〉的中道說不同。以中道思想的觀點來看，「從緣生」故貪結「非無」，「無自性」故貪結「非有」；心、解脫也都是非有非無的。既然一切法都從緣起無自性，「從因緣故，心則生貪；從因緣故，心則解脫」，貪結與解脫也由因緣生，當然不能說它繫屬於心，或說「心有淨性及不淨性」。(4) 心「以因緣故，生於貪結」，貪結實不繫屬於心，常識以爲心與貪合、貪欲污心都是不正確的說法；所謂心解脫，亦是指永破貪結而言。我們看到此處緣起性空思想的關鍵性：由於諸法是緣起而有的，因此不能說心中有煩惱或解脫性，也不能說因中已先有果。經文雖然反對定說因中有無果，但卻以批判因中有果說爲主。

〔註72〕同上，516a-517a。

在〈德王品十之六〉，問題再度被提及。德王認爲：「如來說因果性非有非無，如是之義是亦不然。何以故？如其乳中無酪性者，則無有酪；尼拘陀子無五丈性者，則不能生五丈之質。若佛性中無阿耨多羅三藐三菩提樹者，云何能生阿耨多羅三藐三菩提樹？」換言之，因中必須先有果性，才能由因生果；眾生佛性中應先有正覺種子，否則如何能解脫？這主張看來合情合理，但是卻被佛陀否定了：

> 如汝所說：若乳無酪性，不應出酪；尼拘陀子無五丈性，則不應有五丈之質。愚癡之人作如是說，智者終不發如是言。何以故？以無性故。善男子，如其乳中有酪性者，不應復假眾緣力也。善男子，如水乳雜臥至一月終不成酪，若以一渧頗求樹汁，投之於中即便成酪。若本有酪，何故待緣？眾生佛性亦復如是，假眾緣故則便可見，假眾緣故，得成阿耨多羅三藐三菩提。若待眾緣然後成者，即是無性。以無性故，能得阿耨多羅三藐三菩提。〔註 73〕

佛陀認爲一切法「無性」，亦即前文所說「無有自性」。若因中已有果，乳中「本有酪」，則「何故待緣」？既然須要眾緣和合，便表示本無自性，更表示因中無有果性。眾生佛性亦然，要眾緣和合才能得見；既然待緣而成，可知眾生本來「無性」，正因爲「無性」，所以才能得成正覺。換言之，眾生本來沒有佛性，佛性必須因緣和合才能得見。這段文字緊接著前述的「箜篌喻」；可以看出「反因中有果」與「眾生現在無佛性」事實上是表裡一體的。經文非常強調「一切法無性」的重要，經云：「一切菩薩住九地者見法有性，以是見故，不見佛性。若見佛性，則不復見一切法性。以修如是空三昧故，不見法性，以不見故則見佛性。」〔註 74〕必須體認性空的道理，才能見得佛性。

〈師子吼品十一之二〉幾乎以全部的篇幅來討論「因中無果」的問題。針對佛說「佛性者非內非外」，師子吼質疑：「一切眾生悉有佛性，如乳中有酪；金剛力士、諸佛佛性如淨醍醐。云何如來說言佛性非內非外？」佛陀同樣堅持反對因中有果，正是在此背景之下，「正因」觀念被提出：

> 「善男子，我亦不說乳中有酪。酪從乳生，故言有酪。……善男子，乳時無酪，亦無生蘇、熟蘇、醍醐，一切眾生亦謂是乳，是故我言乳中無酪。如其有者，何故不得二種名字？如人二能，言金鐵師？

〔註 73〕〈光明遍照高貴德王菩薩品十之六〉，頁 518b、519b-c。
〔註 74〕同上，頁 521b。

> 酪時無乳、生蘇、熟蘇及以醍醐，眾生亦謂是酪非乳，非生、熟蘇及以醍醐，亦復如是。……，因有二種：一者正因，二者緣因。正因者，如乳生酪；緣因者，如醪煖等。從乳生故，故言乳中而有酪性。」師子吼菩薩言：「世尊，若乳無酪性，角中亦無，何故不從角中生耶？」「善男子，角亦生酪。何以故？我亦說言緣因有二：一醪、二煖，角性煖故，亦能生酪。」師子吼言：「世尊，若角能生酪，求酪之人何故求乳而不取角？」佛言：「善男子，是故我說正因、緣因。」……「世尊，如佛所說有二因者：正因、緣因，眾生佛性，爲是何因？」「善男子，眾生佛性亦二種因：一者正因，二者緣因。正因者謂諸眾生，緣因者謂六波羅蜜。」〔註 75〕

此是以乳、酪爲譬說明因中無果：（1）佛陀反對乳中有酪，乳與酪不同，乳當然沒有酪性。一般人說乳中有酪性其實是不正確的，事實是從乳生酪，但乳中無酪。（2）爲了說明由乳生酪的因緣條件，此處提出「正因」、「緣因」這一組觀念。對於酪的產生，乳是「正因」，醪煖是「緣因」。乳作爲正因，或角作爲緣因，都不足以單獨生酪，必須有正因、緣因配合。換言之，乳中沒有酪性，酪的產生需要因緣和合；這與前文所說相同。（3）就眾生佛性而言，也有二種因：「正因者謂諸眾生，緣因者謂六波羅蜜」。

在此，有必要仔細分析正因、緣因與佛性之間的關係。我們知道，學者多把「正因」、「緣因」視爲「佛性」，天臺宗更以此成立「三因佛性」體系；雖則《涅槃經》其實沒有「正因佛性」、「緣因佛性」的說法。但是，（1）根據上節的分析，「佛性」一詞在本經中基本上表示佛之體性、性質，嚴格說來並沒有後世所想像的「因性」之義。（2）即使不論上節對佛性意涵的分析，由本節所見，《涅槃經》是反對「因中有果」，主張一切法因緣和合而有的。因此作爲因緣條件被提出的「正因」、「緣因」觀念，絕對不是因中所預先存在的果性，亦即，不是眾生之中本有的「佛性」。事實上，經文反對因中有果，認爲眾生是「無性」、無本有佛性的，由上文引「眾生佛性亦復如是，假眾緣故則便可見……若待眾緣然後成者，即是無性」便可知。既然眾生佛性也待緣而成，「正因者謂諸眾生」自也不是「佛性」。（3）仔細分析這段文字：如上所述，「正因」、「緣因」本是因緣條件的說明，用以解說「乳中無酪」。「乳」中無酪性，「酪」的產生乃是「正因」、「緣因」的配合；在此乳是「正因」，

〔註 75〕〈師子吼菩薩品十一之二〉，頁 530b-c。

醪煖是「緣因」，酪是二因和合所產生的「果」。對照「乳酪喻」與「眾生佛性亦二種因」、「正因者謂諸眾生，緣因者謂六波羅蜜」的說法，顯然後者是說：「眾生」中沒有佛性，「佛性」的產生乃是「正因」、「緣因」的配合；在此眾生爲「正因」，六波羅蜜爲「緣因」，「眾生佛性」則是此二因配合所產生的「果」。換言之，「正因」是因緣條件之一，而「佛性」是待緣而成的果，正因只是佛性的「因」而不是佛性，它們是完全不同層次的概念。〔註 76〕

這一點也可以由經文本身得到印證。佛陀提出上述主張後，師子吼提出「正因」爲因中之「佛性」的看法，云：「以有性故，故須緣因。何以故？欲明見故。緣因者即是了因。……是故雖先有性，要假了因，然後得見。以是義故，定知乳中先有酪性。」「一切眾生無有佛性者，云何而得阿耨多羅三藐三菩提？以正因故，故令眾生得阿耨多羅三藐三菩提。何等正因？所謂佛性。」〔註 77〕換言之，師子吼認爲，眾生有潛在的佛性才能成佛，佛性就是所謂正因；如果眾生之中沒有佛性，那麼緣因或了因要照見什麼呢？這個看法顯然正是一般主張「正因」即「佛性」者的意見。但是這樣的說法卻被佛陀駁斥：

> 若使乳中定有酪性者，何須緣因？……若使乳中定有酪性者，即是了因。若是了因，復何須了？……一切眾生有佛性者，何故修習無量功德？若言修習是了因者，已同酪壞。若言因中定有果者，戒定智慧則無增長。我見世人本無禁戒禪定智慧，從師受已漸漸增益。若言師教是了因者，當師教時，受者未有戒定智慧。……若本有者，何須了因？……以是義故，當知無性。〔註 78〕

佛陀的看法正好相反：如果說因中有果性，則根本不需要緣因了因；如果眾生已有佛性，則便已經是佛了，何必再修行？既然需要修行，便表示本無佛性。換言之，緣因正因的必要性，正好證明了「正因」不是存在於眾生之中的本有「佛性」。値得注意的是，佛陀的論據正和《涅槃經》處處可見「眾生如何可能有佛性」的質疑相同！由於前分把「佛性」等於佛體性，因此有佛性的眾生爲何仍不是佛、爲何有罪惡、爲何要修行的問題才產生；現在，佛

〔註 76〕Liu Ming-Wood 把「正因、緣因」解釋爲「佛性的兩種因」(two types of causes of Buddha-nature)；屈大成認爲：「正因（眾生）、緣因（修行）才是成佛的主、次條件，而不是本有的佛性。」可參見二位學者的分析。Liu Ming-Wood, 同注 8，頁 74-75；屈大成：同注 7，頁 167-168。

〔註 77〕同注 75，頁 531b、532a。

〔註 78〕同注 75，頁 531b-c、532b。

陀的立場卻轉移到質疑者這一邊，主張正是因爲需要修行，因此「因中無果」、眾生其實沒有佛性了。不難發現，《涅槃經》續譯部分放棄本有佛性之說，轉而主張「因中無果」、「未來才有佛性」，乃是本有佛性說所帶來的困境所致。而續譯作者的觀點顯然也有轉變，這一轉變正以一切法緣起無自性的思想爲根據。〈師子吼品〉同一處又云：

> 譬如有人有筆紙墨，和合成字，而是紙中，本無有字，以本無故，假緣而成。若本有者，何須眾緣？譬如青黃，合成綠色，當知是二，本無綠性。若本有者，何須合成？……一切諸法本無有性。以是義故，我說是偈：本無今有，本有今無，三世有法，無有是處。善男子，一切諸法，因緣故生，因緣故滅。善男子，若諸眾生內有佛性者，一切眾生應有佛身，如我今也。〔註 79〕

此處正是以「一切諸法本無有性」、「因緣故生，因緣故滅」的思想來反對因中有果。一切法因緣和合無有自性，既是因緣而起，便不可能因中預先有果之自性。因中有果之自性，與緣起無自性是互相矛盾的；如果說因中有果性，便是執有自性，違反了緣起的教理。應注意的是，此處說「若諸眾生內有佛性者，一切眾生應有佛身，如我今也」：這不但印證了「佛性」是佛之體性，也顯示本經反對「眾生現在有佛性」與反對「因中有果」的理由是一樣的，都是出自般若中觀緣起無自性的觀點。正是因爲續譯作者以緣起性空思想爲基礎，《涅槃經》才走向「眾生現在沒有佛性」、「未來才有佛性」的方向。

如上所述，《涅槃經》的續譯部分一貫反對「因中有果」。後面的〈迦葉品〉雖然也提出「若有說言乳中有酪，是名執著；若言無酪，是名虛妄。離是二事，應定說言亦有亦無」的看法，但他的理由是「從乳生酪，因即是乳，果即是酪，是名爲有。云何名無？色味各異，服用不同」，〔註 80〕換言之，只是說乳爲因酪爲果，並不眞是因中有果；這是〈迦葉品〉特殊的表達方式，在思想觀點上並沒有改變。如前文所述，此種反對「因中有果」、「眾生本有佛性」的觀點，其理論基礎乃是般若中觀的「緣起性空」思想。簡單地說，因爲一切法緣起無自性，因此因中不能先有果性，眾生不能先有佛性；如果因中已有果性，眾生已有佛性，那麼一切法便無須因緣而起，眾生也無須修行，這是違反緣起法則的。事實上，此一論證與中觀派破斥自性見說法完全

〔註 79〕同注 75，頁 531a-b。

〔註 80〕〈迦葉菩薩品十二之三〉，頁 572c。

相同；如《中論》云：

若汝見諸法，決定有性者，即爲見諸法，無因亦無緣。
即爲破因果，作作者作法，亦復壞一切，萬物之生滅。
眾因緣生法，我說即是無，亦爲是假名，亦是中道義。
未曾有一法，不從因緣生，是故一切法，無不是空者。
若一切不空，則無有生滅，如是則無有，四聖諦之法。
苦不從緣生，云何當有苦？無常是苦義，定性無無常。
若苦有定性，何故從集生？是故無有集，以破空義故。
苦若有定性，則不應有滅，汝著定性故，即破於滅諦。
苦若有定性，則無有修道，若道可修習，即無有定性。
若眾緣和合，而有果生者，和合中已有，何須和合生？
若眾緣和合，是中無果者，云何從眾緣，和合而果生？
若眾緣和合，是中有果者，和合中應有，而實不可得。
若眾緣和合，是中無果者，是則眾因緣，與非因緣同。〔註81〕

《中論》認爲，一切法無「自性」（svabhāva）；「自性」意指「自己存在」、「自己生起」，此與佛教緣起的根本教說正相反。〔註82〕換言之，如果說諸法有自性，是自生自存的，便應該不生不滅，不需要依賴因緣生起；反之，諸法從因緣生，可知並無自性。同理，如果諸法有自性，便無所謂修道；若道可修，可知無自性。在此，《中論》更進一步雙破因中有無果來破斥因果實有的謬見：若因緣中已先有果，何須由和合生？若因緣中無果，和合又如何能生果？如果認爲「因」、「果」是實有自性的，那麼也不能正確明白緣起性空的本質。可以看到，《涅槃經》反對因中有果、眾生本有佛性的論證即是取自此一論說，只不過它只偏取其駁斥因中有果的這一面。這是非常有意義的現象，顯然《涅槃經》續譯部分的作者非常熟悉中觀思想，並且把中觀破斥一切法有「自性」的論證，拿來破斥一切眾生有「佛性」的主張。在續譯作者看來，說一切眾生有佛性，便是犯了執有自性的錯誤，必須加以揚棄。爲什麼會如此？我想，問題仍舊在《涅槃經》對「佛性」一詞的界定。如前所述，「佛性」被解說爲佛所具有的妙德體性，這一看法貫串全經未有改變。正是如此，分明不是佛

〔註81〕《中論・觀四諦品》：同注60，頁33a-c；卷3〈觀因果品〉：頁26b。
〔註82〕原語分析見：羅因：《「空」、「有」與「有」、「無」——玄學與般若學交會問題之研究》（臺北，國立臺灣大學出版委員會，2003年），頁175-179。

的眾生「如何可能有佛性」的問題不可避免地產生。站在中觀學者的立場來看，此事尤其難以接受，因爲（1）一切法緣起故無自性，眾生成佛的過程也不例外；因此連佛也「無自性」、沒有「佛性」，〔註 83〕更何況尚未成佛的眾生？佛性即佛體性之說，與無自性的立場矛盾。（2）說眾生不論修行成佛與否，都「本有佛性」，即已經擁有佛之體性；這猶如說諸法有「自性」，不待因緣和合，便已經自然產生。這本有佛體性之說，也違反緣起的立場。（3）因此，說眾生因爲已有佛之體性故能夠成佛，猶如說諸法因爲先有自性故能夠得成，同樣違反緣起性空的教義。因此，不難理解續譯作者爲何如此強烈地反對「因中有果」、「眾生有佛性」：如果一定要接受「佛性」概念，至少必須顧及緣起法則；因此有佛性必須是未來之事，現在眾生沒有佛性。

似此，整個續譯部分的佛性觀，可說都是以中觀思想爲基礎。論者每曰《涅槃經》受般若思想影響，其實主要正在此方面。論者亦常認爲由《般若經》之「空」到《涅槃經》之「有」，二者非但沒有矛盾，而且是思想發展的必然趨勢。但由上文分析來看，續譯部分的「空」思想正是對前分的「有」思想，甚至是初期如來藏思想的批判與轉向。事實上，深受般若思想影響的《涅槃經》，與其他傾向唯心的如來藏說，思想發展的路徑是不同的。〔註 84〕這樣看來，由「空」到「有」之間的轉變，或許不如學者所想的理所當然。

二、正因即眾生的意義

回到「正因」觀念的討論。如上所述，正因、緣因乃是未來得佛性的因緣條件，並非眾生已有的佛性。但爲何說「正因者謂諸眾生，緣因者謂六波羅蜜」？這牽涉到兩個問題：「正因」、「緣因」觀念本身的意涵，以及分別以眾生、六波羅蜜爲此二因的理由。這兩者常被糾纏在一起，並且異說紛紜。〔註 85〕然而，

〔註 83〕《大智度論》卷 50：「阿羅漢、阿羅漢性空，辟支佛、辟支佛性空，佛、佛性空。」同注 33，頁 420b。

〔註 84〕印順：同注 8，頁 270。

〔註 85〕如：任繼愈等認爲正因緣因各是「內在的」、「外在的」成佛依據，任繼愈主編：《中國佛教史（第三卷）》（北京，中國社會科學出版社，1997 年），頁 377。屈大成認爲二者分別是「成佛的主、次條件」，同注 76，頁 168。Liu Ming-Wood 把正因緣因各譯爲 direct cause（直接因）auxiliary cause（輔助因），同注 8，頁 74。Whalen Lai 則各譯爲 basic-cause（基本因）與 conditioned-cause（條件因），Whalen Lai, “Sinitic Speculations on buddha-nature: The Nirvāna school”, Philosophy East and West 32, no. 2（1982 年）, p.143.

如果只考慮「正因」、「緣因」的意涵，從「乳酪喻」來看，乳是生酪的材料，醪煖是促使乳發酵轉變成酪的觸媒；可以推測，「緣因」原以觸發、催化爲義，而「正因」則是指原料、材料而言。也就是說，對於某一個「果」的產生，「正因」是此果的原始材料，「緣因」是促使此原料轉化爲果的觸發條件。這樣看來，其實「正因」、「緣因」頗爲類似西哲亞里士多德（384-322B.C.）所說的「質料因」（material cause）、「動力因」（efficient cause）。〔註 86〕如此解釋，便很容易說明爲何「正因者謂諸眾生，緣因者謂六波羅蜜」：因爲眾生能夠成佛得到佛性，是將來能變成佛的原始「材料」，但此原料必須經過六度修行「觸發」才能變化成佛，因此眾生是佛或佛性的「正因」，六度是成佛的「緣因」。說眾生爲正因的理由，雖然此處沒有說明，但《涅槃經》續譯部分其他材料，仍可以證明此一推斷。〈迦葉品〉云：

> 我又復說眾生者即是佛性。何以故？若離眾生，不得阿耨多羅三藐三菩提。是故我與波斯匿王說於象喻：如盲說象，雖不得象，然不離象；眾生說色乃至說識是佛性者亦復如是，雖非佛性，非不佛性，如我爲王說箜篌喻。〔註 87〕

（1）「眾生者即是佛性」似與正因非佛性之說矛盾。但這是就「若離眾生，不得阿耨多羅三藐三菩提」而言，眾生其實並非佛性。如前所述，經說「十二因緣名爲佛性」，或說「一切無明煩惱等結，悉是佛性」、「五陰是佛性」，〔註 88〕皆是以「佛性因」稱爲佛性，其實並非佛性本義。「離五陰已無別眾生」、「眾生我者即是五陰」；〔註 89〕「五陰」、「十二因緣」本是對「眾生」結構或流轉的解說，三者意涵相通。因此，說眾生即佛性，只是說眾生是佛性的「因」，即「正因」。（2）眾生爲佛性因，猶如「箜篌喻」所說。本喻見於〈德王品〉，如前文所分析：箜篌本來無聲，善巧方便然後出聲；正如眾生本無佛性，經修行才得佛性。然則眾生爲佛性之因，是指眾生經過修行可以得佛性而言。（3）「若離眾生，不得阿耨多羅三藐三菩提」，經文引「象喻」說明。此喻見於〈師子吼品〉：

〔註 86〕亞氏認爲質料因是「構成了一個物件而本身繼續存在著的東西」，動力因是「變化或停止的來源……引起變化者是改變了的東西的原因」；此處乳變成了酪而繼續存在，醪煖引起了乳的變化，符合這個界說。見：亞里士多德：《物理學》，II.3，194b-195a，引自北京大學哲學系編譯：《西方哲學原著選讀（上卷）》（北京，商務印書館，1999 年），頁 133。

〔註 87〕〈迦葉菩薩品十二之二〉，頁 568c-569a。

〔註 88〕〈師子吼菩薩品十一之一〉，頁 524a；〈迦葉菩薩品十二之三〉，頁 571c。

〔註 89〕〈師子吼菩薩品十一之三〉，頁 537a，〈十一之六〉，頁 556c。

> 譬如有王告一大臣：汝牽一象以示盲者。……如彼眾盲，不說象體，亦非不說。若是眾相悉非象者，離是之外，更無別象。……是諸眾生聞佛說已，或作是言：色是佛性。何以故？是色雖滅，次第相續，是故獲得無上如來三十二相如來色常。……或有說言：受是佛性。何以故？受因緣故，獲得如來眞實之樂。……眾生受性雖復無常，然其次第相續不斷，是故獲得如來常受。……又有說言：想是佛性。何以故？想因緣故，獲得如來眞實之想。……眾生之想雖復無常，以想次第相續不斷，故得如來常恒之想。……又有說言：行爲佛性。何以故？行名壽命，壽因緣故，獲得如來常住壽命。眾生壽命雖復無常，而壽次第相續不斷，故得如來眞實常壽。……又有說言：識爲佛性。識因緣故，獲得如來平等之心。眾生意識雖復無常，而識次第相續不斷，故得如來眞實常心。……又有說言：離陰有我，我是佛性。何以故？我因緣故，獲得如來八自在我。……善男子，如彼盲人各各說象，雖不得實，非不說象。說佛性者亦復如是，非即六法，不離六法。善男子，是故我說眾生佛性，非色不離色，乃至非我不離我。〔註90〕

此處以盲人摸象，來比喻眾生以五陰、我爲佛性「雖不得實，非不說象」、「離是之外，更無別象」。這是說五陰與我，即所謂「六法」並非佛性，但離此別無佛性。此是何意？前引〈迦葉品〉運用「箜篌喻」來解釋此意，可知佛性「非即六法，不離六法」是說六法雖非佛性，但乃是佛性之「因」，故無六法則無佛性；猶如箜篌能生樂音，離箜篌則樂音無由得生。「六法」不也就是「眾生」？因此佛性「非即六法，不離六法」即是說眾生雖非佛性，但卻是佛性的「因」。

現在，問題在於「眾生」作爲佛性之「因」的性質。此處說，眾生色受想行識五陰「次第相續不斷」，因而得到如來五陰；此雖是凡夫意見，但似乎不違背經之立場。換言之，眾生之所以是佛性之「因」，或所以能修得佛性的關鍵，在於眾生的「相續不斷」；因爲眾生相續不斷，因此終究能夠證得佛性。然則，眾生「相續不斷」便是它作爲佛性「正因」的理由。此亦可由其他經文印證，如：

> 佛性非有非無，亦有亦無。云何名有？一切悉有。是諸眾生不斷不

〔註90〕〈師子吼菩薩品十一之六〉，頁556a-b。

> 滅，猶如燈焰，乃至得阿耨多羅三藐三菩提，是故名有。云何名無？一切眾生現在未有一切佛法常樂我淨，是故名無。有無合故，即是中道。是故佛說眾生佛性非有非無。善男子，如有人問：是種子中有果無耶？應定答言亦有亦無。何以故？離子之外不能生果，是故名有；子未出芽，是故名無。以是義故，亦有亦無。所以者何？時節有異，其體是一。眾生佛性亦復如是。若言眾生中別有佛性者，是義不然。何以故？眾生即佛性，佛性即眾生；直以時異，有淨不淨。……一切眾生不斷不滅，乃至得阿耨多羅三藐三菩提，是名隨自意說。〔註91〕

佛性有是未來之有，但「諸眾生不斷不滅，猶如燈焰」才是眾生未來能得佛性的保證。顯然相續不斷不滅是眾生作爲佛性之因的理由。不只如此，經文還指出：「眾生即佛性，佛性即眾生；直以時異，有淨不淨。」此不斷不滅的「眾生」未來就是「佛性」，二者之間只是時間前後以及淨或不淨的差異而已；正如種子未來變化成果，「時節有異，其體是一」，其實還是同一個東西的轉化，並不是變成了另一個東西。應該注意的是，此處說種子中「亦有亦無」果，彷彿與「因中無果」之說矛盾；但這「亦有亦無」承上文而來，並不是說種子因中有果性，而是說由種子是因能變成果。是故此處也說「若言眾生中別有佛性者，是義不然」，特別強調眾生之中沒有佛性。然則「眾生即佛性，佛性即眾生」是說現在染污不淨的眾生，將來會變成爲清淨的佛性（也就是佛，佛性即佛體性）。由眾生到佛乃是同一個東西的變化，並不是變成別的事物；他們是同一的，眾生就是佛的「前身」，是將來能成佛的那個東西。由此可以推知，《涅槃經》以眾生爲佛性之「正因」，是說眾生作爲佛的「前身」「不斷不滅」，未來終會變化成佛。這樣看來，「正因」的含義正好符合上文所推斷的「原料」或「質料因」之意義：眾生是佛性（佛）的前身，不斷不滅而自身轉化成佛；眾生豈不是佛的「原料」或「質料因」嗎？〔註92〕經又云：

> 若復有言一闡提人捨一闡提，於異身中得阿耨多羅三藐三菩提，是人亦名謗佛法僧。若復說言一闡提人能生善根，生善根已，相續不

〔註91〕〈迦葉菩薩品十二之三〉，頁572b-c、573c。

〔註92〕印順法師認爲：「悉有佛性，不是眾生身中有了什麼，如無漏種子，稱性功德等等，而是從眾生無始以來，因緣不斷不滅的延續去了解。」已有此意。見：印順：同注8，頁269。

斷得阿耨多羅三藐三菩提，故言一闡提得阿耨多羅三藐三菩提，當知是人不謗三寶。〔註93〕

從闡提到正覺，並不是「異身」的轉變，而是此一闡提自身「相續不斷」得到解脫。此言更可證明：佛性的「正因」便是將來可以變成佛的原始材料，不斷不滅的眾生是佛的前身，因此就是佛性正因。

可是，佛教一向主張無常無我，眾生更是在輪迴中有生有死，爲何《涅槃經》卻一再說「一切眾生不斷不滅」？經中有此解釋：

「是五陰者，念念生滅；如其生滅，誰有縛解？世尊，因此五陰生後五陰，此陰自滅不至彼陰。雖不至彼，能生彼陰。……」……「……眾生業果亦復如是。此陰滅時，彼陰續生，如燈生闇滅，燈滅闇生。」……「眾生五陰空無所有，誰有受教修習道者？」佛言：「善男子，一切眾生，皆有念心、慧心、發心、勤精進心、信心、定心。如是等法雖念念生滅，猶故相似相續不斷，故名修道。……汝言念念滅云何增長者，心不斷故，名爲增長。」〔註94〕

眾生乃五陰聚集，念念生滅，其中並沒有延續不斷的同一「實體」，此是佛教一貫的無我說。但如果沒有不變的「實體」，如何說明眾生的受縛與解脫？佛陀認爲：雖然沒有不變「實體」，但眾生五陰前後相生，即使剎那生滅，但仍然是延續不斷的；就在這念念生滅但延續不斷的五陰之上，能夠說明眾生的縛解。對照前文，可知眾生作爲佛性正因「不斷不滅」，也是指念念生滅但相續不斷而言；就在念念相續的過程中，眾生能夠解脫煩惱束縛轉變成清淨佛身。如前章所見，此實是原始佛教的標準主張，《雜阿含經》即云：

云何爲第一義空經？諸比丘，眼生時無有來處，滅時無有去處。如是眼不實而生，生已盡滅。有業報而無作者。此陰滅已，異陰相續，除俗數法。耳、鼻、舌、身、意亦如是說，除俗數法。俗數法者，謂此有故彼有，此起故彼起；如無明緣行，行緣識，廣說乃至純大苦聚集起。又復，此無故彼無，此滅故彼滅；無明滅故行滅，行滅故識滅，如是廣說，乃至純大苦聚滅。比丘，是名第一義空法經。〔註95〕

〔註93〕〈迦葉菩薩品十二之四〉，頁580b-c。

〔註94〕〈師子吼菩薩品十一之三〉，頁535b-c，537a-b。

〔註95〕劉宋·求那跋陀羅譯：《雜阿含經》卷13〈三三五經〉，《大正藏》卷2，頁92c。

「有業報而無作者」是佛教一貫的看法。眾生的無常流轉，其實只是五蘊「此陰滅已，異陰相續」的過程，並沒有固定不變的「作者」或「實體」，實際有的只是「俗數法」，即十二因緣的緣起相續。《涅槃經》的看法實與此不異。

另外値得注意的，是經文又以「心」爲五陰相續中的「受教修習道者」：「心」雖然也念念生滅，但同樣「相似相續不斷」，正因爲心相續不斷，故修行能夠成立。然則在五陰眾生的相續不斷中「心」扮演著核心的角色。「心」在《涅槃經》中一般只是緣慮心，〔註 96〕如云「心名無常。何以故？性是攀緣相應分別故」，但有時也說「心亦如是，不可說言住陰界入及以不住」，似乎是離陰而有的。〔註 97〕經文還說：

> 若有善男子善女人，善能修治身口意業，捨命之時，雖有親族取其屍骸，或以火燒，或投大水，或棄塚間，狐狼禽獸競共食噉，然心意識即生善道。而是心法，實無去來亦無所至，眞是前後相似相續相貌不異。如是之言即是如來祕密之教。
>
> 我經中說：一切眾生作善惡業捨身之時，四大於此即時散壞。純善業者，心即上行，純惡業者，心即下行。善男子，我諸弟子聞是說已，不解我意，唱言如來說心定常。……色是無常，乃至識亦如是。善男子，我諸弟子聞是說已，不解我意，唱言如來說心定斷。〔註 98〕

說心非定常定斷，應是指念念生滅但延續不斷而言。這樣看來，雖然說只是「前後相似相續相貌不異」，但經文似有以此相續之「心」解釋眾生輪迴之意。若是如此，眾生在生死輪迴中雖然沒有不變的「實體」，但「心」卻在某種意義上承擔了眾生的延續性，替代了輪迴「主體」的地位。如此，眾生相續不斷爲佛性正因，便與心之相續不斷有密不可分的關連。再加上經文說：

> 眾生亦爾，悉皆有心。凡有心者，定當得成阿耨多羅三藐三菩提。以是義故，我常宣說一切眾生悉有佛性。

〔註 96〕「心」在佛教中是多義的概念。唐・宗密：《禪源諸詮集都序》：「汎言心者，略有四種。梵語各別，翻譯亦殊。一、紇利陀耶，此云肉團心，此是身中五藏心也。二、緣慮心，此是八識，俱能緣慮自分境故。此八各有心所善惡之殊。諸經之中，目諸心所總名心也，謂善心惡心等。三、質多耶，此云集起心，唯第八識，積集種子生起現行故。四乾栗陀耶，此云堅實心，亦云貞實心，此是眞心也。」《大正藏》卷 48，頁 401c。本文「緣慮心」即依此而言。

〔註 97〕〈聖行品七之四〉，頁 445c；〈如來性品四之五〉，頁 415b。

〔註 98〕〈現病品第六〉，頁 431b；〈迦葉菩薩品十二之二〉，頁 567a-b。

為非佛性，名為佛性。……非佛性者，所謂一切牆壁瓦石無情之物；離如是等無情之物，是名佛性。〔註99〕

無情無佛性，唯有情眾生才可能在未來得到佛性，這是《涅槃經》的立場。區分有情無情的不就是心識的有無嗎？經文云：因為眾生有「心」，因此未來定當得成正覺。「心」似乎便是眾生作為佛性正因的關鍵因素。

由上文的分析，可知《涅槃經》所說之「正因」概念意指形成一物的原始材料，或「質料因」。而所謂「佛性正因」具體而言便是指剎那生滅、但卻相續不斷的「眾生」；因為眾生不斷不滅，即是佛的前身。同樣念念相續不斷的「心」，在此亦被說為眾生為佛性正因的關鍵；「心」雖然並非「實體」，卻承擔了眾生「主體」的地位。這些思想成分，即是「佛性」理論為「神不滅」思想所援用，甚至最後取代「神不滅」思想的基礎。

結　語

根據本章的分析，可知：(1)《涅槃經》基本上以「佛性」為佛之體性，此一立場貫串全經而未改變。但為了解釋「眾生如何可能有佛性」的困難，前分「本有」具足體性的思想，在續譯部分漸次被眾生「未來當有」佛性的觀點所取代。(2)「正因」為「佛性」之因，與作為佛之體性的「佛性」並不等同。「正因」意指形成一物的原始材料，其意涵與所謂「質料因」相近。(3)《涅槃經》主張「眾生」為佛性正因，是指眾生在生死輪迴中「相續不斷」，終將自體轉變而成佛。(4)「心」在經中一般指生滅相續之緣慮心，它即是眾生成佛的關鍵。這樣的解釋，實與隋唐以下學者對《涅槃經》的解讀方式大異其趣，但卻是涅槃師們立說的根據。

由《涅槃經》的「佛性正因」之說看來，事實上已經不難理解「佛性」思想與「神不滅」思想之契合處：《涅槃經》的立場雖與原始佛教一致，認為眾生無不變「實體」；但說「眾生」在生死輪迴中「相續不斷」而為佛性「正因」，則生死中「相續不斷」的眾生「正因」豈不就是「輪迴主體」？而「什麼是正因佛性」的問題，是在問什麼是佛的前身；換言之，也就是問「誰能夠成佛」的問題，這不就是「成佛主體」問題的另一種提問方式？延續不滅的眾生或心，被說為是未來成佛者，這豈不是正是「神不滅」的關注焦點？

〔註99〕〈師子吼品十一之一〉，頁524c；〈迦葉菩薩品十二之五〉，頁581a。

「正因」概念既是「輪迴主體」亦是「解脫主體」，此正與「神不滅」思想作爲「主體」理論的要求相合。「神不滅」思想援用「佛性」理論，最終並向「佛性」理論轉化的方向發展，其理論根據即在於此。

第七章　竺道生的受報之主概念
——佛性當有說新探

竺道生（372？-434）是中國佛教史上赫赫有名的重要人物。史稱他徹悟言外，首倡「善不受報」、「頓悟成佛」等義，並在大本《大般涅槃經》未傳入之前，便孤明先發提出「闡提人皆得成佛」之說，而為世人尊為「涅槃聖」。〔註 1〕他在佛性思想上的成就，被認為是中國佛教「由空入有」的先驅，並深深影響了日後佛教的發展方向與性格，擁有無可置疑的重要地位。因此，獨立討論其佛性說與主體思想是必要的。

道生的佛性思想，學者已多有研究，其觀點則大體深受湯用彤之影響。湯氏認為：道生深體《般若》實相之義，用以顯《涅槃》佛性，「眞如法性，妙一無相。于宇宙曰實相，于佛曰法身」，「佛性我者，即眞法身」，「萬法之眞，是曰實相，亦稱佛法身。……實相無相，超乎象外，萬象之與實相，死生之於涅槃，等無二致。……涅槃佛性，原為本有。而此萬惑中本有之實相，原超乎情見。稱為佛性，自非常人之所謂神明也。」〔註 2〕換言之：(1) 道生所說「佛性」其實即是「實相」，也就是諸法之空性。(2)「實相」既通一切法，故生死涅槃依此說為不二。(3)「實相」遍在一切法，故它作為「佛性」自然也是眾生「本有」的。(4)「佛性」作為「實相」自非所謂「神明」。其後學者雖然提出許多意見，並以「法」、「理」等概念來詮釋道生的佛性義，〔註 3〕但湯氏「實

〔註 1〕梁・慧皎著，湯用彤校注：《高僧傳・道生傳》（北京，中華書局，1997 年），頁 256。隋・灌頂：《大般涅槃經玄義》：「竺道生，時人呼為涅槃聖。」《大正藏》卷 38，頁 2a。

〔註 2〕湯用彤：《漢魏兩晉南北朝佛教史》（北京，中華書局，1997 年），頁 447-454。

〔註 3〕參見：方立天：〈論竺道生的佛學思想〉，氏著：《魏晉南北朝佛教論叢》（北

相佛性」論仍是最有影響力之一說。

雖然此說言之成理，但仍有一些問題無法以此得到解決；其中最關鍵的莫過於「佛性當有」、「受報之主」問題。尤其是後者，與本文所關注的「主體」問題息息相關。爲求解決此一問題，必須先對涉及竺道生佛性思想結構的「佛性當有」問題重作思考，以求提出一合理的詮釋觀點。

第一節　佛性當有：佛性論模式重探

一、問題的意義

據《高僧傳》，道生著有〈佛性當有論〉，〔註4〕唯文已不存。根據唐・均正所述：

> 道生法師執云：當有爲佛性體。法師意一切眾生，即云無有佛性，而當必淨悟。悟時離四句百非，非三世攝。而約未悟眾生，望四句百非，爲當果也。〔註5〕

此云道生以「當有爲佛性體」，認爲現在眾生「無有佛性」，未來所證得的「四句百非，非三世攝」之境界則是「當果」，即未來「當有」的佛性果體。據此，則道生所說「當有」即是「始有」。由於學者多依「實相佛性」觀點主張道生持「本有」說，故對此記載多持懷疑態度；一般認爲：道生所謂「當有」可能是悉有佛性、當必成佛之意，且道生時尚無本有、始有之爭議，均正所記必有誤。〔註6〕然而，道生的後繼者確實主張「始有說」；均正及元曉（617-686）云：

> 白馬愛法師，執生公義云：當果爲正因，則簡異木石無當果義。無明初念不有而已，有心則有當果性。故脩萬行剋果，故當果爲正因

京，中華書局，2002 年），頁 166-177；劉貴傑：《竺道生思想之研究》（臺北，商務印書館，1984 年），頁 53-56；陳沛然：《竺道生》（臺北，東大圖書公司，1988 年），頁 110-112；賴永海：《中國佛性論》（北京，中國青年出版社，1999 年），頁 70-75；伊藤隆壽：〈竺道生の思想と"理の哲學"〉，氏著：《中國佛教の批判的研究》（東京，大藏出版株式會社，1992 年），頁 212-218。

〔註 4〕《高僧傳》，同注 1。

〔註 5〕唐・均正：《大乘四論玄義》，《卍續藏經》第 74 冊，頁 46b。

〔註 6〕湯用彤：同注 2，頁 450-452；陳沛然：同注 3，頁 101；賴永海：同注 3，頁 102-103；Whalen Lai, "Sinitic speculations on Buddha-nature: The Nirvāna School", Philosophy East and West 32, no.2（1982 年）, p.103。

> 體。此師終取《成論》意，釋生師意，未必爾。法師既非凡人，五事證知故也。非法師亦有同此說。正言顯即是果，隱即爲因，只是一切轉側以爲同果也。
>
> 第一師云：當有佛果爲佛性體。如下〈師子吼〉中說言，一闡提等無有善法。佛亦言：以未來有故悉有佛性。又言：以現在世煩惱因緣能斷善根，未來佛性力因緣故遂生善根。故知當果即是正因。所以然者，無明初念不有而已，有心即有當果之性。故修萬行以剋現果，現果即成當果爲本。故說當果而爲正因。此是白馬寺愛法師述生公義也。〔註 7〕

白馬愛法師當即曇愛，推測與曇纖（432-495）約略同時。〔註 8〕他所祖述的道生之說是明確的「始有」之義。均正對愛法師所述有所懷疑，一般也依據「實相佛性」的觀點否認他所述道生思想的可靠性。但是，愛法師、均正均對道生主張佛性「當有」、「始有」有所記述，這卻是不爭的事實。隋・吉藏（549-623）也指出：「當果爲正因佛性，此是古舊諸師多用此義，此是始有義」，〔註 9〕雖未明言倡議者爲誰，也明確地將「當有」解釋爲「始有」。這不禁讓人懷疑：如果道生確實主張「實相佛性」之「本有」，爲何同時代人竟然會將它理解爲「始有」，而後世學者也將它記載爲「始有」？難道他們都誤解了道生思想嗎？

究竟道生「佛性當有」之意旨爲何，均正、愛法師的理解是否有誤，必須依道生佛性思想的內容來判斷。爲此，檢視其佛性論結構是必須的。

二、詮釋觀點之爭

正如陳沛然所言，欲分析道生佛性思想，宜先確立一分析架構；他選用的是天台宗的「三因」、「三身」概念。〔註 10〕但道生身處在晉宋之際，觀察南朝涅槃師佛性說的一般結構模式，可能更切合道生佛性論的實際情形。

觀察當時的佛性學說，可以發現兩個明顯的特殊之處。其一是當時人普

〔註 7〕唐・均正：同注 5，頁 46b-c；新羅・元曉：《涅槃宗要》，《大正藏》卷 38，頁 249a。

〔註 8〕布施浩岳：《涅槃宗の研究（後篇）》（東京，國書刊行會，1973 年），頁 245-246，293-294。

〔註 9〕隋・吉藏：《大乘玄論》，《大正藏》卷 45，頁 36c。

〔註 10〕陳沛然：同注 3，頁 16-27。

遍地嚴格劃分「因」、「果」佛性之界限，並未將其混同。梁代所編的《大般涅槃經集解》可說是當世《涅槃經》研究成果之大成；而其中僧亮（約 400-468）、僧宗（438-496）、寶亮（444-509）之說更構成了《集解》的意見主體。〔註 11〕僧亮便云：「未足者名因性，具足者名果性。性名雖同，具不具異也。」僧宗云：「當知果時無因，因時豈有果耶！是謂定因果，不得雜也。」寶亮云：「是則因性與果性，竟自無差別，何用脩道！」〔註 12〕可知主張因、果佛性有別，是當時的主流觀點。又吉藏《三論略章》述云：

> 常解云：佛性有五。一緣因佛性，二了因佛性，三正因佛性，四果佛性，五果果佛性。緣因佛性，言境界能爲觀智作緣，故名緣因，通善惡等法。了因者，即六萬度行，了出佛果，唯取善，不取餘法。言正因法者，如前十釋；以所因能感佛，故名正因也。果性者，即三菩提，名爲智德也。果果性者，即大涅槃，名爲斷德，以因智而得，是果中之果。〔註 13〕

此云當時流行五種佛性之說。觀察此言，「緣因佛性」「通善惡等法」，「了因」則「唯取善，不取餘法」，可知二者內涵並不相通。然則當時人不只主張因、果佛性有別，甚至認爲幾種因佛性之間也是有所區隔的。主張有意義不同的複數佛性，並認爲它們之間界限分明、互不相通，這是南朝涅槃學說的特色。

另一個特別之處，在於對「佛性」一詞的理解。據均正記載：

> 問：五性中何者正是佛性？答：論師等舊云：五性中的取菩提果性是佛，餘四非也。何者？佛以覺爲義，故果性是正是佛性。因性是境思，故非佛性；涅槃是斷德，故亦非佛性。故今的取菩提果智爲正佛性也。〔註 14〕

可知在嚴格區別幾種因、果佛性界限之外，涅槃師亦多主張「果性」才是「佛性」一語的正義，「因性」甚至涅槃則被認爲原非佛性。以「果性」爲佛性，其實是將它理解爲佛之智慧功德體性，與後世就「因性」角度將佛性理解爲眾生潛在的成佛根據，有所不同。此是南朝涅槃學說的另一特色。比照前章對《涅槃經》佛性說之分析，可知上述涅槃師們的普遍看法實是順經說而來。

〔註 11〕菅野博史：〈『大般涅槃經集解』の基礎的研究〉，《東洋文化（東京大學）》66（1986 年 2 月），頁 170-171。

〔註 12〕梁・寶亮集：《大般涅槃經集解》，《大正藏》卷 37，頁 549c、590c、549c。

〔註 13〕隋・吉藏：《大乘三論略章》，《卍續藏經》第 97 冊，頁 292b-c。

〔註 14〕唐・均正：同注 5，頁 62c。

如果道生亦主張因、果佛性殊別與佛性即果性這二個原則，則「佛性當有」意指「始有」應無疑義。但是此一佛性說模式與前述「實相佛性」觀點並不相容。（1）根據「實相佛性」觀點，「佛性」即是「實相」，乃是遍一切法的空性，它在眾生位之「因性」與佛果位之「果性」並無二致。因此，若道生確實持「實相佛性」之說，便不可能承認因、果性殊別。（2）「實相佛性」觀點既以性空實相爲佛性，而此實相空性亦遍於眾生，故「實相」作爲「佛性」應是「本有」。因此，若道生持「實相佛性」之說，便不可能主張佛性即是成佛始具之果性。（3）順此，「實相佛性」之說主張實相貫串因、果，並因此主張眾生、佛或生死、涅槃無二無別。但根據因、果性區別之模式，眾生與佛之佛性既然有別，則二者之間必定有異。顯然，道生思想只能與其中一種詮釋觀點相符。究竟何種詮釋觀點符合道生佛性說之實情，必須根據其著作來進一步確認。以下便從分析其佛性論的主要觀念入手。〔註 15〕

三、生、佛之不二與不一

首先，觀察道生對於生、佛或生死、涅槃關係的看法。從一些材料看來，他似乎主張眾生與佛無二無別：

> 不斷煩惱而入涅槃是宴坐。生曰：……若不斷煩惱即是入泥洹者，是則不見泥洹異於煩惱，則無縛矣。（《注維摩詰經・弟子品》，頁 345b）

> 若彌勒得滅度者，一切眾生亦當滅度。所以者何？諸佛知一切眾生畢竟寂滅即涅槃相，不復更滅。生曰：……且佛終日滅度眾生，然知眾生即涅槃相，不復更滅。是盡爲滅而不滅也。（同上〈菩薩品〉，頁 362b）

> 維摩詰言：如自觀身實相，觀佛亦然。生曰：若謂己與佛接爲得見者，則己與佛異相去遠矣，豈得見乎！若能如自觀身實相，觀佛亦然，不復相異，以無乖爲得見者也。（同上〈見阿閦佛品〉，頁 410a）

此云「不見泥洹異於煩惱」，又說「眾生即涅槃相，不復更滅」，說眾生與佛、煩惱與涅槃之間沒有區別。這是根據實相而說的，眾生「自觀身實相，觀佛亦然，不復相異」，因爲實相不異，故可說二者本質上並無不同。道生所說「實

〔註 15〕道生著作存於經注者：1 竺道生：《妙法蓮花經疏》，《卍續藏經》第 150 冊；2 後秦・僧肇選：《注維摩詰經》，《大正藏》卷 38；3 梁・寶亮集：《大般涅槃經集解》，《大正藏》卷 37。以下隨文注明經名頁數。

相」即以「空」爲內容，〔註16〕故此實是就「空」的平等來說生、佛不二。

湯用彤據此認定道生主張生死涅槃不二，「不能於生死之外別言涅槃，於煩惱之外別證菩提」。〔註17〕但是道生只說生、佛實相無二，或就實相而言生、佛平等，這不能被擴大解釋爲二者全無區別、或眾生即佛、或涅槃即生死；他並未將二者統一起來，其意與後世「一切眾生本來是佛，不假修行」、「前念且不是凡，後念且不是聖；前念不是佛，後念不是眾生」之說恐怕仍相去一間。〔註18〕在一些材料中，道生便主張眾生與佛事實上仍有因、果之差異，但這些卻往往被學者視爲主張生、佛不二的證據：

> 十不善道爲種。以要言之，六十二見及一切煩惱皆是佛種。生曰：夫大乘之悟，本不近捨生死，遠更求之也。斯爲在生死事中，即用其實爲悟矣。苟在其事而變其實，爲悟始者，豈非佛之萌芽，起於生死事哉！其悟既長，其事必巧，不亦是種之義乎！所以始於有身，終至一切煩惱者，以明理轉扶疎，至結大悟實也。（同上〈佛道品〉，頁392a）
>
> 無漏法林樹。生曰：無漏之法既根深不可拔，又理高而扶疎，爲樹之像。漏法不復得間錯其間，林之義矣。（同上，頁393c）

「夫大乘之悟，本不近捨生死，遠更求之也」云云，似是說涅槃即在生死之中。但細察注文，道生之意，是以生死煩惱爲「佛種」、「佛之萌芽」，而以成佛覺悟爲此種、芽所生出之「實」、「大悟實」。他採用的是「種」、「實」相對的譬喻，比對「在生死事中，即用其實爲悟」、「變其實，爲悟始」、「佛之萌芽，起於生死事」、「不亦是種之義」、「以明理轉扶疎，至結大悟實」諸語便可察知；尤其「理轉扶疎」一語，以樹木果實繁茂之象來比喻成佛時見理之高廣，與引文二「理高而扶疎，爲樹之像」對照之下意義更是顯豁。一般說「實」爲實相，實是錯解了原文果實之義。然則道生其實是以生死煩惱爲「因」，涅槃覺悟爲「果」，主張生、佛之間具有因、果發生關係。既然因、果相對，便不能說生、佛無二；既然因、果之間有一發生過程，當然不能說眾生本即佛、或涅槃已在生死中。這樣看來，道生反倒主張生、佛或生死、涅槃因、果有別。道生又云：

〔註16〕小林正美：〈竺道生の實相義について〉，《印度學佛教學研究》28：2（1980），頁251-256。

〔註17〕湯用彤：同注2，頁449-450。

〔註18〕宋・賾藏主集，蕭萐父、呂有祥、蔡兆華點校：《古尊宿語錄》（北京，中華書局，1997年）卷3〈黃檗斷際禪師宛陵錄〉，頁43、47。

「爾時佛前有七寶塔」至「從地踴出住在空中」。……既云三乘是一，一切眾生，莫不是佛，亦皆泥洹；泥與佛，始終之間，亦奚以異？（《妙法蓮花經疏．見寶塔品》，頁 408b）

「一切眾生，莫不是佛，亦皆泥洹」也被視為道生主張生、佛不二之證。但此語承「既云三乘是一」而發，道生之意，是說既然三乘歸一實乘，故二乘與一切眾生亦可成佛；因此「一切眾生，莫不是佛，亦皆泥洹」並不是說現有眾生已經是佛、已證涅槃，而是說一切眾生皆可成佛、皆可證涅槃。下文「始終之間，亦奚以異」顯然是指由眾生至佛涅槃只有「始終」之別，由始可以至終，故生、佛並非絕異；雖非絕異，但由此亦可知生、佛之間確實有「始」、「終」的差別。比對前文，更可知「一切眾生，莫不是佛，亦皆泥洹」確實不是現有的既成事實，而只是指由眾生之「始」可以達成涅槃之「終」的可能性。然則道生其實並不認為生、佛不二，而是主張眾生、涅槃有「始」、「終」之異，此與前述運用因、果關係解釋生、佛之別的方式是相通的。且道生以「頓悟」之說著稱，他說：

一念知一切法是道場，成一切智故。生曰：一念無不知者，始乎大悟時也。以向諸行終得此事，故以名焉。以直心為行初，義極一念知一切法，不亦是得佛之處乎。（《注維摩詰經．菩薩品》，頁 365a）

既云「一念無不知者，始乎大悟時也」，唯成佛能得證此悟，則眾生與佛之間的差異不言自明。此處所說由眾生「直心為行初」至成佛時「一念知一切法」，也是始、終或因、果關係之說明，可與前文參證。這樣看來，雖然道生以「實相」說明生、佛本質之不二，但並未順此理路進一步將二者統一而主張眾生即佛、生死即涅槃；反而運用因、果角度，說明其中的差異區別，此反與涅槃師之區別因、果性之模式類似。如前所言，學者認為「實相」即是道生之「佛性」；道生既然未以「實相」統一生、佛，則生、佛之間是否有一致的「佛性」便可懷疑。

綜上所述，道生雖然認為生、佛「實相」皆空，但未將其統合為一體；他反而認為生、佛有別，二者之間有著因、果相生的發展關係。此一現象與「實相佛性」觀點的預測不同，反而與涅槃師區別因、果性的模式類似。

四、理為佛因：理之實相與境界義

道生確實對因、果佛性作出區分：

善男子佛性者有因有因因有果有果果。案：道生曰：向佛性名中，有因有果。故今明因果有屬也。

因因者即是智慧。安（案）：道生曰：智解十二因緣，是因佛性也。今分爲二。以理由解得，從理故成佛果，理爲佛因也。解既得理，解爲理因，是謂因之因也。

果果者即是無上大般涅槃。案：道生曰：成佛得大涅槃，是佛性也。今亦分爲二。成佛從理，而至是果也。既成得大涅槃，義在於後，是謂果之果也。（《涅槃經集解・師子吼品》，頁 547b、c、c）

據此，理爲「因」、解爲「因因」、成佛爲「果」、大涅槃爲「果果」。在此區分法中，「理」無疑具有關鍵地位。「理」爲「因」性；道生云「從理故成佛果，理爲佛因也」、「成佛從理，而至是果也」，可知「理」是成佛的原因。因此學者普遍認爲道生係以「理」爲佛性。關於「理」，他說：

「文殊師利語彌勒：如我惟忖」，夫玄理幽淵，出乎數域之表。自非證窮深理，何由暢然！（《妙法蓮花經疏・序品》，頁 398b）

「知法常無性」，第一空義，明理無二極矣。（同上〈方便品〉，頁 400d）

一切世間難信難受。生曰：實相理均，豈有深淺哉。（《注維摩詰經・法供養品》，頁 415a）

譬如巨富長者生子（至）如來同於一切諸行。案：道生曰：以佛所説，爲證眞實之理，本不變也。（《涅槃經集解・純陀品》，頁 395c）

佛言善男子有善方便（至）一者世法二者出世法。案：道生曰：理如所談，唯一無二；方便隨俗，說爲二耳。（同上〈聖行品〉，頁 487b）

「理」是超乎言表、唯一平等、湛然不變的，其具體內涵即般若性空「實相」。〔註 19〕故「理爲佛因」即是說「實相」爲佛性。既然說「理」是「因」性，更是常存不變、遍在平等的性空實相，因此從一切眾生性空的角度說此「理」爲「本有」之佛性，似是理所當然。道生一再提及「理」對於成佛之重要性：

「佛種從緣起」，佛緣理生，理既無二，豈容有三！（《妙法蓮花經疏・方便品》，頁 400d）

〔註 19〕陳沛然：同注 3，頁 47-60；伊藤隆壽：同注 3，頁 188-194。

> 理爲法身，所處無畏，「踞師子床」。（同上〈信解品〉，頁 404b）

> 經。生曰：……若體夫空理，則脫思議之惑；惑既脫矣，則所爲難測。……脫惑在于體空，說空是其所體。（《注維摩詰經・釋「經」名》，頁 327c-328a）

> 不斷煩惱而入涅槃是宴坐。生曰：既觀理得性，便應縛盡泥洹。若必以泥洹爲貴而欲取之，即復爲泥洹所縛。（同上〈弟子品〉，頁 345b）

> 佛爲世尊過於三界。生曰：……佛爲悟理之體，超越其域，應有何病耶！（同上，頁 360a）

既云「佛緣理生」、「觀理得性，便應縛盡泥洹」，可知「理」爲成佛之因；「體夫空理，則脫思議之惑」、「脫惑在于體空，說空是其所體」，可知「理」以性空實相爲內容；「理爲法身」、「佛爲悟理之體」，可知「理」也是佛之法身體性。這樣看來，「理」不只是因性，也是果性；此與「實相佛性」的觀點似相合：看來「佛性」即「理」，即是眾生所具之性空實相，故此「理」無因、果之別。

但仔細思考，此說卻頗令人困惑。如果此一詮釋正確，「理」確實是指實相空性，這是眾生已經本有的，爲何道生要說「體夫空理，則脫思議之惑」、「脫惑在于體空，說空是其所體」呢？既然眾生本有實相之「理」，則早就已經「體夫空理」、「體空」了，何必再去體空？眾生本已體空，如何可能會有「思議之惑」？又何必還要「脫惑」？這豈不矛盾？如果「理」是指實相空性，眾生早已具有此性，爲何道生還要說「觀理得性，便應縛盡泥洹」？實相空性不是本有的嗎？爲何還要「觀理」才能「得性」？既然眾生已有此理此性，則早已「縛盡泥洹」，何必再去追求解脫涅槃？再看道生所說：

> 乖理爲惑，惑必萬殊；反則悟理，理必無二。（《妙法蓮花經疏・藥草喻品》，頁 405d）

> 答曰：當行正念。生曰：夫有煩惱出於惑情耳，便應觀察法理以遣之也。然始觀之時，見理未明，心不住理；要須念力，然後得觀也。（《注維摩詰經・觀眾生品》，頁 386a）

> 云何菩薩知於法相（至）是名菩薩知於法相。案：道生曰：……得理爲善，乖理爲不善。（《涅槃經集解・德王品》，頁 532b）

> 云何菩薩知於實相（至）虛空等法差別之相。案：道生曰：……善不善者，乖理故不善，反之則成善也。……若涅槃解脫及斷者，乖

理成縛，得理則涅槃解脱及斷也。（同上，頁 532c-533a）

如果「理」是遍一切法、恆常不變的實相空性，眾生如何可能「乖理為惑」、「心不住理」、「乖理為不善」、「乖理成縛」？「理」如果是實相空性，它如何可能被扭轉或改變？諸法可能不空嗎？如果不能，「乖理」云云要從何說起？如果「理」是眾生之實相空性，則眾生早已有此「理」，此云「得理為善」、「得理則涅槃解脱及斷」，則眾生豈不已經是佛？

顯然，問題在於「理」的使用脈絡與不同層次的意義。道生確實將「理」解釋為諸法的性空「實相」。說諸法性空，是說一切法緣合而起故無不變的實體。當「理」被道生用來指稱此空性「實相」時，所指的是一個客觀事實；「理」即是諸法的性空實況，與人的主觀能力無關。但是，道生也在另一層意義下使用「理」概念：當他說「體夫空理」、「觀理得性」、「乖理為惑」、「得理則涅槃解脱及斷」時，並不是說眾生得到或失去此「實相」空性；如前所見，這根本無法成立。道生之意其實是說：眾生對於空之「實相」有沒有認識、體會或證悟；顯然唯有在此脈絡下，「得理」、「乖理」之說法才能解釋得通。在此意義下眾生得到或扭曲的「理」不是指客觀不變的諸法空性「實相」，而是指眾生或得或不得的空之認識或空慧體悟之「境界」。此一意義下的「理」是道生認為眾生不必然已經體證的主觀認識「境界」，而不是眾生已有的本具「實相」；後者作為客觀事實不受人為作用干涉，沒有所謂得不得的問題，但前者卻只有在人的主觀體證作用中才有意義，對眾生而言也才有得不得的差別。「理」這二種不同層次的意義雖然都指向諸法性空，但作為客觀實相之「理」與主觀證悟「境界」之「理」在意義與使用脈絡上仍必須區別。

此一區分對於理解道生「理為佛因」、「佛緣理生」思想非常重要。很顯然地，當他主張「理」為佛性時，並不是說眾生的「實相」空性即為佛性；眾生緣起性空只是一客觀事實，它並不會使眾生成佛。所謂「理」為佛性，事實上是說眾生對於空之證悟或空慧「境界」為佛性；只有眾生主觀的認識或體證工夫，才能使自身轉變成佛。如前所言，道生所謂「體夫空理，則脱思議之惑」、「觀理得性，便應縛盡泥洹」、「得理則涅槃解脱及斷」中，有得有失之「理」只能是對「實相」的證悟「境界」，而非客觀的「實相」空性本身；既然體得此理是「脱思議之惑」、「縛盡泥洹」、「涅槃解脱及斷」的原因條件，可知眞正作為成佛原因或佛性的，其實乃是此一對於理的智慧證悟「境界」，而非「實相」空性。然則，「實相佛性」之說將「實相」說為「佛性」，認爲眾生本有的空性即是成佛原因，此一詮釋其實是不能成立的。

我們不妨進一步驗證上述觀點。道生云：

> 答曰：以空空。生曰：上空是空慧空也，下空是前理空也。言要當以空慧，然後空耳。若不以空慧，終不空也。豈可以我謂爲不空哉。
>
> 又問：空何用空。生曰：若理果是空，何用空慧然後空耶？自有得解之空慧，此空即是慧之所爲，非理然也。何可以空慧然後空，便言理爲空哉！（《注維摩詰經‧文殊師利問疾品》，頁 372c-373a、373a）

此是經中文殊與維摩詰對於「空空」問答之注。道生在此提到「理空」，但卻認爲「要當以空慧，然後空耳。若不以空慧，終不空也」、「自有得解之空慧，此空即是慧之所爲，非理然也」，這是很突出的觀點。「空」或「理空」並不是本然如此的，必須有「空慧」才能得此「理空」；「理空」乃是「空慧」之所爲。顯然，此處所謂「理空」必定不是指客觀的諸法「實相」，依賴於「空慧」而產生的「理空」只能是眾生主觀修證之智慧所照的「境界」。此處道生對於「理」、「理空」的使用顯然是「境界」義的，可爲上文所言之證。而此處「以空慧，然後空」的說法，正好可與前引道生對因佛性的說法對照：

> 因因者即是智慧。安（案）：道生曰：智解十二因緣，是因佛性也。今分爲二。以理由解得，從理故成佛果，理爲佛因也。解既得理，解爲理因，是謂因之因也。（《涅槃經集解‧師子吼品》，頁 547c）

道生說「理爲佛因」，但又說「理由解得」、「解爲理因，是謂因之因」。根據「實相佛性」觀點，這是很難理解的；如果「理」就是諸法「實相」，要如何說明它會有什麼「因」？更何況說「解爲理因」？但若將「理」了解爲證悟實相之「境界」，再對照「以空慧，然後空」之語，便可以完全明白道生的意思。道生事實上是以「智解十二因緣」的整體過程爲「因佛性」。既云：「理由解得」、「解爲理因」，可知此「理」必定不是客觀的性空「實相」，而只能是由智慧之「解」所證得的主觀「境界」；此即是前述「以空慧，然後空」之意。首先，「解既得理」，由眾生智慧「解」之能力方能證悟此「理」之境界，故說「解爲理因」；其次，「從理故成佛果」，證悟此「理」之境界才能使眾生得成佛果，故說「理爲佛因」。此即「智解十二因緣，是因佛性」的過程。由此可知，道生所謂「理」爲成佛之「因」，其實是指眾生主觀證悟之「理」境界爲因佛性，而不是以客觀的性空實相之「理」爲因佛性。「實相佛性」的詮釋觀點顯然不能成立。再看道生所說：

> 多有眞金之藏。案。道生曰：藏者，常樂之理，隱伏未發也。(《涅槃經集解・如來性品》，頁 448c)
>
> 是人答言我今審能。案：道生曰：理不可沒，唯我能知也。(同上，頁 449b)
>
> 是人即於其家掘出金藏。案：道生曰：除結惑之覆，爲掘；見佛性故，爲出金藏也。(同上，頁 449c)
>
> 女人見已心生歡喜（至）如彼寶藏貧人不知。案：道生曰：伏結仰信，名之爲見，未是得也。(同上)
>
> 佛告迦葉善男子譬如王家（至）其人眉間有金剛珠。案：道生曰：明非不有，而非己有也。以智慧之額，致眞我之珠也。(同上，頁 451b)

此處所注爲「貧女寶藏喻」、「力士額珠喻」，經文以此喻指眾生身中佛性。在「寶藏喻」中道生說貧女之寶藏爲「常樂之理，隱伏未發」、「理不可沒」，與前述以「理」爲佛性之觀點一致。但「除結惑之覆，爲掘；見佛性故，爲出金藏也」之後，道生卻說這還只能「名之爲見」，而「未是得也」。如果此「理」即是眾生的空性，是身中本有的佛性，爲何說此「理」「未是得也」？顯然，在眾生「除結惑之覆」之後也還不能得到的「理」，必然不能是已有的性空「實相」，而只能是某種有待證悟的「理」之智慧「境界」；而此一境界，只是去除煩惱仍尚不足以證得。此從「額珠喻」來看則更爲明顯：道生竟然說此額珠所譬喻的「佛性」「明非不有，而非己有也」，如果此處「佛性」是指實相之「理」，它如何可能是眾生「非己有」的？可知佛性確非空性，而是有待眾生去獲得的主觀智證境界。事實上，說佛性「非己有」，也就是說「當有」或「始有」；道生「佛性當有論」的意涵已經呼之欲出了。

「理」「名之爲見，未是得也」的說法，讓人聯想起道生的頓悟之說。他在〈答王衛軍書〉中說：

> 以爲苟若不知，焉能有信？然則由教而信，非不知也。但資彼之知，理在我表，資彼可以至我，庸得無功於日進？未是我知，何由有分於入照？豈不以見理於外，非復全昧，知不自中，未爲能照耶！〔註 20〕

〔註 20〕竺道生：〈答王衛軍書〉，唐・道宣：《廣弘明集》卷 18，《大正藏》卷 52，頁 228a。

眾生未悟之時「由教而信」，雖然「非復全昧」，但仍只在「理在我表」、「見理於外」的境界，此時「未是我知」、「知不自中」，與成佛之後的「入照」、「能照」境界有別。此處云「理在我表」、「見理於外」，可知此「理」也不能是客觀的「實相」空性，否則「理」如何在眾生之外便無可解釋。所謂「見理於外」云云是指眾生對於「理」只能聞見而信而未能眞正體悟，既是如此，顯然「理」在此同樣也只能是眾生已然聞信、卻有待證悟的智證「境界」。

根據道生頓悟說，眾生只能聞見而信此智慧證悟之「理」，眞正體證此「理」必待成佛頓悟之時，此時有了「自中」而出的「我知」，對解悟者而言「理」才是內在的。陳・慧達述此意云：

> 第一、竺道生法師大頓悟云：夫秤（稱）「頓」者，明理不可分，「悟」語照極。以不二之悟，苻（符）不分之理，理智恚（兼）釋，謂之頓悟。見解名信，信解非眞；悟發信謝，理數自然，如菓就（熟）自零。〔註21〕

道生用「信解」與「頓悟」對比，來說明未悟眾生與佛對於「理」的認識境界之別。嚴格說來眾生「信解非眞」，並不能眞正體悟「理」，只有成佛時才能「頓悟」此「理」。顯然對於因位眾生而言，「理」是尚未證悟、尚未獲得的智慧「境界」，即使經過修行，也只有非眞的「信解」；這也就是道生在前引文中說「佛性」「名之爲見，未是得也」、「明非不有，而非已有也」的原因。然則道生說「智解十二因緣，是因佛性」，其實正如伊藤隆壽所言，此「智解」只是未悟時的「信解」，〔註22〕而非對「理」之眞了悟。顯然對於眾生而言，有待證悟之「理」作爲佛性確實是未來「當有」、「始有」的。只有在「頓悟」成佛之後，以「以不二之悟，符不分之理」，才能眞正獲得此「理」；前述道生所說「理爲法身」、「佛爲悟理之體」當即此意。

由上所述，可知：（1）道生以「理」爲佛性，是以有待證悟的主觀智慧「境界」之「理」爲佛性，而非以客觀「實相」空性爲佛性。（2）既然有待證悟之「理」作爲「佛性」對眾生與佛而言有「信解」、「頓悟」或「未得」、「已得」之別，顯然生、佛所具之因、果佛性，意義彼此有別。（3）既然對眾生而言，「理」作爲「佛性」唯成佛時才能獲證，佛性當然是未來「當有」或「始有」的。道生「佛性當有」很可能即是此意。

〔註21〕陳・慧達：《肇論疏》，《卍續藏經》第150冊，頁425c。

〔註22〕伊藤隆壽：同注3，頁208。

五、法爲佛性：法之二義

根據「實相佛性」觀點，道生亦以「法」爲性空實相，並即以之爲「佛性」。在道生的著作中，「法」確實被用來指稱性空之眞理：

> 法無眾生，離眾生垢故。生曰：自此以下大論法理也。法有二種：眾生空、法空。眾生空、法空理誠不殊，然於惑者取悟事有難易，故分之也。(《注維摩詰經・弟子品》，頁 345c-346a)

> 善男子是故我於諸經中說（至）十二緣者即是見法。案：道生曰：法者理實之名也。見十二緣，始見常無常，爲見法也。(《涅槃經集解・師子吼品》，頁 549a)

「法」即是十二因緣中常無常，或眾生空、法空的道理。「法」既以我、法二空爲內涵，自與性空「實相」之義相通；換言之，「法」與實相性空之「理」同義。〔註 23〕而道生正以「體法爲佛」、「法爲佛性」：

> 見法者即是見佛。案：道生曰：體法爲佛，法即佛矣。

> 佛者即是佛性何以故一切諸佛以此爲性。案：道生曰：夫體法者，冥合自然；一切諸佛，莫不皆然。所以法爲佛性也。(《涅槃經集解・師子吼品》，頁 549a、a-b)

道生明言「體法爲佛」、「法即佛」、「法爲佛性」；「法」若是「實相」空性，那麼說「實相即佛性」或「實相即佛」便是當然之義。不過，我們不禁要問：所謂「體法爲佛」、「法爲佛性」究竟是何意？這眞是指客觀「實相」空性爲佛性嗎？佛是因爲其體性空而成佛嗎？若是如此，眾生同樣也性空，與佛又有何分別？從某些材料看，道生似有此意：

> 佛即是法。生曰：以體法爲佛，不可離法有佛也。若不離法有佛，是法也，然則佛亦法矣。

> 法即是眾。生曰：亦以體法爲眾。(《注維摩詰經・入不二法門品》，頁 398b、b)

此處不但說「體法爲佛」，也說「體法爲眾」，眾生與佛之「體法」相同，看來似乎都指其體性空。但此處所注經文是「寂根菩薩曰：佛法、眾爲二。佛即是法，法即是眾；是三寶皆無爲相，與虛空等」，〔註 24〕此中「眾」其實並

〔註 23〕陳沛然：同注 19；伊藤隆壽：同注 3，頁 217。

〔註 24〕後秦・鳩摩羅什譯：《維摩詰所說經》，《大正藏》卷 14，頁 551b。

非「眾生」，而是指佛、法、僧三寶中之「僧眾」。而道生注「體法爲眾」其實也只是說僧眾「體法」，此當是指僧眾爲佛法常住象徵之意，與眾生是否體法無關。道生其實並無眾生「體法」之說，欲由此文推論道生主張「法」或「佛性」爲眾生本體或存在本源，是不能成立的。〔註25〕

關於「體法」的意涵，此段引文或可提供線索：

> 佛身者即法身也。生曰：夫佛身者，丈六體也；丈六體者，從法身出也。以從出名之，故曰即法身也。法者，無非法義也；無非法義者，即無相實也。身者，此義之體。法身眞實，丈六應假，將何以明之哉！悟夫法者，封惑永盡，彷彿亦除。妙絕三界之表，理冥無形之境。形既已無，故能無不形；三界既絕，故能無不界。無不形者，唯感是應，佛無爲也。（同上〈方便品〉，頁343a）

此文論「法身」。「法者，無非法義也」是道生作品中常常出現的命題。「法」是「無非法義」，而「無非法義者，即無相實也」，可知「法」即是「無相實」；此與前述「法」即「實相」之義似正相合。至於「身者」即是「此義之體」，也就是說「法身」即「無非法」、「無相實」之「體」，亦即是「法」之「體」。前引文中道生說「體法爲佛」，此處則說「法之體」爲佛之「法身」；然則佛「體法」所得即是作爲「法之體」的佛「法身」，二者內涵相通。而「法即佛」、「法爲佛性」等說法，也可以在佛「法身」即「法之體」的脈絡下得到解釋。由此可以推知，道生「體法爲佛」、「法即佛」、「法爲佛性」諸語所要說的，即是佛「法身」爲「法之體」，或直接說佛以「法」爲其「體」；既然「法」即性空實相，故佛以「法」爲「體」也即是說佛以性空實相爲其體。到此爲止，一切都與「實相佛性」的觀點一致。

問題在於：「體法」即「法身」即以實相性空爲體，這一表述適不適用於未成佛的眾生？「體法爲眾」的說法前文已予否定。但「實相佛性」觀點認爲眾生也有此「法身」。〔註26〕由引文看，「法身眞實，丈六應假」、「丈六體者，從法身出也」，佛之「法身」乃是丈六「應身」之所出，一般眾生有此應身與法身嗎？道生又說「悟夫法者，封惑永盡，彷彿亦除」，從行文脈絡，可知「悟夫法者」云云是對前述作爲「法之體」的「法身」之形容，也就是指「體法」而言。道生說「悟夫法者」便能「封惑永盡，彷彿亦除」，又說能「妙

〔註25〕如：方立天：同注3，頁173；賴永海：同注3，頁75。

〔註26〕湯用彤：同注2。

絕三界之表，理冥無形之境。形既已無，故能無不形；三界既絕，故能無不界」，這顯然是佛的境界，而非一般眾生所能。顯然，所謂「體法」、「法身」在道生看來只屬於於佛，眾生未能「體法」，亦無「法身」。若是如此，「體法爲佛」、「法即佛」、「法爲佛性」云云，便只是一有待未來完成的證悟「境界」，而不是眾生現在已有的實情。

但引文不是說「法」即「無相實」、即實相嗎？眾生如何可能沒有此實相之法？事實上，檢視道生對於「法者，無非法義也」的說法，恐法此「無非法」之「法」確實不是實相性空之意：

> 法者，體無非法，眞莫過焉。(《妙法蓮花經疏・序品》，頁 397a)
>
> 「其家大富，財寶無量」，雖在人身，作佛處理無非法，斯則富有法財，而無窮極。(同上〈信解品〉，頁 404a)
>
> 「以眞珠瓔珞莊嚴其身」，形無非法，則是法寶莊嚴其身也。(同上，頁 404b)
>
> 依於法不依人。生曰：人行理無非法爲法也。苟曰有法，不遺下賤；若無法者，雖復極貴極高，亦不從之。(《注維摩詰經・法供養品》，頁 417a-b)

「法者，體無非法」是對《妙法蓮華經》「法」字之注解；與前引「法者，無非法義也」相同，單就此實難掌握道生之意。但引文四云「人行理無非法爲法也」，這是說人實踐「理」而不違反「法」，此即可稱爲「法」。此處「行理」之「理」、「無非法」之「法」雖然是指向性空「實相」而言，但卻是有待「人」去實踐體證的性空眞理；所謂「人行理無非法」爲「法」，很清楚地，後一個「法」正是純粹就實踐體證的角度而說的，而不是指性空實相本身而言。下文即說「苟曰有法，不遺下賤；若無法者，雖復極貴極高，亦不從之」；如果「法」是指本有的性空「實相」，眾生如何能有「有法」、「無法」的差別？「有法」、「無法」是指人對於「法」有無體證，顯然「法」在此只能是有待眾生實踐、而非已具的體證「境界」。再從引文二、三檢視道生關於「無非法」的用例：「理無非法」是指佛雖爲教化眾生而處人身，但行爲守理不履非法；「形無非法」是指「法寶莊嚴其身」，儀表無失當之處。在此二例中「無非法」都是指不違反法之原則之意，顯然道生所說的也都是指有待遵守實踐的「境界」之法，而非「實相」空性之法。

由此觀之，道生一再宣說的「法者，無非法義也」、「法者，體無非法」、「無非法爲法」諸語，其實並不是描述諸法「實相」的命題，而是一個關乎實踐「境界」的應然要求。它其實是說：所謂合「法」，即是不違反「法」之規則，而「法」之規則即是應當實踐之佛法。由此，便能理解道生爲何以「法者，體無非法」來注解《法華》之「法」字，因爲《法華》之法正是有待實踐的教法。由此亦可知，前引文云「法者，無非法義也；無非法義者，即無相實也。身者，此義之體」，此中「無相實」應當不是指客觀的「實相」空性，而是體證法者所領悟的實相無相「境界」。因此，佛「法身」之爲「法之體」，也不是指「實相」空性，而是對於實踐佛法與實相無相「境界」之體悟。如此一來，便不難明白爲何道生說唯佛能「體法」有「法身」而眾生則無，因爲此「法」乃是有待證悟的「境界」。唯有佛能體證此法，故云「體法爲佛」；佛所體證之法即其法身，故云「法爲佛性」；此佛之法身即佛，故云「法即佛」。這都是眾生現在所無的。

如此看來，道生「法爲佛性」之說其實與前節論「理爲佛性」情形相同：（1）道生雖然以「法」爲性空實相，但作爲佛性之「法」乃是有待實踐證悟的實相無相「境界」。（2）所謂「體法爲佛」、「法爲佛性」、「法即佛」都是成佛時才能證得的境界，可知在此因、果性也是有所差別的。（3）對眾生而言「體法爲佛」既然是未來之事，則「法爲佛性」當然也是未來「當有」或「始有」的。

六、法性、如之二義

與「法」相關的，是「法性」與「如」概念，此二者在道生的系統中也被認爲是指實相空性。與「理」、「法」情形相同，它們也都有「實相」、「境界」二種使用面向。先就「法性」而論：

> 法同法性，入諸法故。生曰：法性者，法之本分也。夫緣有者，是假有也；假有者，則非性有也。有既非性，此乃是其本分矣。然則法與法性，理一而名異，故言同也。性宜同故，以同言之也。諸法皆異，而法入之則一統眾矣。統眾以一，所以同法性者也。（《注維摩詰經．弟子品》，頁 346c）

道生說「緣有者，是假有也；假有者，則非性有也」，而「法性者，法之本分」便是指此「有既非性」而言；換言之，「法性」即是諸法緣起性空。在此意義下，意指性空的「法性」與指諸法實相之「法」意義相同，故道生也說「法與法性，理一而名異，故言同也」。這是「法性」用以指稱性空「實相」之義。但是，「法性」也有唯佛獨有的另一面意義：

> 善男子若有脩習如是二字（至）即是諸佛之法性也。案：道生曰：法者，無復非法之義也；性者，眞極無變之義也。即眞而無變，豈有滅耶！今言滅是法性，蓋無所滅耳。（《涅槃經集解・長壽品》，頁419c）

此處所注經文爲「善男子，若有修習如是二字爲滅相者，當知如來則於其人爲般涅槃。善男子，涅槃義者，即是諸佛之法性也」，其中「二字」是指「常當繫心修此二字，佛是常住」。〔註27〕經文認爲佛陀常住，不可以「滅相」來理解涅槃，並說「涅槃」即「諸佛之法性」，「法性」即等同於「涅槃」。道生之注意亦同。他一方面說「滅是法性，蓋無所滅耳」，認爲「法性」常存不變。另一方面，他將「法性」釋爲「法者，無復非法之義也；性者，眞極無變之義也」：如前所述，「法者，無復非法」此一命題所說的是對實相之「法」的體悟境界，而「性者，眞極無變」顯然是對此體悟境界常恆性的形容；然則「法性」實與「法身」同義，都是指佛對於應然之「法」的體證境界，也就是「涅槃」。經文本說「涅槃」即「諸佛之法性」，道生實是隨順此意。既然道生說「法性」是諸佛才有的「涅槃」證悟「境界」，則眾生並無此「法性」是很清楚的。下文又續云：

> 佛告迦葉善男子汝今不應（至）夫法性者無有滅也。案：道生曰：法性照圓，理實常存，至於應感，豈暫廢耶！（同上，頁420a）

此說「法性」不但有「照圓」作用，且其「應感」功能不曾「暫廢」；這其實是對佛境界之形容。如前所述，道生認爲只有「頓悟」之佛能夠「入照」、「照極」，〔註28〕也只有佛之「法身」才能「無不形」、「無不界」、「唯感是應」（前引《注維摩詰經・方便品》，頁343a）；顯然此處「法性」亦是指佛之「涅槃」境界，而爲眾生所無。由此可知，「法性」在此也是指眾生未來才能得證的體悟「境界」，而非現在本有的「實相」空性。「法性」概念的這二種意義，與「理」、「法」的情形是一致的。必須指出的是，後來涅槃師也有相同的說法，如：僧亮云：「法性無滅，涅槃常住，此說內行果上義也。」法瑤（404？-475）云：「法性乃是法身常住體也。」僧宗云：「今教所明法性

〔註27〕北涼・曇無讖譯：《大般涅槃經・壽命品一之三》，《大正藏》卷12，頁382b。
〔註28〕竺道生：〈答王衛軍書〉，同注20；陳・慧達：《肇論疏》，同注21。

者：謂圓果無非，故稱法；體不可改，故稱性。」寶亮云：「昔日亦云法性，而是斷滅之教；今日所明常果體，百非所不得，無有亦無無，謂一相無相，不斷不常。」〔註 29〕此一現象值得注意。〔註 30〕

其次，關於「如」概念。鳩摩羅什（344-413）曾云「諸法實相者，假爲如、法性、眞際」，三者「其本是一，義名爲三」，〔註 31〕可知「如」與「法性」皆指「實相」而言。道生亦繼承其師說：

> 爲從如生得受記耶？爲從如滅得受記耶。生曰：復次推體如也。如生者，體如之時我本無如，如今始出爲生也。如滅者，如是始悟中名義，盡菩薩最後心爲滅也。夫爲得佛之因，既在於始，又在其終，故言：爲從如生滅得受記耶？
>
> 若以如生得受記者，如無有生；若以如滅得受記者，如無有滅。生曰：如是悟理之法，故即以明之也。理既已如，豈復有如之生滅哉！苟無生滅，與夫未體者不容有異。何得獨以爲無上道之因耶！
>
> 若彌勒得受記者，一切眾生亦應受記。所以者何？夫如者不二不異。生曰：夫如者無得與不得異也。既無得與不得異，而彌勒得者，是假以不得爲得也。若彌勒以不得無得者，一切眾生不得，便應亦是此得之理矣。然則言眾生亦應受記者，以明無彌勒實受記也。（《注維摩詰經．菩薩品》，頁 361c、361c-362a、362a）

此是維摩詰與彌勒「從如受記」對話之注。道生在此對「如」的用法已有二義：當他說「體如之時我本無如」、「如是始悟中名義」、「如是悟理之法」時，「如」其實不是客觀的「實相」，而是眾生「本無」，「始悟」時方有的證悟「境界」；體悟此應證之「如」是悟理成佛的條件，故說「如」爲「得佛之因」。但接著道生又隨順維摩詰的觀點，說「豈復有如之生滅」、「如者無得與不得異也」、「與夫未體者不容有異」，說「如」於眾生則無所謂得、不得之別，體「如」與否其「如」亦無差異。顯然此處道生的立場與羅什相同，是以「如」爲客觀的「實相」空性，因爲實相之「如」遍一切法，故得或不得並無意義；

〔註 29〕同注 12，頁 419c、420a、a、401b。

〔註 30〕道生法性觀似與慧遠有關。見：賴鵬舉：〈東晉慧遠法師〈法性論〉義學的還原〉，《東方宗教研究》新 3 期（1993 年 10 月），頁 47-48。

〔註 31〕東晉．慧遠問，鳩摩羅什答：《鳩摩羅什法師大義》，《大正藏》卷 45，頁 135c、136a。

因此，他說「如」不能作爲「受記」的根據，而不能是「得佛之因」。這二種「如」概念彼此有別，故衍生的結論也南轅北轍。如果從經注的順序來看，道生似乎支持後者，認爲「如」確實是無生滅的客觀「實相」，因此不能是得佛之因；但這並不表示他否定了「如」作爲證悟「境界」的意義：

> 名爲多陀阿伽度。生曰：如者，謂心與如冥，無復有不如之理。從此中來，故無不如矣。
>
> 名爲佛陀。生曰：於結使眠中而覺，故得心冥如也。（同上〈菩薩行品〉，頁 405b、b）

他說「如者，謂心與如冥，無復有不如之理」，又說「於結使眠中而覺」才能「心冥如」，這無疑是從證悟的角度來說的。從煩惱覆蓋中解脫，才有心與「如」冥合的狀態，此與心冥合之「如」顯然是有待修證的解脫「境界」，而非已然存在的客觀「實相」之如。而說「如者，謂心與如冥」，此前一個「如」顯然也必須在此意義下了解。道生的意思是：體證「境界」之「如」，即是指心與實相之「如」冥合的狀態。此一體證義之「如」是眾生現在沒有、成佛時才能證得的體悟「境界」；只有此意義下之「如」，才能是「得佛之因」。此一表述方式與「法者，無非法義也」有異曲同工之妙；而道生對「如」的二種使用方式也與「理」、「法」之情形一致。

總結以上對道生「理」、「法」、「法性」、「如」等概念之分析，可知（1）他對這些概念的運用，都有「實相」、「境界」二義。（2）當他以這些概念爲佛性時，是以有待證悟的主觀「境界」爲佛性，而非以客觀「實相」爲佛性。（3）這些概念作爲「佛性」是眾生成佛時方能證悟的，因此它們在因、果佛性位上「信解」、「了悟」，意義不同。（4）順此，這些概念之爲「佛性」也是眾生未來「當有」或「始有」的。道生雖然說此爲「因佛性」，但只是以此證悟境界爲成佛的原因，與一般將因佛性視爲眾生之中已然存在的成佛因子說法不同。由分析結果看來，道生的理論實與涅槃師的思想模式相近，而與「實相佛性」的詮釋結構不符。

七、唯佛是佛性：佛性之本義

接著檢視道生對「佛性」一語的界定方式。如前所引，他確實認爲「佛性名中，有因有果」（《涅槃經集解．師子吼品》，頁 547b）；再由對「理」、「法」等概念的分析來看，它們作爲佛性確實因、果有別。但是對道生而言，因、果佛性何者是「佛性」的根本意義？道生云：

> 復次善男子佛性者（至）成阿耨多羅三藐三菩提。案：道生曰：佛性義現，莫先於此，故即以爲名烏（焉）。（《涅槃經集解‧師子吼品》，頁 550b）

此處所注爲經文「佛性者，即首楞嚴三昧。性如醍醐，即是一切諸佛之母，以首楞嚴三昧力故，而令諸佛常樂我淨。一切眾生悉有首楞嚴三昧，以不修行，故不得見，是故不能得成阿耨多羅三藐三菩提」。〔註 32〕「首楞嚴三昧」乃是諸佛及十地之菩薩所得之禪定。《大智度論》云「首楞嚴三昧者，秦言健相。分別知諸三昧行相多少深淺，如大將知諸兵力多少。復次，菩薩得是三昧，諸煩惱魔及魔人無能壞者，譬如轉輪聖王主兵寶將，所往至處無不降伏」；〔註 33〕而根據《首楞嚴三昧經》所說，「首楞嚴三昧，非初地二地三地四地五地六地七地八地九地菩薩之所能得。唯有住在十地菩薩，乃能得是首楞嚴三昧」，又「入胎出生已，能具十地；具十地已，爾時便得受佛職號；受佛職號已，便得一切菩薩三昧；得一切菩薩三昧已，然後乃得首楞嚴三昧」、「若人得是首楞嚴三昧，當知是人入佛境界智慧自在」，〔註 34〕可知「首楞嚴三昧」是十地菩薩、甚至是佛才能具有的境界。

《涅槃經》對「首楞嚴三昧」的說法略同。下文經云「十地菩薩雖見佛性而不明了。善男子，首楞者，名一切畢竟；嚴者名堅。一切畢竟而得堅固，名首楞嚴。以是故言，首楞嚴定名爲佛性」；〔註 35〕此以「一切畢竟而得堅固」解釋「首楞嚴」，可知此三昧法確非凡人所有，又說「十地菩薩雖見佛性而不明了」，則經文似乎進一步認爲唯佛能具「首楞嚴三昧」。雖然經文說「一切眾生悉有首楞嚴三昧，以不修行，故不得見」，似與諸經論之說矛盾，不過此文之前，經云「有者凡有三種：一未來有，二現在有，三過去有。一切眾生未來之世，當有阿耨多羅三藐三菩提是名佛性」；〔註 36〕就行文脈絡來看，顯然「一切眾生悉有首楞嚴三昧」之「有」乃是未來有之意，故下文說「以不修行，故不得見」。由此觀之，「首楞嚴三昧」既然是十地至佛才有的禪定境界，則它作爲「佛性」自

〔註 32〕同注 27，〈師子吼菩薩品十一之一〉，頁 524c。

〔註 33〕龍樹造，後秦‧鳩摩羅什譯：《大智度論》卷 47，《大正藏》卷 25，頁 398c-399a。

〔註 34〕後秦‧鳩摩羅什譯：《佛說首楞嚴三昧經》，《大正藏》卷 15，頁 631a、634a、636a。

〔註 35〕同注 32，頁 525a。

〔註 36〕同注 32，頁 524b。

然不是一般眾生已然具有的，而是有待修行的未來之事。〔註37〕

回頭看道生之注，他說「佛性義現，莫先於此」，認為以十地、甚至佛獨得的「首楞嚴三昧」作為「佛性」，最能顯示「佛性」一詞的意義所在。既然「首楞嚴三昧」是十地以上的工夫，顯然在道生的認識中「佛性」並非眾生現在已具的性質，而是必須經由修證在未來才能獲得的某種境界，其實也就是佛之境界。「首楞嚴三昧」作為「佛性」其實與前述「理」、「法」等之情形類似：道生認為對「理」、「法」境界的體悟是成佛之因，但只有頓悟時才能獲得此一體悟，並由此而成佛；同樣地，「首楞嚴三昧」是「一切諸佛之母」、「令諸佛常樂我淨」，但只有十地、甚至佛才能得此三昧，也才能據此成佛。由此觀之，在道生的用法中，「佛性」的根本意義並不是指眾生已然具有的成佛因子，而是未來修證所得的體悟境界。從因、果性角度來看，正如廖明活所言，道生所說「佛性」當是指佛之體性，亦即「果性」而非「因性」。〔註38〕

再看其他例子：

> 佛性即是我義。案：道生曰：種相者，自然之性也。佛性必生於諸佛。向云我即佛藏，今云佛性即我，互其辭耳。（同上〈如來性品〉，頁 448b）
>
> 善男子如汝所言以何義故（至）三菩提中道種子。案：道生曰：一切諸佛，莫不由佛而生；是以前佛是後佛之種類也。（同上〈師子吼品〉，頁 545b-c）

引文一所注為經文「我者即是如來藏義。一切眾生悉有，佛性即是我義」，〔註 39〕道生注「我即佛藏」、「佛性即我」即指此而言。但注文「種相者，自然之性也」未見相應經文，究竟何指頗難推測。此看似指某種眾生本有的成佛「種子」；但下文說「佛性必生於諸佛」，「佛性」既然來自於「佛」，則「佛性」應是佛所獨有之體性，此則與眾生本有「種子」之義不合。對照引文二：此處所注為「佛性者，即是一切諸佛阿耨多羅三藐三菩提中道種子」，〔註40〕經文中明確地說「種子」為「佛性」；但值得注意的是，道生卻未如

〔註37〕參見：屈大成：《大乘《大般涅槃經》研究》（臺北，文津出版社，1994 年），頁 164-173。

〔註38〕Liu Ming-Wood, “The early development of the Buddha-nature doctrine in China”, Journal of Chinese Philosophy, 16:1（1989）, pp.9-10.

〔註39〕同注 27，〈如來性品四之四〉，頁 407b。此句讀依《集解》。

〔註40〕同注 32，頁 523c。

此解釋，反而說「一切諸佛，莫不由佛而生；是以前佛是後佛之種類也」，將經文的「種子」概念理解爲「前佛」與「後佛」之間的「種類」相生關係，換言之，「前佛」即「後佛」之「種子」。如此一來，「佛性」作爲「種子」其實便只是「佛」的本身，或佛所以能夠生起後佛的體性，這都不是眾生已有的。兩相比照，引文一「佛性必生於諸佛」之語正可與此相應，而由此亦可知「種相者，自然之性也」是指佛能引生後佛之體性，而非眾生本有的成佛種子。綜而言之，道生既然從佛本身或佛體性的角度理解種子義，又說「佛性必生於諸佛」，則「佛性」對他而言根本上指佛之體性或果性，應無疑義。他又云：

> 善男子佛性者名第一義空。道生曰：答問佛性體也。要當先見不空，然後見空，乃第一義；第一義空，已有不空矣。佛始見之，故唯佛是佛性也。十住菩薩，亦得名見，下至大乘學者，又得名焉。所以舉第一義空，爲佛性者：良以義類是同，而該下學，用進後徒。不拘常義，而無非是，必可以答無畏問也。
>
> 見一切空不見不空（至）不見我者不名中道。案：道生曰：不偏見者，佛性體也。（同上，頁 544a、c）

道生將經文「佛性者名第一義空」理解爲佛之觀照境界。他說「要當先見不空，然後見空，乃第一義；第一義空，已有不空矣」，所謂「第一義空」並不是客觀的諸法實相，而是指能兼見「不空」與「空」二者的觀照智慧。這是只有佛能達到的智慧境界，故曰「佛始見之」。既然「第一義空」作爲「佛性」是佛所獨有的觀智境界，故云「唯佛是佛性也」；此境界乃是不偏見之智慧，故云「不偏見者，佛性體也」。而此說「十住菩薩，亦得名見，下至大乘學者，又得名焉」並非說他們眞能得到此種觀智，這只是「而該下學，用進後徒」的方便說而已。從道生「唯佛是佛性也」的說法可以看出，他確實認爲「佛性」是唯有佛才具備的性質，此與前述「佛性必生於諸佛」的說法正相呼應。然則「佛性」的本義對道生而言確實是佛之體性、果性，這是眾生未來才能證得的智慧境界，並非現在已有的成佛因子。

由以上的例子看來，道生確實將「佛性」的根本意義視爲佛之體性、果性。這一點也可由他對因、果性描述的差異間接看出：他說「智解十二因緣，是因佛性也」（同上〈師子吼品〉，頁 547c），但說到果性時卻只云「成佛得大涅槃，是佛性也」（同上）；此處直接以「佛性」代表「果佛性」而不加分別，這豈不暗示在他心中「佛性」之原義即是果性？對照前述諸例，其意義更加顯明。

關於佛果性的性質，由前文已可看出是指佛之體悟、禪定、智慧等境界。如前所見，道生將「成佛得大涅槃，是佛性也」再分爲二：「成佛從理，而至是果也；既成得大涅槃，義在於後，是謂果之果也」（同上），他說：

> 如說修行法花報者，大明慧是。此慧能無不見，能無不知。若任其極慧，則冥然施物。（《妙法蓮花經疏・法師功德品》，頁411a）
>
> 一念知一切法是道場，成一切智故。生曰：一念無不知者，始乎大悟時也。以向諸行終得此事，故以名焉。以直心爲行初，義極一念知一切法，不亦是得佛之處乎。（《注維摩詰經・菩薩品》，頁365a）
>
> 解脫智慧果。生曰：結盡爲解脫也，從智慧生，即以名之，終期所得爲果矣。（同上〈佛道品〉，頁393c）

成佛時所得的「大明慧」能「一念無不知」，「結盡爲解脫」即由此智慧而生。所謂「果」與「果果」二種佛性的關係由此可以得知。

最後必須指出的是：前引均正、元曉的記載中，都說道生主張「當有爲佛性體」、「當有佛果爲佛性體」，〔註41〕而道生正是以佛所獨具、眾生未來才有的佛果境界爲「佛性體」。這樣看來，均正、元曉對於道生「佛性當有」之說的紀錄是正確的，他們的引述正好符合道生對於「佛性體」與「佛性」本義的認識；而且道生既然視佛體性、果性爲「佛性」本義，則他主張「佛性當有」或「始有」顯然也是應有之義。由此觀之，道生的佛性觀事實上較符合涅槃師的普遍模式；「實相佛性」的詮釋觀點認爲道生主張佛性本有，而排斥均正、元曉等人記述的有效性，是不能成立的。

八、小　結

根據上文的分析，可知：（1）道生雖然說生、佛不二，但也認爲二者之間有因、果相生關係。（2）他使用「理」、「法」等概念爲佛性時，是以此爲有待眾生未來證悟的佛之「境界」，它們在因、果位上意義也不同。（3）道生認爲「佛性」的根本意義爲佛之體性、果性，它是眾生現在尚無、未來方有的待證境界。由此觀之，「實相佛性」的觀點認爲道生主張生佛不二、因果性

〔註41〕唐・均正：《大乘四論玄義》，同注5；新羅・元曉：《涅槃宗要》，同注7。

無別、佛性本有，此一詮釋顯然與道生的佛性論結構不符，反倒是涅槃師的一般模式與道生較爲相近。根據分析的結果，可知均正等人對於道生「佛性當有」的記錄是正確的，他確實在此意義下主張「佛性」是眾生未來「當有」、「始有」之性。以此爲基礎，才能進一步討論道生「受報之主」的問題。

第二節　受報之主：輪迴主體說試探

一、問題的意義

根據「實相佛性」觀點，道生所說「佛性」乃是性空實相，與當時被說爲轉世靈魂的「神明」不同。〔註 42〕學者並認爲他的佛性說事實上是對漢魏以來佛教「神不滅」思想的批判。〔註 43〕如此則道生應無「神不滅」思想。但令人意外的是，他卻說：

> 而於因緣果報。生曰：無生忍之爲見也，則決定矣。雖無我、無眾生，而非無受報之主也。(《注維摩詰經・法供養品》，頁 416c)

道生說雖然「無我、無眾生」，卻非沒有「受報之主」。這是什麼意思？這豈不表示他雖然主張「無我」，但卻認爲在「無我」的論斷之外，另外有「受報之主」存在？這樣看來，雖然不能說道生有「神不滅」思想，但他對於輪迴業報「主體」之問題顯然自有主張。究竟他所說的「受報之主」是什麼？他如何看待輪迴主體問題？「受報之主」之說與其「佛性」思想有何關係？這些問題似乎仍缺乏研究，而有待釐清。以下試作討論。

二、我與無我非不二

首先，討論道生對於「我」、「無我」關係的看法。依據「實相佛性」觀點，道生將「無我」與「有我」統一起來，以表示佛性眞我。〔註 44〕但此似非道生原意：

> 是時良醫尋問力士卿額上珠爲何所在。案：道生曰：爲說無我，即是表有眞我也。(《涅槃經集解・如來性品》，頁 452a)

〔註 42〕湯用彤：同注 2，頁 452-453；方立天：同注 3，頁 172；劉果宗：《竺道生之研究》(臺北，文津出版社，2003 年)，頁 96-100。

〔註 43〕賴永海：《中國佛教文化論》(北京，中國青年出版社，1999 年)，頁 52-54。

〔註 44〕湯用彤，同注 2，頁 448-449。

有人聞香即知其地當有是藥。案。道生曰：菩薩說無我之教，表如來眞我。譬聞香也。（同上，頁 453b）

過去世中有轉輪王（至）造作木筩以接是藥。案：道生曰：往古諸佛，說無我法；無我之理，如彼木筩，有外無內也。（同上）

此似主張無我、有我之統一。但細察經文，此處所注是〈如來性品〉中的「力士額珠喻」及「雪山一味藥喻」，這是對稍前有我、無我之辯之說明。經文認爲，過去性空無我之教只是方便，現在所說有我之教才是實義：「喻如女人，爲其子故，以苦味塗乳；如來亦爾，爲修空故，說言諸法悉無有我。如彼女人淨洗乳已，而喚其子欲令還服，我今亦爾說如來藏。」〔註 45〕正如母親「苦味塗乳」禁子服食只是應時方便，過去無我之說亦然；現在時機已至，故宣說有我眞實之義。此「乳喻」以下，接著便是「額珠喻」、「藥喻」，所說亦同。回頭來看道生注文，可知「爲說無我，即是表有眞我」、「菩薩說無我之教，表如來眞我」諸語，其實是在解釋佛陀過去「無我之教」與現在「有我之教」之關係，認爲昔教乃是爲今教而設之方便。引文又說「無我之理，如彼木筩，有外無內」，更可知道生認爲無我昔教猶如木桶，是爲了包容有我之妙藥而設。然則這些注文所關注的是「無我之教」、「有我之教」，其實與所謂「無我」、「有我」問題無關，更不能據此說道生有統一「無我」與「有我」的說法。

我與無我性無有二（至）汝應如是受持頂戴。案：道生曰：因緣不得相離。因緣有故，學得成佛，豈離無我而有我耶！（同上，頁 461a）

此說「豈離無我而有我」。但經文說「我與無我性無有二」，意指「眾生佛性亦復如是，常爲一切煩惱所覆不可得見，是故我說眾生無我；若得聞是大般涅槃微妙經典，則見佛性，如象牙花」；〔註 46〕眾生佛性被煩惱覆蓋的情形爲「無我」，去除煩惱便能見佛性「我」。道生注將此二者理解爲因、果關係，故以「因緣不得相離。因緣有故，學得成佛」來解釋「豈離無我而有我」。換言之，眾生煩惱覆蓋「無我」是因，得見佛性而「有我」是果，因、果「不得相離」，必因煩惱「無我」才能學得「有我」而成佛。然則此意與前述生、佛因果關係之說其實一致，實無統一「無我」、「有我」之意。又：

佛復告迦葉所有種種異論（至）皆是佛說非外道說。案：道生曰：因上所言，凡夫所謂我者，本出於佛；今明外道所說，亦皆如是。（《涅

〔註 45〕同注 27，〈如來性品四之四〉，頁 407c。

〔註 46〕同注 27，〈如來性品四之五〉，頁 411c。

槃經集解・文字品》，頁 464a-b）

有學者據此認爲道生主張眾生即是佛性的體現，由佛性所派生。〔註 47〕但此處所注經文爲「所有種種異論呪術言語文字，皆是佛說非外道說」，〔註 48〕原是指外道之「我」剽竊佛說而不得其意。道生注「凡夫所謂我者，本出於佛」亦是指此而言，並無其他深意。然則眾生由佛性派生云云，實不可信。

由上所述，可知道生實無統一「我」、「無我」之說。「我」或「受報之主」的意涵是獨立於「無我」之外的。

三、無我與受報之主

但欲明白「受報之主」之義，仍須先釐清道生關於「無我」的看法。道生的確主張「無我」之說：

> 身亦無我。生曰：夫計我者，或即以身爲我，或謂身中有我也。今推身爲理，唯以四大合成，無復別法；四大無主，身亦無我。四大四矣，我則一矣；苟云處中爲主之矣，然其無主，則我無中矣。身爲一也，我亦一也；苟云即是身是之也，然無我，則我不即也。我果是無，何所病哉！（《注維摩詰經・文殊師利問疾品》，頁 376a）

此依人身「唯以四大合成，無復別法；四大無主，身亦無我」的觀點，來駁斥「以身爲我」、「身中有我」之見：既然四大無主，則身中當然沒有「處中爲主」之「我」，當然亦無「即是身」之「我」。應注意的是，此雖與原始佛教說五蘊「不是我、不異我、不相在」的說法類似，〔註 49〕但道生其實是以「無主」來論證「無我」。這是他主張「無我」的一貫論點：

> 時維摩詰來謂我言：唯，迦旃延，無以生滅心行說實相法。生曰：……無常者，變至滅也。苦者，失所愛也。空者，非己有也。無我者，莫主之也。（同上〈弟子品〉，頁 353b-c）

> 說身無我，而說教導眾生。生曰：凡愛身者，起於著我。苟是無常而苦，豈有宰之者乎！若無宰於內，復何以致戀哉！（同上〈文殊師利問疾品〉，頁 375a）

> 何等爲義無我者即生死我者即如來。案：道生曰：生死不得自在，

〔註 47〕賴永海：同注 3，頁 75。

〔註 48〕同注 46，頁 412c-413a。

〔註 49〕劉宋・求那跋陀羅譯：《雜阿含經》，《大正藏》卷 2，頁 6b。

故曰無我。(《涅槃經集解・哀歎品》，頁 405b)

道生在此同樣以「莫主之」、「豈有宰之者」、「不得自在」來解釋「無我」的內涵。由「苟是無常而苦，豈有宰之者乎」、「生死不得自在，故曰無我」云云，可知道生之意是說：生命中無常苦空的現實，是眾生無法依照自由意志加以主宰改變的；這不得自由作主、沒有主宰能控制它的情形便稱爲「無我」。以「無主」爲「無我」，此與就「無實體」理解「無我」之角度略異。順此，道生正將「我」解釋爲自在主宰之義：

法無眾生，離眾生垢故。生曰：……眾生者，眾事會而生，以名宰一之主也。(《注維摩詰經・弟子品》，頁 346a)

法無有我，離我垢故。生曰：我者，自在主爾。(同上)

又此法者各不相知。生曰：……是即自在爲我義焉。(同上〈文殊師利問疾品〉，頁 376b)

云何菩薩如法修行（至）七我八淨是名涅槃。案：道生曰：……我者，常故自在也。(《涅槃經集解・德王品》，頁 531c)

善男子我於一時（至）爲眾生故說名爲我。案：道生曰：我名本出常存不斷。(同上〈師子吼品〉，頁 550b)

善男子如來有因緣故（至）而說無我得自在故。案：道生曰：常故自在，是我義也。(同上)

道生將「我」解釋爲「宰一之主」、「自在主」、「自在爲我」，此皆是指「自在主宰」而言；雖然他也從「實體」的角度說「我名本出常存不斷」，但由「常故自在」一語可知「常存不斷」之義其實包含在「自在主宰義」中。一般說「我」是「常一主宰」義，道生的理解則可說較強調「主宰」一面。按：鳩摩羅什已指出「凡言我，即主也」、「眾生、神、主、我，是一義耳」，〔註 50〕道生的見解應是出自羅什的影響。

回到「雖無我、無眾生，而非無受報之主也」問題。已知「無我、無眾生」即是「無主」，即「無自在主宰」，故此語等於說「雖無主，而非無受報之主」。很顯然地「非無受報之主」一語係相對於此「無主」之義而發，而且「受報之主」的說法正好亦與「無主」對立；由此相對成義的情形，可知道生正是以「自在主宰」之義來界定「受報之主」概念。換言之，道生之意是

〔註 50〕《注維摩詰經》，同注 15，頁 354b、383b。

說：眾生雖然對於無常苦空的現實不得自由而「無主」，卻在作業受報方面有主宰之自由，而有「受報之主」。這應該是指眾生自己選擇造業、並且承擔報應的主宰自由，因此「受報之主」即是能作業、受報的主宰者或「主體」。這樣看來，與道生偏就「主宰義」來理解「我」的情形相同，所謂「受報之主」事實上強調的也是自作自受的行爲「主體」之義。問題是，此能作能受的「受報之主」是什麼？與佛性說有何關係？

四、常存之佛性我

道生主張在「無我」之外另有「佛性我」：

> 諸法究竟無所有，是空義。生曰：惑者皆以諸法爲我之有也。理既爲苦，則事不從己；己苟不從，則非我所保；保之非我，彼必非有也。有是有矣，而曰非有；無則無也，豈可有哉！此爲無有、無無，究竟都盡，乃所以是空之義也。
>
> 於我無我而不二，是無我義。生曰：理既不從我爲空，豈有我能制之哉！則無我矣。無我本無生死中我，非不有佛性我也。(《注維摩詰經・弟子品》，頁 354b、b)

後段引文常見徵引。但此處注釋前後相承，實不能割裂來理解。前段文中，道生以極特殊的方式論證「諸法究竟無所有是空義」：他說諸法「理既爲苦，則事不從己」，此即無主、不得主宰之意。進一步說，諸法無主則「非我所保」、皆非我所；既非我所，則可知「彼必非有」、「所以是空之義也」。他由諸法「事不從己」、「非我所保」直接得出「彼必非有」的結論，將「非我所」等同爲「我所空」，似有論證過度跳躍之嫌；〔註 51〕但此處「我所空」的看法，卻是理解下文的關鍵。「理既不從我爲空」承此而言，顯然指的正是上述「事不從己」故「彼必非有」的結論。道生更從此「我所空」的結論出發，進一步論證「我空」：「理既不從我爲空，豈有我能制之哉！則無我矣」，既然諸法「非我所」故空，相對而言又豈有「我」能主宰它呢！故知「無我」。很明顯地，在此「無我」便等於「豈有我能制之」，也就是「無自在主宰」之義；此與前述道生論述「無我」的論點一致。細看此文，可以發現這其實是一個「循環

〔註 51〕可比較：前秦・曇摩難提譯：《增壹阿含經》：「色……痛、想、行、識及五盛陰皆悉無常。無常即是苦，苦者無我，無我者是空，空者彼非我有，我非彼有。」《大正藏》卷 2，頁 715c。

論證」:「事不從己」本就是不得主宰之意，他由此推論出諸法「彼必非有」、「理既不從我爲空」，再反推得出「豈有我能制之」、「無我」的結論，但其實「無我」作爲「無主宰」之意，早就包含在前題「事不從己」之中了。

現在來看「無我本無生死中我，非不有佛性我也」之命題。根據前文脈絡，「無我」既是「無主宰」、「豈有我能制之」之意，可知「無我本無生死中我」是說：對於生死無常並無能自由作主的主宰者；前引「生死不得自在，故曰無我」(《涅槃經集解・哀歎品》，頁 405b）即是此意。「非不有佛性我也」既與「本無生死中我」相對成義，而「我」又是「主宰」之意，可知這是說：雖然生死之中並無主宰，但在「佛性」的領域中則有能夠自由作主的主宰，「佛性我」便是此主宰者。此是何意？如前所說，道生認爲「佛性」根本上是佛之體性，這是眾生未來才能得證的佛之境界，「理」、「法」等雖然具有因性義，同樣也有待眾生修證。但是道生既說「一切眾生皆當作佛」(《妙法蓮花經疏・譬喻品》，頁 401a)，可知眾生只要修行皆可證得佛之境界；換言之，就「佛性」或佛之境界的範圍而言，眾生實有自行選擇、自作主宰的自由。考慮「佛性我」作爲「佛性」領域中「主宰者」之意義，它應該便是指能夠自行選擇、自作主宰，最終並證悟佛之境界的主宰者，也就是能主動修行、並獲得證悟解脫的修行「主體」。

「佛性我」與「受報之主」的關係爲何？二者應當等同。道生述說二者的模式相同：「受報之主」相對於「無我、無眾生」而說，「佛性我」則相應於「無我本無生死中我」而提出，二者在表達形式上完全相同，也都是生死無主之外的能自作主的「我」、「主宰」。進一步看，「受報之主」是能選擇作業、並承擔受報的行爲「主體」，「佛性我」則是能選擇修行、並獲得證悟的行爲「主體」；但「流轉」、「還滅」二者方向雖然不同，應是出自同一「主體」的選擇，而非有二個不同「主體」各作選擇。由此可以推論，「佛性我」確實即是「受報之主」，是眾生流轉生死、或修行解脫的「主體」。

可以發現，道生也將「佛性」說爲眾生輪迴轉世中不變的「眞我」：

> 迦葉白佛言世尊二十五有有我不耶。案：道生曰：前云佛法中我，即是佛性。是則二十五有，應有眞我。而交不見，猶似無我，教理未顯。故有此問也。(《涅槃經集解・如來性品》，頁 448a)

> 佛性即是我義。案：道生曰：種相者，自然之性也。佛性必生於諸佛。向云我即佛藏，今云佛性即我，互其辭耳。(同上，頁 448b)

雖說「佛性必生於諸佛」，但道生也說「我即佛藏」、「佛性即我」；此佛性或

「佛法中我」是在三界「二十五有」、即生死業報場域中的「眞我」，顯然也即是前述作爲生死、解脫「主體」的「佛性我」、「受報之主」。又云：

> 王既〔沒〕已其後是藥（至）隨其流處有種種異。案：道生曰：佛涅槃後，尋研經教，偏執其義，於一味之理，隨說成異。取義既偏，受身殊別也。（同上，頁 453c）
>
> 是藥眞味停留在山猶如滿月。案：道生曰：不以取之有偏，正理遂壞；不以受身不同，使眞我斷也。（同上，頁 454a）
>
> 出世我相爲名佛性如是計我是名最善。案：道生曰：雖復受身萬端，而佛性常存。若能計此得者，實爲善也。（同上，頁 454c）

此是關於經文「雪山一味藥喻」的注釋。經說「藥一味者譬如佛性，以煩惱故出種種味，所謂地獄、畜生、餓鬼、天、人」，〔註 52〕本以佛性爲生死輪迴之所依。〔註 53〕道生雖然沒有明示此義，但他說「不以受身不同，使眞我斷也」、「雖復受身萬端，而佛性常存」，也認爲「佛性」是在輪迴受身中不斷常存的「眞我」。與前引文對照，可知「佛法中我」不但是在三界生死業報中的「眞我」，而且「佛性」、「眞我」還是不斷常存的。可知道生不但將「佛性我」、「受報之主」視爲生死解脫的「主體」，更將它視爲生死輪迴中不斷恆常的存在。雖然此仍偏重「主體」義，但已多少帶有「實體」義的成份。

事實上，羅什的弟子中主張「佛性」爲輪迴與解脫主體者，非只道生而已。慧叡〈喻疑〉即云：

> 什公時雖未有《大般泥洹》文，已有《法身經》，明佛法身即是泥洹，與今所出，若合符契。此公若得聞此，佛有眞我，一切眾生，皆有佛性，便當應如白日朗其胸襟，甘露潤其四體，無所疑也。何以知之？每至苦問：「佛之眞主亦復虛妄，積功累德，誰爲不惑之本？」或時有言：「佛若虛妄，誰爲眞者？若是虛妄，積功累德，誰爲其主？」如其所探，今言佛有眞業，眾生有眞性，雖未見其經證，明評量意，便爲不乖。〔註 54〕

在慧叡看來，《涅槃經》宣說「佛有眞我」、「一切眾生皆有佛性」，最關鍵的

〔註 52〕同注 45，頁 408b。

〔註 53〕印順：《如來藏之研究》（新竹，正聞出版社，2003 年），頁 136。

〔註 54〕劉宋・慧叡：〈喻疑〉，梁・僧祐著，蘇晉仁、蘇鍊子點校：《出三藏記集》卷 5（北京，中華書局，1995 年），頁 236。

意義在於解答了「佛之眞主」問題：如果佛也虛妄性空，則誰在解脫？「積功累德，誰爲其主」？解脫的「主體」又是什麼？據慧叡所言，這是連羅什都未敢斷言的困難問題；直至《涅槃經》傳入，指出「眞我」、「佛性」便是佛之「眞業」、眾生「眞性」，它就是「積功累德」過程中的「不惑之本」，是解脫的眞正「主體」，才解決了此一困難。可以發現，慧叡將「佛性」理解爲「佛之眞主」，即解脫成佛的主體，這與道生所說「佛性我」之意涵正相通。依慧叡，羅什已隱有此意，只是無經可證；若是如此，或許道生、慧叡的想法都承自羅什。不論此言是否屬實，顯然道生以「佛性我」、「受報之主」爲輪迴解脫主體並不只是個別案例而已，至少慧叡亦持同樣的想法。這是很重要的現象：在涅槃學說發展的初期，「佛性」理論便已經被認爲與輪迴解脫主體問題息息相關。這對於理解南朝以下「佛性」學說與「神不滅」問題的交會極具意義。

被道生說爲「受報之主」、「佛性我」、「眞我」的「佛性」，顯然與「理」、「法」等佛性概念不同，亦不是「佛性必生於諸佛」、「唯佛是佛性」意義下的「果佛性」。「受報之主」、「佛性我」既然是眾生貫串生死輪迴不斷的行爲「主體」，則它必然是眞正眾生「本有」的佛性，而非前述有待修證的「當有」境界。如前文所分析，道生本主張因、果佛性有別，此更可爲證。問題是，此一「本有」佛性的具體內容爲何？「實相佛性」觀點認爲實相空性爲本有佛性，它有沒有可能即是此「受報之主」、「佛性我」呢？考慮到諸法空性如何作爲眾生行爲「主體」的困難，此一建議似不能成立。爲了解「佛性我」的性質，有必要探究道生對因佛性有何說法。

五、本有佛性與衆生正因

道生在《涅槃經集解》中提到「本有佛性」：

> 善男子如貧女人。案：道生曰：本有佛性，即是慈念眾生也。（同上，頁 448b-c）

此處所注即前文提及的「貧女寶藏喻」。被譬喻爲「佛性」的原是貧女所擁有的寶藏。如前所述，道生云「藏者，常樂之理」、「理不可沒」、「見佛性故，爲出金藏也」（同上，頁 448c、449b、c），也認爲「理」是寶藏佛性。既然此文注釋的是「貧女人」，所指的便應是擁有佛性的眾生，而非佛性本身。故此語或可解爲「本來擁有佛性的，即是心懷慈念的眾生」，而與佛性的內涵無關。

但若考慮「理」是始有佛性的事實，則「本有佛性」也可能是不同的另一概念；則此語也可直接解釋爲「本有佛性」即是「慈念眾生」。若是如此，本有的「佛性」便是「眾生」本身。道生是否眞的如此主張？

在另一處，道生論及經文對佛性「種生」義的問答：

> 何故復名常樂我淨。案：道生曰：……既問佛性，以種生爲義，以（似）若生滅，故云：何故復名常樂我淨耶？（《涅槃經集解・師子吼品》，頁 543b）

此處「以種生爲義」的佛性，是專指因佛性而言，與前述諸佛種類相生之義不同，由道生後文云「佛性是種生義，故是因非果也」（同上，頁 548b）可證。此「種生義」之佛性是什麼？在道生認定的回答部分，他注曰：

> 復次善男子生死本際（至）生老病死之苦是名中道。案：道生曰：即生死爲中道者，明本有也。
>
> 是故佛性常樂我淨。案：道生曰：本有種生，非起滅之謂，是以常樂無爲耳。
>
> 復次善男子眾生起見（至）如是觀智是名佛性。案：道生曰：十二因緣爲中道，明眾生是本有也。若常則不應有苦，若斷則無成佛之理；如是中道觀者，則見佛性也。（同上，頁 546b、b、c）

此云「十二因緣爲中道，明眾生是本有也」，對照前引「本有佛性，即是慈念眾生」之語，似乎道生眞以「眾生」爲佛性。此是何意？觀察引文，可知道生之意，是將「十二因緣」或「生死」視爲「中道」智慧觀察的對象。「十二因緣」其實即是眾生「生死」流轉過程的說明。道生認爲，不能偏執於「常」、「斷」立場來認識此一過程：「若常則不應有苦」，如果生死輪迴之中有不斷恆常的實體，則生命不應是無常苦空；反之「若斷則無成佛之理」，如果生死流轉不能相續不斷，則誰來成佛？因此，說「十二因緣」流轉不斷不常才是正確的「中道」觀點，「如是中道觀者，則見佛性也」。前文曾經提及，道生將「佛性者名第一義空」說爲佛之觀智境界，說「要當先見不空，然後見空，乃第一義」，並說此種「不偏見」的觀智即是所謂「中道」（同上，頁 544a、c）；彼處不偏見的「中道」之義正可與此處十二因緣不斷不常的「中道觀」相呼應，顯然都是指有待觀照的認識境界。

回頭來看：「即生死爲中道」、「十二因緣爲中道」既是指正確觀察便可得到「中道觀」智慧，則「生死」、「十二因緣」其實都是中道觀察的對象。如前所述，道生說「智解十二因緣，是因佛性也。今分爲二。以理由解得，從理故成佛果，理爲佛因也。解既得理，解爲理因，是謂因之因也。」（同上，頁 547c），其中「解」是觀照智慧，「理」是所得的證悟境界，而「十二因緣」顯然是「智解」之觀察對象，此亦可爲前說之證。然則道生說生死「明本有也」、「明眾生是本有也」，其實即是以作爲中道觀對象的「眾生」處在「十二因緣」、「生死」流轉中的事實爲「本有」。此生死輪迴的「本有」事實能夠作爲「中道觀」的對象，故說即此爲中道；中道觀智由此而生，故說「本有種生，非起滅之謂」。換言之，道生所說「以種生爲義」的因性「佛性」，其實就是指生死流轉的「眾生」本身，它作爲觀察的對象可以生起「中道」觀智境界，故被說爲「佛性」。

既然道生說「眾生」即是本有佛性，「眾生」是否就是「受報之主」、「佛性我」？以生死輪迴的「眾生」作爲生死輪迴的「主體」似是順理成章之事。但道生是就觀照對象的角度說「眾生是本有」佛性，「眾生」概念本身是否具有「主體」意義實爲可疑。且此「眾生」是指十二因緣、生死流轉之存在事實，前文已指出，道生主張「無我、無眾生」、「本無生死中我」，而「受報之主」、「佛性我」實是生死無我之外的「眞我」，既然如此，它自然不可能是生死之「眾生」。這樣看來，道生雖然以「眾生」爲「本有」佛性，但它仍然不是「受報之主」、「佛性我」。

必須一提的是，根據後人記載：

> 道生曰：稟氣二儀者，皆是涅槃正因。三界受生，蓋惟惑果。闡提是含生之類，何得獨無佛性！〔註 55〕

從「三界受生，蓋惟惑果」、「闡提是含生，何無佛性」來看，「稟氣二儀者」應是指一切含生之類，即「眾生」而言。若是如此，則道生便主張「眾生」是「涅槃正因」。據《高僧傳》，道生因闡提成佛義而被擯斥，時在大本《涅槃經》未至之前。〔註 56〕但六卷《泥洹經》或大本《涅槃經》前分其實皆無「正因」字眼，此是續譯部分才出現的概念；因此「稟氣二儀者，皆是涅槃正因」的說法恐怕是後人的理解，並非道生的原來想法。事實上，現存材料中未見道生關於「正因」的說法，究竟他以何爲「正因佛性」實無法斷定。〔註 57〕不過，他既

〔註 55〕日本・宗法師：《一乘佛性慧日抄》，《大正藏》卷 70，頁 173c。又略見：梁・寶唱著，日本・宗性抄：《名僧傳抄》，《卍續藏經》第 134 冊，頁 15a-b。

〔註 56〕《高僧傳》，同注 1。

〔註 57〕Liu Ming-Wood，同注 38，頁 10。

以「眾生」為本有佛性，此與涅槃師中主張「眾生正因」之說法是否有關則值得考慮。〔註 58〕

六、大悟之分、不易之體

另一個可能性，是道生在《法華經疏》所說的「大悟之分」：

> 「我娑婆世界自有六萬恒河沙等菩薩摩訶薩」，……然眾生悉有大悟之分，莫不是權菩薩，無時非護，復何假他方諸菩薩乎！……「六」謂六道，「恒沙」謂多，「地」謂結使，而眾生悟分，在結使之下。……「地裂而出」者，明眾生而悟分，不可得蔽，必破結地，出護法矣。……「踴出非佛，而是菩薩」者，明此悟分必須積學，以至於無學也。（《妙法蓮花經疏．踴出品》，頁 409b-c）

> 所以接之者，欲明眾生大悟之分，皆成乎佛，示此相耳。（同上〈見寶塔品〉，頁 408d）

此云「眾生悉有大悟之分」、「眾生大悟之分，皆成乎佛」，故學者認為「大悟之分」即是眾生本有的內在佛性；又「眾生悟分，在結使之下」、「眾生而悟分，不可得蔽，必破結地」云云，顯示「大悟之分」雖被煩惱所覆，但終能突破此障蔽，此正與「如來藏」在纏、出纏的思想相合。〔註 59〕道生說「一念無不知者始乎大悟時也」（《注維摩詰經．菩薩品》，頁 365a），「大悟」是成佛之頓悟，然則「悉有大悟之分」即是說眾生悉有頓悟成佛的可能。既云此悟分現在「在結使之下」，則它確實是眾生現在已有、被煩惱所覆的因佛性。不過，既云「此悟分必須積學，以至於無學也」，則它是否等於「常無染污，德相備足」的如來藏仍可商榷。〔註 60〕應注意的是：道生將經文中從地踴出的「六萬恒河沙等菩薩」釋為六道眾生「莫不是權菩薩」，但又說處在「地」下、「結使之下」的是「眾生悟分」，「必破結地」踴出的也是「眾生而悟分」；「眾生」是破煩惱結地而踴出者，道生卻說被煩惱所覆、且能破煩惱而出者乃是眾生之「悟分」。由此看來，雖說「眾生」在煩惱中、又終能解脫煩惱，但「大悟之分」似乎才是此中眾生的真正內在「主體」；此一特質似與「佛性

〔註 58〕隋．吉藏：《大乘玄論》：「古來相傳釋佛性不同。……第一家云：以眾生為正因佛性。」同注 9，頁 35b。

〔註 59〕伊藤隆壽：同注 3，頁 214-216。

〔註 60〕東晉．佛陀跋陀羅譯：《大方等如來藏經》，《大正藏》卷 16，頁 457c。

我」作為證悟主體的意涵相合。又：

> 「爾時佛前有七寶塔」至「從地踴出住在空中」。……既云三乘是一，一切眾生，莫不是佛，亦皆泥洹；泥與佛，始終之間，亦奚以異？但為結使所覆，如塔潛在，或下為地所隱。大明之分，不可遂蔽，如塔之踴地，不能㝵（礙）出。（《妙法蓮花經疏・見寶塔品》，頁408b-c）

此處情形亦相同。道生認為眾生與佛只在「始終之間」；眾生雖「為結使所覆，如塔潛在，或下為地所隱」，但「大明之分，不可遂蔽，如塔之踴地，不能礙出」。被煩惱所覆、如塔潛在的應是眾生，但他也說終不為煩惱所蔽、將如塔踴出的乃是「大明之分」。同樣地，「大明之分」被用來代指在煩惱、出煩惱的眾生，可知它與「大悟之分」等同。

> 「欲令眾生開佛知見故」，微言玄旨，意顯乎茲。此四句始終為一義耳。良由眾生本有佛知見分，但為垢障不現耳。佛為開除，則得成之。一義云：初住至七住，煩惱漸除曰「開」，無出照耀曰「清淨」。「欲示眾生佛之知見」，向言本有其分，由今教而成，成若由教，則是外「示」，「示」必使「悟」，「悟」必入其道矣。一義云：八住得覲佛三昧，常樂「示」佛慧「悟」知見。一義云：九住菩薩為善慧，深「悟」佛之知見也。一義云：十住菩薩以金剛三昧，散壞塵習，轉「入」佛慧。由論躰（體）況，階級如此。丈（大）而辨之，就行者一悟，便有此四義也。（同上〈方便品〉，頁400b）

「佛知見」乃佛之智慧，「眾生本有佛知見分」當指眾生有獲得佛慧的可能；「佛知見分」因為「垢障不現」，但「佛為開除，則得成之」。凡此皆與「大悟之分」情形相同，可知二者應當等同。在此道生說「開」、「示」、「悟」、「入」「佛知見」分別是七、八、九、十住菩薩的境界，「由論體況，階級如此」，此正可與前述「悟分必須積學」之說相呼應。正如學者所說，道生雖主「頓悟」但亦不廢「漸修」，〔註61〕此正可為證。雖說階級分別如此，但「大而辨之，就行者一悟，便有此四義也」，其實只有頓悟之時才能真正獲得「佛知見」，此是佛之境界。尤其此云「本有其分，由今教而成，成若由教，則是外『示』」，可知此時雖然本有「佛知見分」，但尚未獲得「佛知見」，只能經由「外示」了解此事。比照前引〈答王衛軍書〉對未悟時「資彼之知，理在我表」、「見

〔註61〕伊藤隆壽：同注3，頁202-204。

理於外」、「知不自中，未爲能照」的形容，〔註 62〕更可知「外示」並非眞悟。然則眾生未成佛時，雖然本有「佛知見分」、「大悟之分」，但尚無眞正的「佛知見」、「大悟」，此時的智慧知見只是「外示」、「見理於外」的成果，並非內在的「佛知見分」所起的功能。但道生也說：

> 案：道生曰：夫眞理自然，悟亦冥符。眞則無差，悟豈容易？不易之體，爲湛然常照，但從迷乖之，事未在我耳。苟能涉求，便反迷歸極。歸極得本，而似始起。始則必終，常以之昧。若尋其趣，乃是我始會之，非照今有。（《涅槃經集解・經題序》，頁 377b）

悟雖不易，但能夠照悟的「不易之體」始終「湛然常照」，只是「從迷乖之，事未在我」，一時不得發揮。解脫之時「歸極得本，而似始起」，彷彿此刻方有照悟作用，殊不知「我始會之，非照今有」，只是照悟功能過去未能「冥符」於「理」而已。合上文觀之，「不易之體」應與「佛知見分」概念相當：雖說未悟時「見理於外」、「知不自中」，但眾生內在「不易之體」的照悟能力恆在，此即是眾生能得「佛知見」之「分」；悟時得到「佛知見」，即是「不易之體」照理的成果。

由此可知，「大悟之分」、「大明之分」、「佛知見分」、「不易之體」是眾生本有的照悟能力，雖然它一時爲煩惱所覆，但終能破結而使眾生成佛。此體恆常不改，正合乎眞我不斷、「佛性常存」之義；它可以代指流轉解脫之眾生，亦與「主體」之義相合。由此看來，它很可能即是道生所說的「受報之主」、「佛性我」。

七、心：波流生死、善行之本

此外，道生對「心」的看法亦值得注意：

> 菩薩應如是慰諭有疾菩薩，令其歡喜。文殊師利言：居士有疾，菩薩云何調伏其心。生曰：夫心爲事馳，無惡不作；譬猶放逸之馬，難可禁制，是以波流生死，莫出其境。將欲自拔，要在伏而調之。調伏之方，必有道也。譬猶調馬以埒，豈能不從！既得其道，然後伏矣。（《注維摩詰經・文殊師利問疾品》，頁 375c）

由於「心」馳騖於外事、無惡不作，致使眾生「波流生死，莫出其境」；可知

〔註 62〕竺道生：〈答王衛軍書〉，同注 20。

「心」正是眾生流轉生死的關鍵。若「將欲自拔，要在伏而調之」，至於調伏之道，道生說「觀理伏心必惡生死」（同上，頁 379a）、「夫有煩惱出於惑情耳，便應觀察法理以遣之也」（同上〈觀眾生品〉，頁 386a），即修行佛理以求解脫。然而「心」不只是生死根源，它同時也是善之本：

> 菩薩成佛時，不諂眾生來生其國。生曰：……〔直心〕，眞實之心也。斯則善行之本，故首明之也。……菩薩行成應之則屬於佛，豫總於國，故云來生也。（同上〈佛國品〉，頁 335c。「直心」依甲本補）

「眞實之心」是「善行之本」，也是所謂菩薩致土之本。這樣看來，「心」是眾生發動善、惡的關鍵，可能也具有「主體」之義。此「眞實之心」是否如「大悟之分」、「不易之體」般爲恆常的實體？道生說：

> 如佛所說，心垢故眾生垢，心淨故眾生淨。生曰：……心垢者，封惑之情也。眾生垢者，心既有垢，罪必及之也。若能無封，則爲淨矣。其心既淨，其罪亦除也。
>
> 諸法亦然，不出於如。生曰：心既不在三處，罪垢亦然也。反覆皆不得異。諸法豈容有殊耶！則無不如也。（同上〈弟子品〉，頁 355c、356a）
>
> 又問此病，身合耶，心合耶。生曰：夫身爲受病之本，心爲覺痛之主。
>
> 亦非心合，心如幻故。生曰：身本殊表，故言離相也；心動無方，故言幻也。身心既無，何所合哉！（同上〈文殊師利問疾品〉，頁 374b、b）

雖說「心垢故眾生垢，心淨故眾生淨」，「心」是眾生垢、淨之主體，但道生接著又說「心」不在內、外、中間三處，「心」之體「如」而性空。他雖說「心爲覺痛之主」，承認「心」是感覺之主體，但也認爲「心動無方，故言幻也」、「身心既無」，其性皆空。這樣看來，雖然「心」也可能具有輪迴解脫「主體」的地位，但卻與「大悟之分」、「不易之體」之恆常不改不同，它可能只是遷變不居的心識作用而已，並不符合「佛性常存」的要求。

雖然如此，「心」確實可能是「受報之主」、「佛性我」，因爲生死解脫的「主體」並不必然得是恆常的「實體」。如前章所言，事實上，以生滅相續的緣慮心識爲業報的造作承受者，似乎是羅什門下的普遍看法。僧肇（384-414）

便說：

> 無我無造無受者。肇曰：諸法皆從緣生耳，無別有眞主宰之者，故無我也。夫以有我，故能造善惡受禍福法；既無我，故無造無受者也。
>
> 善惡之業亦不亡。肇曰：若無造無受者，則不應有爲善獲福，爲惡致殃也。然眾生心識相傳，美惡由起，報應之道，連環相襲，其猶聲和響順，形直影端。此自然之理，無差毫分，復何假常我而主之哉！〔註 63〕

諸法緣起故「無我」，但並不表示沒有「爲善獲福，爲惡致殃」之事。眾生的「心識相傳」是一切「美惡由起」的根源，「報應之道，連環相襲」也依此心識之相續而成立。似此，雖然眾生之中並無實體性的「眞主宰」、「常我」，但相續「心識」仍可爲作業受報的主體。又《名僧傳抄》中有〈無神我事〉一文：

> 未知眾生爲有神耶？爲無神耶？無神者，恐空修梵行，修善造惡，誰受報應？答曰：眾生雖無常住之神，而有善惡之心。善惡之心，爲萬行之主，天堂地獄，以心爲本。因果相續，由斯以生。……無常心者，念念常遷。我有古今之異，前心不待後心；而後心因前而有，生死以之無窮，果報以之不絕。〔註 64〕

湯用彤認爲此文必爲慧觀所作。〔註 65〕他也認爲眾生雖無「常住之神」，但有「善惡之心，爲萬行之主」；此「心」雖是「念念常遷」的「無常心」，但它即是「因果相續」、「生死以之無窮，果報以之不絕」的根源。「心」在此同樣不具實體義，但仍可是生死業報之主體。

從同出羅什門下的僧肇、慧觀之例來看，道生也可能以「心」爲輪迴主體。雖然他的說明不夠清楚，而「心」與「大悟之分」有何關係亦不可知，但此一說法仍值得注意。

八、小　結

根據以上的分析，可知：（1）道生並無「我」、「無我」不二之說。（2）所謂「無我」是指無自在主宰之意；相反地，「受報之主」是能作業受報的主

〔註 63〕《注維摩詰經》，同注 15，頁 333a。

〔註 64〕《名僧傳抄》，同注 55，頁 8d-9a。

〔註 65〕湯用彤：同注 2，頁 452。

宰者或「主體」。(3)「佛性我」是能修行、獲得證悟的「主體」，它即是「受報之主」，也就是眾生生死、解脫的「主體」。(4)「眾生」本身，作爲「中道」觀智的觀察對象而被說爲「佛性」，但它不是「佛性我」。(5)「大悟之分」、「不易之體」是眾生本有的照悟能力，它可能即是「佛性我」。(6)「心」雖然空幻不實，但也可能有「主體」義。由此觀之，道生雖然主張「無我」，但並不否定眾生的生死與解脫過程有一能作能受的「主體」，且「主體」問題正是其佛性理論中重要的一環。

結　語

本章首先以「佛性當有」與「受報之主」問題爲中心，對竺道生的佛性思想重作探究。首先，我們發現：他認爲生、佛雖不二但亦不一，「理」、「法」等概念作爲佛性皆是未來待證的境界，而「佛性」之本義更直指佛之果性。如此不但證成並說明了「佛性當有」的內涵，也讓我們對其思想之全貌有更深刻的認識。根本上，道生的佛性說接近涅槃師的一般模式，與「實相佛性」的觀點不合。

順此，我們發現：道生雖然主張「無我」，但也認爲生死解脫之中有一能作能受的「主體」，此即「受報之主」或「佛性我」。雖然由於資料的限制，不能確定「大悟之分」、「心」何者是「佛性我」的眞正內涵，但他運用佛性理論來解釋輪迴主體問題乃是不爭的事實。可知在涅槃學說發展的初期，「佛性」理論已經被認爲與輪迴解脫主體問題息息相關。這一點對於了解稍後南朝佛性論與神不滅思想的交會，以及中國佛教看待輪迴主體問題的理論變遷，都有重要意義。